グローバル化、
デジタル化で
教育、社会は変わる

ホーン川嶋瑤子 編著
Yoko H. Kawashima

石井英真・堀田龍也・久富望・遠山紗矢香・
原田眞理・佐々木威憲・松田悠介・
牧兼充・飯田麻衣・石田一統 著

東信堂

はじめに

　本書は、グローバル化とデジタル化は教育を変える2つの大きな力となり、そして教育変革は社会変革の力になると論じるものである。経済の飛躍的成長で日本が経済大国、技術大国となり国際的地位が上昇した後、停滞が始まり長期化した。その間に中国その他の国の成長は著しく、相対的に日本の経済力の弱体化、技術革新の遅れ、国際的地位の低下となり、政治、経済、教育その他多領域で「変革の必要性」が強く叫ばれ今に至る。近年は世界でグローバル化、デジタル化が進行しているが、日本は先導者ではなく、いかにキャッチアップするかが議論されている。近年の人口減の加速も暗い影を落とし、変革の緊急必要感は一層強い。

　「変わる力」はどこから生まれるのか？「可変力」が有る社会と無い社会はどう違うのか？可変力の有る社会は、主体性、自律性、活力、積極的能動的姿勢を生む。可変力の無い社会は、人々に閉塞感、無気力、消極的受動的姿勢を生む。可変力の有る社会での教育は、能動的学習、クリティカル思考、チャレンジ、創造力、リーダーシップを育み、社会の可変力の担い手となる。可変力の少ない社会での教育は、知識の受身的学習が中心になり、現状の維持適応型個人を育て、社会の可変力の担い手とはならない。教育はその社会を支える人財育成の根幹的制度であり、教育と社会は対応し相互補強している。社会変革のためには、教育が変革の担い手となる人々を育てることが必要である。そのような教育をどう作るか？それが教育改革の核心となる。

　デジタルトランスフォーメーションは、経済、文化、人々の意識、思考、価値、行動、生活様式すべてにおける変化を引き起こす。教育におけるデジタル化は今急ピッチに進んでいる。グローバル化も、国境を超えての経済活動、資本、人の移動だけでなく、文化、思考、価値観の交流であり、変化力を含み持つ。デジタル化とグローバル化は、教育変革、社会変革の力を持ち

うる。では、日本ではどんな変化を生んでいるか、生み出しつつあるか、さらにどのような変化を生まなければならないのだろうか？

2019 年秋に、スタンフォード大学で出会った問題意識を共有する数人と日本の教育にかかわる研究者の参加を得て、「グローバル化、デジタル化で教育、社会は変わる」学際的プロジェクトをスタートさせた。日本ではちょうど 2020 年度からの小学校へのプログラミング導入のための準備に追われていたが、同年春に襲ったコロナ禍は教育の混乱を生み、GIGA スクール構想推進を加速させることになった。一方、日本より 10 年先行していると言われていたアメリカだが、学校の閉鎖とオンライン化がやはり大混乱を引き起こした。経済的社会的文化的格差の拡大、政治の混乱、教育行政と学校、教師、親の間にさまざまな利害や意見対立が生じた。教育がいかに重要でかつ複雑な社会制度であるかを改めて考える機会となった。

グローバル化進行の中でシリコンバレーには大勢の日本人若者が留学や研修で来訪していたが、全面停止となった。しかしそれをのり越える手段を提供したのはデジタルテクノロジーであった。

教育と社会へのコロナ禍のインパクトは著しく大きかった。混乱をのり超え前進しようとする試みは短期的および長期的にどう展開していくのか？プロジェクト参加者がそれぞれの立場からの分析と考察をまとめている。

本書の構成は、まず、イントロダクションとして、巻頭での対談が、デジタル化によって現在起きている重要な問題と将来展望について論じる。

第 1 章は、教育におけるデータ利活用を概観したうえで、個別最適化やエビデンスに基づく教育について考察する。

第 2 章は、ICT を活用した教育の歴史を振り返りながら、プログラミング教育の授業設計について、実践例をもとに考察を行う。

第 3 章は、特別支援教育の歴史、ICT、実践例、今後の課題について論じる。

第 4 章は、デジタル技術を活用した教材開発と教育現場での活用を通じたこれからの学びを考察する。

第 5 章は、グローバル社会での人財育成におけるオンライン教育の意義と実践を考察する。

　第6章は、アメリカの教育のデジタル化が小中高校、大学からMOOCsまでの教育をいかに変化させ、再編成を進めているか論じる。

　第7章は、日米の大学の授業のオンライン化の実践と大学教育のDXの将来的な可能性について論じる。

　第8章は、グローバル化で増える帰国子女の実態と国際バカロレア教育についての考察である。

　第9章は、シリコンバレー短期研修の発展とグローバル人材育成について論じる。

　第10章は、グローバル化を生きる若い世代の声を分析し、教育と社会の変革には何が必要か、変化する力はどこから生じるか論じる。

　教育と社会の変革とは、単なるテクノロジー的変化ではなく、人々の考え方、価値観や行動まで、さらには社会の根底を支える文化や価値規範の変化にかかわるものである。

2021年6月　シリコンバレーにて

ホーン川嶋瑤子

第2章　プログラミング教育を認知科学から見る

第3章　特別支援教育とデジタル化

第4章　デジタル化で学びはどう変わるのか、目指すべき学びの姿とは

第5章　AI社会とオンライン教育の可能性

第6章　アメリカの教育のデジタルトランスフォーメーション

その進展、コロナ禍のインパクト、教育の再編成

第9章　進化を続けるシリコンバレー短期研修

第10章　グローバル化は教育と社会を変える力となる

グローバル化、デジタル化で教育、社会は変わる

巻頭対談

日本の教育における
デジタル化の未来

石井英真・堀田龍也

モデレータ：久富望・遠山紗矢香
（2021/1/6 にオンラインで実施）

石井英真

堀田龍也

堀田　この本のテーマは、デジタル化とグローバル化がキーワードですね。せっかく石井先生がおられるのだから、「新型コロナで分かった日本の学校の弱点」とかはどうでしょう？

石井　この本で「アメリカの教育のデジタル化」について書かれている川嶋さんは、シリコンバレーに長く住んでおられる方だから、シリコンバレーとの比較になるかもしれませんね。

堀田　シリコンバレーと比べたら、日本のデジタル化はガチガチ、自由度が低いよね。

石井　シリコンバレーを5年前に僕が見た感覚では、ハイテクって感じよりも、日常の端々でデジタルメディアを馴染んで使っている印象でした。ただ、学校外教育の場面ではありましたが、ビッグデータへの着目がすごいな、と。コンテンツはフリーで提供して、データをとるところでマネタイズしていく、といったあたりです。エコシステムとはよく言ったものです。GIGAスクール構想（以下、GIGA）もそうだけど、その先に結局データがある。ビッグデータを使って中間よりも少し上ぐらいの判断をして行くみたいなこと。これ、危うさも含めてですが、評価とすごく相性いいと思います。

　　だから今日は、「1人1台どうしよう」の先の、デジタルメディアをどう馴染ませていくか、みたいな話ができればよいかと思います。

■「盛り」すぎたICTを「馴染ませる」

堀田　そもそも、なぜGIGAなのかっていう考え方とか哲学は現場にはあまり伝わってなくて、「1人1台の端末が来るぞ」「これ使ってどうしよう」みたいな目の前の話になっているわけですよ。授業内でのICT利用が、日本ではほぼゼロ、OECDのPISA調査[1]で比較しても圧倒的に最下位。でも、子どもがデジタル機器を使えないわけではなくて、チャットやゲームでの使用は世界でもトップ。僕らも仕事でICTを普通に使うし、おそらく保護者の方もそう。今の時代それは当り前なのに、学校ではコンピュータを使って勉強することがほとんどされてこなかった。ICT活用の研究授業で子どもたちに使わせる例はいくつかあったけど、世間のICTの活用の程

度に比べると、学校ははるかに出遅れた感じです。

　諸外国はそれなりに学校に ICT を取り入れていて、なぜか日本だけが取り入れていない。ICT 経由であっても読解は大事、という総論にはみんな「Yes」だけれども、学校で「デジタル読解」するタイミングが日本ではほとんどなかった。地方交付税交付金を上げて、各自治体でどんどんやってねと国は旗を振ってみたけど、地域間格差が広がるばかり。都道府県別はまだしも、1,700 以上ある市町村別では驚くほどの格差が出ている。

　ICT を使っていないことによって、子ども達が獲得できていない能力（コンピテンシー）の中には、非常に重要な能力があるのではないか？新しい時代のデジタル環境、それに合わせた社会、必要なコンピテンシーなどと、先生たちが一生懸命取り組んでいる授業や学校運営が、どんどんズレてきてるんじゃないか。そこで、国のお金で ICT を入れようという話になった。それが GIGA スクール構想。

　しかし、重要なポイントはスポーンと抜けている。学校では突然端末がやってくる話に見えたり、教育委員会も、端末だけ一生懸命入れたもののネットワークが手薄になったり、クラウド禁止って言ってみたりする。そういう、ちぐはぐな事がいっぱい起こっている。

　こういうことを全部わかって整備して利用を始めているところでは、たった数ヵ月でもいろんな成果が出始めていると感じています。その成果の行き着く先は、石井先生がご覧になったシリコンバレーのようにデジタルで全てが置き換わるのではなく、普通の授業は普通に行われ、デジタルでやることもあるっていう、私たちの生活とだいたい同じ程度の感じになるのではないか。それが、うまい具合に多様性を吸収したり、個別化を吸収したり、興味関心を吸収したりするような環境になっていくように思う。このあたりが GIGA で変わることであり、変わらなきゃいけないことだと思います。

石井　なぜ日本においてデジタル化が進まなかったのか？という原因の分析も必要だと思います。一つには、先生方自身のパソコン環境が本当に脆弱だった。情報漏洩回避とかで制限が強く、パソコンがあってもまともに使

えないとか。教師だけの問題ではなく、社会全体でデジタルを生かした産業が十分発展してこなかったこともおそらく関係している。それから、教育現場でデジタルの推奨を煌びやかに言い過ぎたところもあると思います。「盛り」すぎなんですよ。そうすると教師は手控えてしまう。アメリカって割と自然に日常生活の中に Google とかがあって、それはそれで危ういところもあるけども、自然にすごく馴染んでいますよね。そういった土壌の違いもある。

　1980 年代からずっと、日本は学校外でゲームする時間の多さが言われていて、子ども達の遊び環境における消費文化の位置づけも、諸外国と状況が違うのかもしれない。そこも冷静に見極めておかないと、日本に特に強く表われるリスクもあると思います。子どもの学習環境とか生活環境全体のゲーミフィケーションというか。ゲームも、僕は 70 年代生まれでファミコン世代ですけど、ファミコンと今のゲームって全然作りも違うし、コンテンツも違う。今のネットゲームなどは、カジノのようにのめりこみやすい形で作っている部分もあると聞きます。かつてのゲームと今のゲームの違いも踏まえながら、子ども達がどういう風にデジタルメディアと賢く付き合っていけるのかを考える必要があると思います。いきなり規制の話をするのではなくてね。

　2000 年代初めぐらいに、「親密圏のコミュニケーション」と「パブリックなコミュニケーション」という整理で、携帯電話のメールをやっている人が、必ずしもパソコンメールに触れているとは限らないという話がありました。子どもはスマホで文字入力するのは早いけど、タイピングが出来ないんですよ。スマホは結局、親密圏のコミュニケーションなので、文章にならなくて、一文とか単語とか絵文字で済んじゃうんですよ。パソコンではパブリックなコミュニケーションが多いので、ちゃんと文を綴る。

　子どものデジタル生活環境をよりパブリックで知的なものにしていく必要性がグンと高まっているのですから、学校においてこそ不可欠なリテラシーとして、ICT とかデジタルメディアとの付き合い方を学んでいくという捉え方が大事でしょう。リテラシーは、世の中を読み解いていく力とか、

うまく付き合っていく力という意味ですから。

堀田　たしかに、日本人の情報リテラシーは低めなわけです。コンピュータで回答することがなかなか十分に行かない。国勢調査も紙優先ですし。日本の慣行踏襲の強さが変化の邪魔をしていると感じるところもありますね。

　学校も ICT の整備を十分にしてこなかったので、教師が ICT を怖がったり、非常に有効な時しか使っちゃいけないものだと捉えたりする。これは盛ってきたことの弊害だと思うんですよね。なんで ICT が盛られてきたかって言うと、盛らないと議会も通らなくて予算も取れないから。「世間並にしましょうよ」では議会を通らない仕組みがある。そういう部分を支援するのが GIGA StuDX[2] や ICT 活用教育アドバイザー[3] だったりします。ICT の設置者である地方自治体が乗り越えることを、あの手この手で国として応援している状況です。ICT が整備され普通に使えるようになった先に「どういう風に付き合っていくか」について教師も子どもも考えていくのだと思います。

　クラウドを一度も使ったことがない人にクラウドの説明をしてもなかなか伝わらない。使ったことが無い人に価値を示すには「盛る」しかなかった。それが ICT の整備の遅れを生んできたのかなと思います。でも、GIGA ではこれを突然乗り越えることになるので、世界が変わるところなんですよね。だから僕は、教育方法に本質的な大きな変化が生じるのではないかと思っていて、今日、石井先生の話を聞くのすごく楽しみにしていたんです。ICT の上手い使い方の話に留まるんじゃなくて、学ぶとは何なのか、学ぶべき内容ってどういう風に配列されているべきなのか、学び取る能力みたいなことをどう考えればいいのか、そういう時代の教師ってどうあるべきなのか。今までのものを全部捨てることはないけど、パラダイムが変わることについて、準備を始める必要がある。その一つのキーワードは個別最適化かもしれないし、一つの新しいインフラが教育データの活用なのかもしれない。

■子ども達が1人1台端末を治める

久富　この対談では個別最適化や教育データ利活用をテーマとしてお願いしていましたけど、我々も盛ってしまっているかもしれません。それらの言葉が持つ煌びやかさより先の、これらがどう教育方法や学校の役割を変えていくか、というところを我々も伺いたいと思います。

石井　まず教師が、teaching に使うよりも、慣れること。私も機械音痴ですけど、スマホもやり始めたら慣れるように、ユーザビリティが高くなっているので、一度やってみると「あ、これでも使えそうかな」と活用の幅が広がってくる。教師の生活の中に ICT を溶け込ませていくことが重要ですね。研修では、1人1台端末の授業での使い方もさることながら、それ以外の学校生活や仕事外の、何気ないところでの活用も大事にしていった方がいい。いきなり「教科に即して」を打ち出し過ぎると、自分の授業スタイルを変えないといけない話になってくる。むしろ教科外の事例を膨らませて、そこからも広げていく。

　本丸は、先生が慣れることよりも子ども達が自由に使えるようにしていくこと。「ICT は教具ではなくて文具だ」みたいな言い方は当たってるところがある。かつて紙とノートと鉛筆が近代学校を作ったのと同じように、今回、ICT が学校のデジタルトランスフォーメーションを起こすだろうという気がするんですね。

　だから私は、机の上にパソコンをどう置くかという話から始める。我々が仕事をする時も、パソコンは右端か左端かに置いて、たまに中央にもってきて、いろんな紙を広げてやっている。パソコンを one of them として溶け込ませて仕事していくのが、一番生産性が高い。全部パソコンでやるならばマルチディスプレイでないと難しい。学校の限られたキャパで、机の上のどこにパソコンが乗るか、文具としてどういう風に馴染ませていくかがポイントになってくる。1人1台端末は、ノートと鉛筆以上に、子ども達をエンパワーメントする。

　ここで大事になるのが、文具を「治める」発想だと私は思います。

　一番には、データが文具（としてのICTとその先のクラウド）にどんどん残っていくから。個人がデータの所有権を持って出し入れするっていう発想は、これからとても重要になってくる。今、スマホを落としただけで大変なことになる。全部特定されちゃう。いつ熱出しましたね、彼女いますね、ここの2階に住んでますとか、全部わかっちゃう。それくらいの情報が、スマホ一つにも残っている。データを上手く出し入れすることによって利便性を獲得することもできるけども、一つ間違うと全部管理されてしまう、監視社会のリスクも当然背負うと。そこでデータをどういう風に自分で治めていくのかっていう、まさに自治ですよね、それがとても重要です。自主性よりも、道具を治めていく発想。

　だから小学校低学年のノート指導みたいなものがすごく大事だと思うんです。あの時に子ども達が自分で教具とか文具とかの使い方を治めていきますよね。もっと言うと、これって生活指導とか、特別活動とか、学級指導とかとつながるところがある。学級指導は、学級を運用する、集団を運用する能力を育んでいくって言われるんですよね。最初は子ども達のICT活用が先生に管理されていたとしても、それを発展的に解消して、自主管理につなげていく。1人1台の端末を「今は開けていい」「今は閉じていい」というように先生が一々指示することを超えて、今までも低学年とかの指導とかでされていたように、自主性とか主体性というより、道具とか集団とか自分の環境を治めることが一番大事なのだと思います。

　そのためにも先生がICTに慣れて、子どもに委ねて、子どもをエンパワーメントしていくと、結果として授業も変わってくるんですよね。子どもの学習における道具としてデジタルが入ってくるので、能力も、繋がりも大きく増強される。その増強される瞬間に子どもが教師を凌駕するんですよね。この凌駕する可能性を踏まえた時に、教師がどういう風に指導していくのか、支援していくのか。

堀田　これいい話だなぁ。僕、全く同感ですよ。教師のリテラシーを高める、「馴染ませる」というのが何よりも優先されるべきです。僕も小学校教員でしたけど、習字道具の使い方とか、パレットでの色の混ぜ方とかいう道

具の使い方は、教科の目標そのものではないけど、それができないとその後うまくできないから、最初に文具の治め方をやるわけです。彫刻刀の危なくない使い方とかね。あれにあたることを、ICT でもやらないといけないわけですよ。

■コンピテンシー時代の日本の「いい具合」

堀田 僕は石井先生と全く同じ考え方だと確信しました。2004 年に「メディアとのつきあい方学習」って本[4]を出したんだけど、あの頃から僕の言ってることは全然変わってない。つまり、主婦／主夫が冷蔵庫とうまく付き合っているように、冷える仕組みが分からなくてもうまく使いこなすことはできる。それと同じように、メディアの使いこなしを、僕らはしっかりと子ども達に教えなきゃいけないと思う。

　学校で、プログラミング教育に繋がることや、あるいは教育データの便利さとリスクみたいなことはちゃんと教えなきゃいけないけど、今のところどの教科にも位置付かない。だから僕は、国にも、横串を刺すような仕事、例えば GIGA とかカリキュラムマネジメントを主題とした仕事を明確に置かないといけないと思っている。コンピテンシーの時代だから、コンテンツに帰着しない組織体制も大事だと思います。

久富 関連して石井先生にお聞きしたいのは、教育方法学の分野でも、教科教育に行き過ぎてしまっている可能性です。教科教育と教科を超えた教育の関係性は、今後どうなって行くべきでしょうか。

堀田 僕も石井先生のその辺の話はとても知りたい。ちなみに、今までは教科の学習の延長に教科を乗り越える話があったけど、今回の学習指導要領では「基盤となる資質・能力」として、教科の下にあるという言い方をした。ベースに、言語能力とか情報活用能力を入れたんですね。

石井 戦後間もない頃はもうちょっと未分化だったと思います。もともと、教科の枠だけではなく教育全体の枠で考え、ベースは共通していたところが、教育言説としてある。

　でも、教科教育それぞれの自立性が強くなり過ぎて、それぞれが「学」

を目指し始めたところで横串を通しにくくなった。今の50代ぐらいの先生方だと、教科教育固有の理論と、一般教授学の議論が両方分かるんですよ。一般教授学の学習集団とか、発問論とか、斎藤喜博とか、東井義雄とか、大村はまとか。だから、かつては教科を越えたところもある程度わかったうえでの教科だったんですけれども、今は、教科教育の中で閉じて完結しちゃっている部分もある。例えば、算数・数学と社会科にもかつては交渉があった。一般教授学はそれをつなぐプラットフォームとして機能していたところもあったけど、80年代の法則化運動、90年代の学び論の中で、各教科の専門性を繋ぐところがカリキュラムレベルで弱くなってしまったと思うんですよ。

　私は各教科の知見をすくいあげながら、もういっぺん交流や統合を目指したいって意図を持って研究しているんです。ただ、今、私がカリキュラム研究の歴史を整理したりすると、「いや、教科教育学をもうちょっと入れて」みたいな軋轢が個別に起こったりする。各教科教育学が分化し、それぞれで自己生成的に進んで自己展開し始めて断絶が生まれてしまっている気はしますよね。現場の先生方が教職大学院に行くとか、博士号を取る時にも、大括りの教育方法学や教育学とかでなく、教科教育研究がベースになりがちです。

　今回の指導要領の「資質・能力」やカリキュラムマネジメントは、横串を通そうとした取り組みですよね。ここでようやくちょっと動き始めたという状況かなって思います。

堀田　before GIGA の教育環境で最適化されてしまった各教科教育学に、端末の話とかクラウドの話とかが来ると、「それはうちの教科の話ではない」のように排除する向きもあって、教科教育学の中にテクノロジーがうまく入らなかった。これはインフラの話であり、コンピテンシーの話であり、かなりもっと大きな話なんだけどね。ICT を排除していると自分たちのところがぐらつくのになぁと思っていました。

石井　ICT っていう横串を通そうとした時に、教科教育学の分化している様子が綺麗に見えている状況だと思います。そこを見た上で、窮屈になって

いるところをどう解きほぐして繋ぎ替えていくか、今はひとつチャンスなのかなと思います。

　自治体は割とフレキシブルにやれますよね。教科の枠からはみでたものも含めて ICT 活用事例集を出すとか、研修を組み立てる時に横断的な視野でやっていくとか、ICT 関連以外の内容の研修にも ICT を活用して、教師自身が学び手としてそれを経験していくとか…。文科省のものはあくまでも参考資料だから、自治体でもこういったものを作れるといいねというメッセージをちゃんと担当者に届けて励ましていく。実際、各自治体の資料が一番、活用されると思うんですよ。何より、GIGA で導入される端末の種類が各自治体によって違うので、それにカスタマイズした研修が必要になる。端末を使うことが自己目的化してしまわないために、自治体単位でローカルに考えていくための研修デザインとかサポートのデザインが大事になると思います。

　文科省は、運用方法については限定的にしか言うべきでないと思っているところがある。意思決定を現場に近い、ローカルに落とし込んでいく必要があると思います。GIGA は自治体の裁量を大きくすることをやっていくチャンスでもあるかもしれない。予算と条件整備はきっちりと文科省とかでやっていくけれども、どう運用、決断、決定していくかはローカルに落とす。都道府県単位もさることながら、市町村単位で全然状況が違ってくるということも、一つの教訓とできるかもしれません。

　GIGA に関して、ちょっと心配で堀田先生にお尋ねしたいのは、オンライン環境を整えることのゴールイメージが自治体によって全然違うと思うんです。割と進んでるかのように見えて、情報セキュリティポリシーなど、大事なところにメスを入れていなかったりする。たとえば、いざ動き出したときに回線が詰まらないか心配です。その辺、今がチャンスだからきっちりと適切なゴールを設定しておかないと。変なシステムを作って後々いじれなくなって困るとか、追加予算が獲得できなくて困るみたいなことにならないか、すごく心配してますけれども、その辺どうですか？

堀田　文科省内の議論でも、今のゴールイメージが何かっていうのは、本

当によく出てきますね。ネットが詰まることはだいぶ予測出来ているので、新たな補正予算を組んだり、働きかけを自治体にしたりしているわけです。学校内の回線は GIGA の範囲ですけど、学校までの回線は、地域の情報化と関係して教育委員会の仕事に止まらないわけですが、教育委員会が理解を取り付けないといけない。首長が理解していればすぐ整備されるけど、そうでないと「なんで学校にそんな高速な回線がいるのか」「何で市役所より速いのか」とかいう議論になる…

一同　笑

堀田　その次にはクラウドを使って共同で、勉強で使うというイメージを、教師や指導主事が持てない。学校がまだ全部セキュアになっている分、クラウドに開放されていなくて、教師や指導主事自身がクラウドのいろんな経験ができていない。これは時間がかかるけど、少しずつ事例を見せていくしかない。GIGA StuDX にしても、国が全部の事例を載せようなんて全然思っていなくて、石井先生が仰ったように、「こういう風に教育委員会が作ってね」というものを目指している。これから本当に、教育委員会というか、地方の研修や整備担当の人たちの自分で決める力が重視されると思います。日本が中央集権をやめて地方分権になって 20 年経つけど、相変わらず教育界においては、文科省が何か言ったらそれを自分たちがやればいいというヒエラルキーが形式的に残っていて、地方の自主性みたいなものは十分に発揮されていない。自分で考えない仕組みになっているのかな。だから GIGA で「1 人 1 台 45,000 円の端末」となったから、1 台 45,000 円の端末を入れました、次はどうすればいいでしょうか？みたいになっているんですよね。僕はそこが一番怖い。事業を進めながら一番怖いところです。かといって文科省がずっと指示を出し続けるのかというと…国の役割って何なのかなとかね、そういうことをすごく今感じますね。

　これ、日本独特の部分もあると思うよね。僕が知る限りアメリカは国や教育委員会があまり色々言わないし、言ってもあまり学校が聞いてない感じもある。良い意味での校長の自主性や独立性が認められている。だから格差も生まれるのかもしれないけどね。

石井 カリキュラムがバラバラですからね。教育に関しては州権限であって、ナショナルカリキュラムにあたるものが作れない。それに近いものを作ろうとしても、なかなか言うこと聞かない。多様性で成り立っている国なので、必ずコンフリクトが起こるっていう国の成り立ちが、日本とは全然違う。

　逆に言うと、日本の良さとして面の平等みたいなところがあるけど、それが村社会の裏返しでもあるので、ガチッと縦社会で固まってしまって、結局、自分たちで自律的にあまり判断しない。江戸時代は藩ごとに、またその中でも村ごとに自治してたりもしていましたけど。今のように全部中央に吸い上げられて降りてくるみたいな流れができると、事なかれ主義で行こうとします。責められますしね。失敗を許容しない社会・文化が強くなっちゃって、今の状況につながってきているのかなと思いますよね。

堀田 そうだね、日本の「いい具合」というのを見つけないといけないっていう話だと思うんだよね。

■個別化と個性化を区別する

堀田 アメリカがこうだからこうすべきだって言ったところで仕方がないし、

日本はある意味、多様性より一様性を優先してきた。それでも日本にいろんな格差や多様性は出てきているし、多様性を認めていかないとね。世界的な動きでもあるし。

　「個別最適化」に付いた機械がやるイメージを除くため、中央教育審議会では「個別最適な学び」と言い換えてるけど、紐解くと、教育方法学の歴史に個別化・個性化教育はちゃんとあって、緒川小学校（愛知県東浦町立）とかがやっていたことも石井先生がまとめられていましたよね。

石井　個別化は縦軸で、「できる・できない」という量的な個人差で見ていく志向性と結びつきがちなのに対し、個性化は横軸で、それぞれの良さや丸ごとのその子らしさという志向性なんですよね。「個に応じる」と言った時には、量的な差異か、質的な差異かによって、全然違うところがある。これこそが一番重要なポイント。昨今の「個に応じた」は、「進められるからどんどん進めたらいい」という考え方であり、主に量的な差異を前提にしている。「自分はもっとやりたかったのにできなかった」というのも縦軸で物事を見ているんですね。

　自分らしさが認めてもらえたかどうかは、量の話ではなくてむしろ質の話であって、かけがえのないあなたを丸ごと認めますみたいなこと。質の話は、実は日本においてはすごく弱いですよね。例えば「特色のある学校」と言った時も、全部、序列の中に落とし込んでしまう。縦社会ですからね。村社会ですからね。そうではなくて、真の意味での多様性、序列化にならない多様性、個性化軸での価値をどう実現していくのかが本丸だと思いますね。

　日本で協働っていうとたいてい団結するのはその場の同じ集団の人間で、外敵を作った時には強いけども、異質な者同士の対話とか議論ってめちゃくちゃ苦手なんですよね。異質な者同士ではその人の丸ごとのパーソナリティがちゃんと尊重されていることが重要。「自分の頭で考える」というのはそこですよね。

　「個別最適な」と言った時には縦軸の話か横軸の話かをちゃんと区別して、学校の学習も、日本社会全体としても、水平的価値というか多様性を

認めていく考えが重要だと思いますよね。

久富 これまでの議論をお聞きして、教師の側の個別化と個性化の志向性も2030年に向けて考えないといけないのかなと感じました。先生が、自分の教え方や今までの仕事のやり方をICTによって良くする縦軸の方向とか、先生のやり方を個性化軸の方へ変えていくとか、教師の側の個別化個性化についてはいかがでしょうか?

堀田 個別化とか個性化に関する教師の概念的理解を、しっかりと打ち込み直さないといけない部分はあると思いますね。僕の原体験からいくと、縦軸では評価が低い子はいる。それは僕だけじゃなくて、隣の先生もみんな「いい子なんだけど勉強はできない」と思っている。結局、成績だけが評価軸として際立っている。だから教師の中では個性化軸で評価し合うわけね。友だちの中でもそう。

　ICTで効果があったかって言うと、学力が上がったかという縦軸だけが見られる。色んな子の多様性が引き出せたとか、授業が面白くなったみたいな結果だと、エビデンスは何?って言われてしまう。結局これも、教科にみんな帰着する話と同じで、量的な個別化だけが評価軸として強くなってしまうので、みんなそこばかり見てしまう。

　そもそも僕は、個別最適な学びは、一人一人の興味関心にもある程度呼応しながらも、最低水準をどうやって保つかという話だと思う。ICTがあることによって先生が子ども達の状況を捉えやすくなることもあるし、子ども同士が可視化しやすくなることもある。学力にダイレクトにはつながらないかもしれないけど、「あの子がこんな綺麗なスライド作るんだ」って友達同士で驚いたりするわけですよね。そういう、教室の中で起こっていることが評価軸に乗りにくい課題がすごくあるなと僕は思います。

石井 そうですね。近年の論調だと、学びと成長を切り分けようとしている気がするんですよね。学習機能、社会関係の機能、保護機能、これらの切り分けは分析的に捉えていくためには大事だけど、分断してはダメなところ。ポイントは、生活集団の上に学びが乗っていることだと思うんです。いまどきの探究的な学びだと、例えば高校の課題研究って、外注パッ

ケージの束になっていることもしばしばです。教師がカリキュラムを作る主体になっていないのです。1年間なり3年間で、子ども達はどういうストーリーで成長していくのか。パッケージ一つ一つは目新しくて最初は良い。しかし、結局、点は線に繋がらない。いろんな一過性の経験を「事件」にしながら、ちゃんと点を線につないでストーリーにしていく、これがカリキュラムなんですよね。そこには、子ども達とある程度長い間共にいる大人の存在が重要で、教師が、カリキュラムメーカーの中心にならないと難しいだろうと思うんです。海外研修はこのパッケージ、高大接続はこのパッケージ、イングリッシュキャンプで一過性の経験としてはスキルが上がった、というパッケージの束で、子どもはどう成長するのかというストーリーが見えないところがある。

　堀田先生も仰ったように、一緒に生活している中で、この子にこんな側面もあるのかと気付いた時に、それは事件になっていく。みんなの中でそういった事件が起こることによって、その子がぐっと成長することがある。そういう蓋然性を高めていくことが、学校で共に学んでいくことの強みだと思うんです。学びから成長につながっていく学び、つながりの中で知育をちゃんと保障していくのが、日本の学校の良さ。諸外国でもクラスのような協働性を簡単には手放さないのは、その辺に原因があるのだろうなと思います。みんなで集うからこそ成長が起こっている。

　個別化にいき過ぎてしまうと、英語学習は完全に能力別、帰国子女も別、みたいな話になってしまうけれども、その道だけなのかな？と立ち止まって考える必要がある。むしろ、自分たちの学校がやっていることを海外の姉妹校に紹介するとか、それぞれが自己紹介の手紙を出すとか、英語が得意な子は校歌を英訳するようなチャレンジングなものに取り組んでみる。学年もこえた大きなプロジェクトに組み込んでいくと、その子の個性が輝いてくる。皆とともにあるからこそ、その子のよさが認識されてくる。そういう学びはまさに個性化軸で考えることだと思いますし、そういった運用の知恵をもうちょっと大事にしていく必要があると思います。

　更にいうと、もともと日本の教科教育は、学級を創りながら知育をする

ことを大事にしていた。それが先生方の日常生活の教科学習のリアリティ
であった。教材を深く学びつつ、繋がりを作っていく。なかなかエビデン
スにはなりにくいけれども、単なる得点学力ではなく、わかった、世界が
開けた、なんか嬉しい、みたいな情動を伴った豊かな学びがあるわけで
す。そういうところは日本の良さでもあるので、現場サイドでも大事にし
ていってほしいなと思います。何より、そこの価値がわかるように、対外
的に発信していくことが大事ではないか。保護者に対しては「おめめキラ
キラ」で私はいいと思うんです。数値化できないけど確かに成長があるわ、
と感じられるから。でも、対外的には「おめめキラキラ」ではなく、量的
な縦軸の成果だけでもなく、「丸ごと、子どもたちの学び全体を見た時に
こんなに輝いてる」ことを、分かるように発信する。文科省内の調査など
できっちり、匿名性をもって、対外的に説得力を持って発信していくこと
が重要かなと思いますね。

堀田　ICT の効果は、個別最適な学びみたいなのだけではなくて、むしろ、
個性化的な、「この子がこんなスライド作るんだ、俺も頑張ろう」みたい
な学習インフラの機能だと思う。「あの子がこんな文章を書くんだ」、「あ
の子はこういうふうに感じるんだな」という教室の中で起こっている相互
啓発は、ネットの共同の上でもちゃんと起こると思う。だから、最適化と
いう言葉を盛っていたと思うけど、普通に ICT やクラウドを使えば今ま
での教育がもっとやりやすくなり、先生たちの創意工夫があって、それが
カリキュラムの見直しになっていくのではないかな。

　今までは子ども達に情報活用能力が付いてないことを前提にして授業を
やっていた。でも、使い始めると子ども達には 2 ヵ月ぐらいで相当なこと
が身につく。それは教師にとってある意味では脅威で、石井先生が仰った
ような「乗り越えられる怖さ」みたいなものがある。でも、自分より泳ぎ
の速い子は小学校の教室には何人もいたし、ピアノが上手な子も何人もい
た。それが家庭資本に依存していた部分はあるにしても、そういう子たち
を授業の中で活かしながら授業するっていう、そこにこそ僕は教師として
の専門性があると思う。教科学習の中身の体系をちゃんと理解して上手に

教えられるってことも大事だけども、そういう部分はある意味オンデマンド化していく。その子その子が学校外のリソースも使って学んでいることに対して、みんなの中で相互啓発しながら、お互いを認め合い理解し合いながら学んでいく学びが楽しいと思う、みんなと一緒にいることは楽しいと思う、こういうことこそが、僕は学校の持つべき機能だと思うんですよね。

　今、緊急事態宣言が出ても学校を止めないのも、学校でオンライン授業ができないからではなくて、オンライン授業だけでカバーできないことはいっぱいあり、分散登校でもとにかく子ども達を集めることを失わないようにしていると、僕には感じられます。もちろん学校は、オンライン授業をできないといけないんですけど。

■一斉 vs 個別を超えた多様性の時代へ

石井　私は個別最適に関してちょっと心配しているところがあって、「一斉授業から個別最適な学びへ」って言われがちなんですが、一斉授業も色々です。日本において批判されてるような画一的な一斉授業は、実は個別指導の延長線上だったと思います。横糸がないんですね。鵜飼のように、1対1の生徒と教師の関係の束が出来上がっていて、ガチッと固められて子ども達は自由が少ない。これに1人1台端末が乗っかってしまうところがある。端末が机間指導を代替してしまうのです。実際に ICT を用いた授業を見ていてなるほどと思ったのですが、丁寧に机間指導ができて、先生は満足なんですよ。

　私が一番危惧するのは、一斉授業から個別最適化へと言いながら、教師が子ども達を救うんだみたいな部分を強め過ぎてしまわないかということ。教師と子どもの1対1の指導が理想だという教育方法の考え方から脱却しないと駄目だと、思っているところがある。見た目は違うとしても鵜飼の構造をそのまま再生産してはいけない。だから、横糸で子ども達の学び合いを促す形にしていけばいいと思います。学び合いや学びの共同体[5]は、教師と子どもの1対1の束を解きほぐして、横糸をいかに通すかという挑戦だったと思います。さらに言うと、日本の「創造的な」一斉授業は、教

師が発問を投げかけて子ども達がザワザワってなって、そこで教師が繋いでいく、横糸を通す試みであったと思うんですね。

　AIドリルなどは、子どもと教師の関係を、とりあえず教材に繋ぎ替える働きをする。しかし、それだけでは子どもは教材の先にいる先生と向かい合っているだけで今までと変わらない。横糸を通すような学び合いが起こるところにこそ、学習成果が出てくると思うんです。つまり、先生と子ども1対1の個別の関係の束ではなく、個別それぞれが自由になった時に子ども達がお互い繋がりあって、いろんな相互作用が起こっていく。それが、学びを最大化し、そういう協働性に媒介されて、学びの質が担保される。これは認知科学の中でも確認されてる出来事ですよね。そういうところをちゃんと強調していくことが大事だと思います。

　個別化・個性化教育をやってきた緒川小学校は、教師の協働性に媒介されているところがかなり大きいと思います。学年をちょっとミックスしたりすることによって、先生方の協働が起こる。色々と学びが起こっている時には必ず、子ども達同士あるいは教師の協働性みたいなものに媒介されている。この見えない因果関係をきっちりと見ておかないと。

　1対1ということを理想化しすぎないこと。少人数教室は子どもや教師に余裕をもたらす上で重要ですが、そこで教師が直接的に手厚くしたら駄目なんですよね。むしろ10人以下の学級は大変だったりしますから。先生の目が届きすぎてしまうから難しいんですよ、結局。むしろ子ども達の間での学び合いみたいなカオスの状態が若干ある方が、学びとしては最大化される。だから先生は、協働性の中での個性化の視点を、プロジェクト的な学びでみんなが輝くような舞台とか、繋がりみたいなものが生まれやすい場をデザインしていく。

　部活動とかで大きな試合がある時に、みんなで学ぶこともあるけれども自主トレに入ることもありますよね。自主トレに入った時っていうのは、先生にいちいち聞いたり、コーチが一人ずつついたりするのではなくて、子ども同士で学び合ったりする。あるいは、そういう時にAIドリルとかが入ってくればいいと思うんです。フレキシブルなものをちょっ

と入れて、それぞれのリズムやスタイルに合わせる。日本の学校は確かに、個のスタイルに合わせることは弱かった。アメリカとは決定的に違ってdifferentiationは弱いんです。ビジュアルな表現や、演劇的、身体的っていう色んな表現形式があるのに、全部、文字で表現させるとか。一律の形でやるのはしんどい。そういうフレキシブルなところに、外部の人材とか、ICTとかを柔軟に使って、子どもの学力の定着の部分については救っていく。教師はむしろ、プロジェクトで高次の学力みたいなものをベースにしたトータルの単元デザインにおいて力を発揮する。それで、一人ひとりの学びをある程度ちゃんと見て、点を線につないで物語化していくところに力を注いでいくことができるといいと思います。

堀田　そういう意味では、ICTとは別に、教育とか授業とか教師の役割とかの「多様性の時代に向けたパラダイム変化」みたいなことが起こっていて、それと今までの授業の良さをどううまく組み合わせながら教師が変わっていけるか。その時のインフラの一つに、1人1台の端末をどう使うかという話ですよね。今の石井先生の話がすっぽり抜けて、端末をどう使うかのみを考え始めると、今までの授業観に対して最適化を図るので、リスクが生じると思いますね。

石井　京都教育大学附属桃山小の授業報告を見て、ふと思ったことがあります。日本の創造的な一斉授業では、みんなで練り上げていく授業を理想像とした。しかし、創造的な一斉授業で知られた斎藤喜博は練上げが最後の方の段階なんですね。個人学習、組織学習、一斉学習（練り上げ）、整理学習の順。まず個別にやってみて、お互いにどうかな？と相互学習が起こり、組織化して、ここぞというところをみんなでガッと深める、みたいな。日本の研究授業文化の中では教師の技も見やすい深めるところだけフォーカスされすぎたところはあると思いますね。

　そう考えると、歴史的に戦後1950年代の創造的な一斉授業の出発点の頃のテンションに戻していくとちょうど良いかもしれません。明治時代に学級教授になる前って合級教授があるんですよ。等級制から、そろばんで言うと3級2級1級が一緒にする合級制を経て、学級制みたいな形に行く。

個別最適化で言われている AI ドリルのイメージって、複数学年が一緒にいる、合級のテンションに結構近いと思うんですよね。だから、そういう歴史的なある段階の教育方法や教室環境って割と適合的かもしれない。今の教師と子どもの 1 対 1 の束の集合体を解きほぐして、出発点に戻って行くみたいな発想で考えていくといいかなと思ってます。

　そう考えていくと、大村はまさんとかの実践って結構個別にお互いやるわけです。あれに近い、机間指導よりも膝下指導というか、子ども達に持って来させて教師が添削する、教師が動き回るのではなくて、子どもが作って持ってくるような発想になってくるのかなという気がするんですよ。

堀田　要は、学び手が学ぶことを支援するっていうことだと思う。僕も長年、附属桃山小に助言者として関わっているけど、ここが他の附属と違うのは、先生がみんな専門の教科を持っているけど、算数だけじゃない、国語だけじゃないみたいな人が一杯いて、いい具合にコンテンツベースからコンピテンシーベースになって、自由闊達にそれぞれやっていて、管理職もそれを認めている。非常に今日的な学校の形だと思いますね。

■教育データの産みの苦しみ

堀田　今、附属桃山小が一生懸命やってるのは教育データです。子どもたちが学んだ記録をどう取り扱えば、教師はより的確な助言が出来るようになるか。子ども達はより良いリフレクションができるようになるか。これは研究途上だけど、そのためにはデータ形式がある程度揃っていなければいけない。国が決められることは本当にちょっとしかないんだけど。

　でも、国が決めないで自治体ごとにバラバラに決めているとビッグデータにならない。例えば、学力調査[6]も毎年入札して業者が変わるので、学校番号はその業者が振るんですよ。日本には統一した学校番号はなかったのね。やっとこの間、標準化した。ある意味、国が管理してるかのようにも見え、批判もあって、やらないできたんだよね。でも、統一した学校番号はプラットフォームとして整備すべきです。例えば都道府県を超えて転校する子どもの処理は、書類を送る人と受けとる人とが全部手作業でやっ

ていた。学校番号が整理されればデジタルの一覧が作れて、学校番号から採択教科書の一覧を参照して、理科だけ新しい教科書が 1 冊いる、とかが自動的に出るわけ。こうしたシステムを使うことで先生達の仕事は幾分か楽になると思うし、先生は「こうやってデータを使えばいいんだ」って学習できると思うんですよ。なので僕は今、教育データの利活用の政策への協力を一生懸命やっているんです。

　デジタル教科書だって、会社によってインターフェースが違う。だから、算数の書き込む時はこのボタン、でも国語になったらこのボタン、とかが起こるわけです。これはどこまで国が統一して、民間の教科書会社にどこまで任せるべきなのかが、まだ決まり切ってないところですね。デジタル教科書と学習ログの話、個別最適化の話と、データの標準化の話は実は密接に関係しているのに、別々の会議で議論しているのは、文科省の中で担当する課が違うから。全部僕が座長だから、僕が一人であっち行ったりこっち行ったりしてますけど、トータルな議論になかなかならないですよね。これが今の課題ですね。

久富　教育データについて、問題になるのはデータの所有者ですよね。一つのやり方は、所有者を完全に個人にする方法でしょうが、それではビッグデータが出来ない。それに、今まで学校は個人の情報を預かって教育していた。日本学術会議の提言[7]もありますが、教育データの利活用について、どう発信していけば、誤解されずに進めていけるでしょうか。

堀田　日本は社会が一様だったから、「情報は誰のものか」気にせずフワッとやれていた。多様性が高い国では決めなきゃいけなかったけど、日本はうやむやでできたんですよね。だから今、情報が誰のものかっていう議論が起こってきて、クラウド利用やデータの標準化がにわかに出てきて、保守派と、新しいことをやろうとしている人で価値観が違う、みたいなことがあると思いますよね。

　東北大学でも Learning Analytics（LA、ラーニングアナリティクス）研究センターを作るんだけど、越えなければならない山が一杯ある。みんなデータ利活用に反対していないんだけど、手続きが一杯あって、もう「それなら

いいよ」って感じになる教育委員会の気持ちもわからないでもない。

一同 笑

堀田 でも、デジタル庁(仮称)ができて大分いろんなことが変わるのではないかなぁ、と僕は思います。地方行政が個別に持ってる個人情報保護法制は、今は約2,000通りあると言われているけれども、ある程度標準化されれば、自治体を超えた学校教育のビッグデータもある程度できるようになると思う。

　でもね、僕の原体験からいくと、担任は子ども達の家庭の状況とか、お母さんの性格とか、ある程度把握して子どもと付き合っているわけで、個人情報なしにできない商売な訳ですよね。そういう個人情報がある方が、適切に指導できることが沢山あって、後は信用関係だと思う。この辺、ほんとにデリケートな問題だと思いますね。

　文科省内でも健康情報と学習情報はいったん区別。おそらく健康情報の方が先に利活用されて、成人病の早期発見とか、給食の個別対応とか、就学時検診とかに使われると思います。これは京大の医学部で研究してますね。学習履歴をどうするかについてはまだ本当に始まったばかりで、大学でもそうだし、設置者の自治体毎にルールの違う初等中等教育では、本当に困難ばかりが毎日やってくる感じですね。

石井 でも、便利さと監視社会のリスクは裏表の関係で、データがもう蓄積されているという意識が日本はすごく弱いですね。ネット通販で購入したら、自分が興味を持ちそうな他の商品購入のレコメンドがくるってことは、個人のデータが蓄積されているということ。そういうことも含めて本当は、デジタルメディアリテラシーとして、ちゃんと知っておく必要があると思うんです。

　その上でやっぱり、先ほどの個人情報、家庭の情報とかを先生が把握するってことと、それがログとして残っていくことは、ちょっとレベルが違う話かなという気がするんですよ。だから、ちゃんと切り分けて議論していくことも大事ではないかと思います。

■情報社会の新しいリテラシー

石井　望ましくないのですけれども、関心・意欲・態度の評価は、生体情報を取ったらできてしまう可能性がある。関心・意欲・態度を、一般的な授業態度としてしまえば、嘘発見器みたいな仕掛けですぐわかりますからね。Learning Analytics においては、倫理的な問題や、教育的な望ましさみたいなものも含めて、バランス良く議論する必要があると思います。LA に対する過度な期待があると、生体情報を含めたいろんなデータを色々取れば色んな事が分かるよ、となる。でも、ビッグデータは博打みたいなところがありますからね。データをとればいいってわけでもない。データの先に何があり、どういった活用の仕方ができるかということもちゃんと踏まえながら、やっていく必要があるのではないか。

　　もう一つはやはり、AI ドリルのレコメンドシステムの精度を上げて評価に使う考え方です。でも、評価とレコメンドの精度を上げるためにカリキュラムの粒度を細かくすればするほど検定試験みたいになってしまうんですよね。データ利活用を目的に、教科の学習を検定試験にしてしまうのは行き過ぎでしょう。だから、データを使った先の学習支援のあり方、出口戦略もセットで考える。そうしないと、分かりやすい所に引きずられやすい。まさに、エビデンスに基づく教育というものが、わかりやすいけど単純な教育を招きがちであることとも関係すると思う。そこもちゃんと見極める必要があるかな、と思いますよね。

堀田　Learning Analytics に注力しているのは大体、情報科学の研究者で、教育業界はエビデンスが弱い傾向があるから手伝ってくれようとしている。一方で、教育学者一般と言う気はないけど、教員も含めて教育の側は比較的データリテラシーが弱いわけですよ。

石井　弱いですよね。

堀田　今、石井先生はこうやって語ってるけど、教育側の人には Learning Analytics が気持ち悪いものに見えている節がちょっとある。何を analytics しないといけないのかについて、教育的意義をもって本質的な議論をしな

ければいけないのに、それを避けてるようなところがあってね。僕は、学習の個別化で機械が本当にきちっと出来るのは、よほど体系が明確な学習内容の、しかも定着の部分だけだと思いますけど。ワクワクするところでα波が出た、とか言っても違う気がするので。僕は、Learning Analytics をどう生かすかという教育的な議論を、学校教育で、とりわけ義務教育でやらないといけないと思うんだけど、これは論客がいないんです。

石井 そうですね、そう思います。

遠山 Learning Analytics って、取りやすいデータをどんどん取れちゃうんですよね。特定のキーワードがたくさん出ていればいいとか、発話が多い人がいいみたいな、数えやすい指標を取りがちになってしまう。それだと本質的な教育改革に繋がらなくて、歪な評価結果だけが現場に残るということになるんですけど。あまりそこの懸念って、まだ議論がされてないのかもしれないなという風に感じます。

堀田 それはまさに、学習科学の仕事だね、遠山さん (笑)

石井 そこは法体系の整備や倫理や規範論も大事になると思います。

もう一つこの議論で重要なのは、教育のアクターが大きく変わってくる可能性が高いこと。データの問題は、データ覇権主義を呼び込む。お医者さんでいうと、画像診断の技術を持っているところが逆に、医者を従える、主導権を握ることになりかねない。教育においてもそれは起こりつつあるというか、専門職統制みたいなところにいろんなアクターが入ってくる。そこのガバナンスをどうしていったらいいのかを考えておかないと。力関係が逆転してしまうと、教育的な視点や、子ども達のため、とは違うトリガーで、データを取ることが起こってくると思うんです。

逆接的ですけども、教育関係者はもっとこの問題について発信とか議論、声を上げていかないと。声が大きいのは教育の外側。外側には良心もあるけど、良心的でないものも結構あるんですよね。だから、そこをちゃんと冷静に議論しておかないとまずいことになる、という危惧があります。

堀田 今のようなことも含めて、僕は、情報社会の新しいリテラシーだと思うんですよ。

石井　そうですね。

堀田　その部分は、さっき遠山さんも言ってたけど、キーワードが多い・少ないみたいな量的な分析の仕方と、それを自動化するプログラムと、そういうものによって最適化されつつある私たちの社会みたいなことがわかること。プログラミング教育もプログラマー育成以前の、まず、プログラマブルなものは何なのか、身の回りに結構あって、プログラムされたものに僕らは便利に乗っかってるんだってことの偉大さを知ること。一方で、そのリスクを見極めるリテラシーを子どもに持ってほしいというのが、僕の願いですね。このことを学習指導要領で書こうとすると、「論理的」のような言葉を使わざるを得なくなって、「プログラミング的思考[8]」という用語はまだ安定していないから学習指導要領には書けないとかいう話になるわけですけど。

　プログラミング教育の実践をする現場の先生は、どの教材を使って、どういうことを何年生のどの教科でやればいいか、みたいに考えがちなんだけど、それはある意味、教科教育論と同じ議論です。それを通して、その行為を通して、その授業を通して、子どもたちにどんな新しい時代の情報社会のリテラシーを身につけさせようとしてるのか、どんな視点を育てようとしてるのかということについて、教師がちゃんと狙いを持っていないといけない。それが見えにくくなっているのは、僕は一つの大きな課題だと思っている。

　これは全部共通している話で、今日の対談で久富さんと遠山さんが取り上げてくれたテーマは、キーワードとしてはどれも華やかでバラバラに議論されているけど、結局同じところに帰着してるということが、今日、僕は石井先生の色んなお話を聞いて、改めて感じ直したところですね。

石井　プログラミング教育に関して言うと、「個別最適化」がなぜキーワードになるのかってことが理解できることが大事だと思うんですよ。結局、その技術が、今の最新型のAIの一番の強いところの一つですからね。そういうことがちゃんと理解できるということは一つのラインなのかなと思います。データ利活用とかもそうですが、この議論がちゃんと理解できる

というラインは、作り手に回ることによってよく分かる。これ、メディア
リテラシー一般でもありますよね。Buckingham[9] の話でもありましたけど、
批判的に読むだけでなく、作り手に回ることで理解できる。

堀田　まったくです。だから、子ども達がプログラミングしてみる学習活動
に意味があるんですよね。

注

1　OECD（経済協力開発機構）が 3 年毎に実施している国際学習到達度調査。2018
年調査（PISA2018）には 79 か国・地域が参加。

2　GIGA スクール構想の実現に伴い、全国の教育委員会や学校にとって参考とな
る事例の発信・共有等を行うために文部科学省が設置した web サイト。

3　ICT 活用に関する専門的な助言や研修支援などを行う文部科学省の事業。

4　堀田龍也（2004）「メディアとのつきあい方学習」ジャストシステム。

5　佐藤学氏らの実践。教師の同僚性の構築と、協働的な学びを中心とした子ども
達の「学びの共同体」の構築とを一体的に進める点が特徴的。

6　日本の小学校 6 年生及び中学校 3 年生全員を対象として 2007 年度から毎年実施
されている調査（2020 年度のみ新型コロナウイルス感染症拡大防止のため中止）。

7　日本学術会議 教育データ利活用分科会（2020）『教育のデジタル化を踏まえた
学習データの利活用に関する提言―エビデンスに基づく教育に向けて―』URL:
http://www.scj.go.jp/ja/info/kohyo/pdf/kohyo-24-t299-1.pdf（2021/6/19 確認）

8　学習指導要領には記載されなかったが、学習指導要領解説「総則編」では「プロ
グラミング的思考」を「自分が意図する一連の活動を実現するために、どのよう
な動きの組合せが必要であり、一つ一つの動きに対応した記号を、どのように
組み合わせたらいいのか、記号の組合せをどのように改善していけば、より意
図した活動に近づくのか、といったことを論理的に考えていく力」としている。

9　デビッド・バッキンガム（2006）「メディア・リテラシー教育―学びと現代文化―」
の著者。

第1章

教育に関するデータの利活用の全体像と未来

久富　望

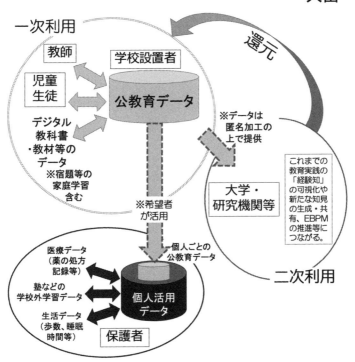

教育データの利活用の視点をまとめた例

（文部科学省；2021）から筆者によりレイアウト加工

はじめに

2020 年度末、GIGA スクール構想によって 1 人 1 台端末の ICT 環境が日本の全小中学校にほぼ揃った。文部科学省は GIGA スクール構想の背景として、1) 学校の脆弱な ICT 環境整備状況（地域間の格差も大きい）、2) OECD（経済協力開発機構）加盟国中で最下位の学校内 ICT 利活用、3) 学校外 ICT 使用が学習面では OECD 平均以下・学習外では OECD 平均以上、の 3 点を挙げている（文部科学省 ; 2019）。

　このうち 3 点目の根拠の元データから筆者が作成した図を**図 1-1** に示す。文部科学省の表現は控えめで、日本の子供の学校外 ICT 利活用は、学習面で最下位、遊ぶためならトップ、と言えるのではないか。私はこのデータを見て、日本は世界でも飛び抜けて、「学校で ICT 端末を渡したら勉強しなくなるのでは？」「ICT 端末を与えると勉強なんかしないでゲームやチャットばかりするのでは？」という不安・苦情が上がりやすい国かもしれない、と考えるようになった。「ICT 端末は学習のためにも使える」という認識を、日本社会は意識的に共有すべきではないだろうか。

　本章では、その未来の要の一つとなるであろう、教育に関するデータの利活用を取り扱う。2020 年 9 月 30 日に、日本学術会議の教育データ利活用分科会（心理学・教育学委員会・情報学委員会合同）から提言「教育のデジタル化を踏まえた学習データの利活用に関する提言――エビデンスに基づく教育に向けて――」が公開された（日本学術会議 教育データ利活用分科会 ; 2020。以降、単に「提言」と記す[1]）。本章の 1 節では、提言の 4 つのポイント

　〈1〉学習データの種類と教育改善のための利用
　〈2〉学習データを収集・利活用するための制度設計
　〈3〉学習データを収集・利活用するための情報環境の整備
　〈4〉学習データを収集・利活用するための人材の育成

について概観する。その際、文部科学省の「教育データの利活用に関する有

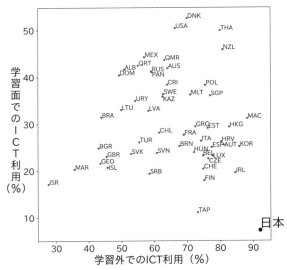

学習面での ICT 利用（縦軸）：
「学校の勉強のために、インターネット上のサイトを見る（例：作文や発表の準備）」「コンピュータを使って宿題をする」のいずれかに「ほぼ毎日」「毎日」と答えた15歳児の割合

学習外での ICT 利用（横軸）：
「ネット上でチャットをする」「1人用ゲームで遊ぶ」のいずれかに「ほぼ毎日」「毎日」と答えた15歳児の割合

日本以外の国・地域（一部は部分参加）はローマ字3字で表示。OECDの HP で公開されている PISA2018（2018年に実施された学習到達度調査）のデータから筆者作成。

図1-1　学校外における、学習面・学習外における ICT 利用の国際比較

識者会議」による論点整理（文部科学省 ; 2021。ただし、本書刊行時は中間まとめが最新であった。以降「有識者会議」と記す）も取り上げる。2節では匿名性を重視しすぎると個に応じた教育ができないことを取り上げる。その後、「個別最適化」「エビデンスに基づく教育（Evidence-Based Education: EBE）」を扱い（3節）、未来への展望を示したい（4節）。

1.　日本学術会議の提言について

　提言では「要旨」「はじめに」の後、〈1〉〈2〉〈3〉〈4〉について「現状と問題点」と「提言」が提示され、「おわりに」「参考文献」「参考資料」にて終わる[2]。
　提言を通しての注意を、はじめに2点記したい。
　まず、教育データ利活用の分科会が学習データの利活用に関する提言を出している点である。読者の方々は、「教育データの利活用」と「学習データの利活用」の間に違いを感じるだろうか。提言に関して言えば、分科会名にある「教育データ」から「学習データ」へ変更された。一方で、「教育データ」の

方が、教育的な目的に配慮したデータ利活用のイメージが伝わってくる、という意見もあるかもしれない。本章では「教育に関するデータ」で統一する。

　2つ目の注意は、提言内には複数の考え方――少なくとも、ラーニング・アナリティクス（Learning Analytics: LA）とエビデンスに基づく教育（EBE）――が混在している点である。LAは国際会議が始まった2010年代に発展し、「情報技術を用いて、教員や学習者からどのような情報を獲得して、どのように分析・フィードバックすればどのように学習・教育が促進されるかを研究する分野」（提言p.3）である。一方、EBEの源流はエビデンスに基づく医療（Evidence-Based Medicine: EBM）にあり、ハーグリーブスがイギリスで提唱した1996年以降、教育分野で議論されてきた。LAとEBEには共通部分が多い。さらに、EBMは政策立案にも影響を及ぼし、エビデンスに基づく政策立案（Evidence-Based Policy Making: EBPM）として議論されているが、教育政策に対するEBPM（以下、教育EBPMと記す）はEBEの一部と見なされている。これらの関係性については、3節（2）で詳しく論じる。

（1）利活用されるデータの範囲と目的

①利活用されるデータの範囲

　「一人一台の情報端末を使って学習支援システムや校務支援システム等を用いて蓄積されるデジタル情報と定義」（提言p.2）されている教育に関するデータのうち、どの範囲までを利活用するべきかは、議論の必要がある。

　たとえば、健康観察記録は教育に関するデータとして利活用されるべきだろうか。

　教師は毎日、子どもたちの健康状態も見ながら、よりよい教育活動をできるよう努力している。その点では、健康観察記録は教育に関するデータと言える。しかし、それは健康データであって、教育に関するデータではないと感じる人はいるだろう。また、教育に関するデータだとみなす人の中にも、たとえば登校時の顔色が広く共有される事は匿名データであっても懸念を感じる人もいるだろう。提言では、健康観察記録は国全体で共有すべき基本項目から外している（**表1-1**）。

表 1-1　教育に関するデータの種類

（灰色の上 9 項目が国全体で匿名化して共有する基本項目）

区分	データの種類	説明
授業・学習系データ	学習支援システム学習履歴	デジタル教材閲覧履歴、LMS 等の利用履歴、デジタルノートの内容
	デジタルドリル学習履歴	デジタルドリルの回答や正答率等
	学習者アンケート結果	学習者に対するアンケート結果
校務系データ	学籍情報	学習者の学年等の基本情報
	出欠席情報	学習者の日々の出欠情報
	指導計画情報	授業ごとの指導計画やシラバス
	テスト結果	小テストや定期テスト等の結果
	成績評定情報	通知表や単位取得等の評定結果
	教員アンケート結果	教員に対するアンケート結果
	健康観察記録	学級担任等が朝に行う児童生徒の健康状態を確認した記録
	日常所見情報	児童生徒の日々の様子や気付いた点などを記録した情報
	保健室利用記録	児童生徒が保健室に来室した記録

（提言 p.3）

表 1-1 から「教育を何でもデータ化するつもりか」と感じる方がおられるかもしれないが、提言では、教育に関するデータを「教育・学習活動の一部を切り取ったもの」とし、「教育の効果や達成度などを全てはかることはできず、ある意味限定されたものである」（提言 p.2, 3）としている。

②誰が利活用？：LA、教育 EBPM

データの利活用主体は「個人」「組織」「国や社会」に分類でき、そのまま専門分野の 1 つ 1 つにほぼ対応する（**表 1-2**）。つまり、狭義の LA は 1 に、2 には教学 IR（Institutional Research、本書では割愛）、3 には教育 EBPM が概ね対応する。

どの目的であっても、教育に関するデータを集めなければ始まらないし、集められたデータを利活用しやすいよう、利用のための手続きや制度などの整備も重要である（提言 p.5）。

表1-2　誰のためのデータ利活用か

	対象	誰のため	目的の例	研究分野
1	個人	学習者	・学ぶを振り返る・広げる・補う ・家庭や転校・進学先へ学びを伝える	狭義のLA
		教員	・きめ細かい指導・支援 ・教師自身の成長	
		保護者	自分の子供の状況の把握、学校との連携	
2	教育機関	機関の管理者	教育データに基づくカリキュラムの最適化・教員の最適な配置	教学IR
3	国や地域	政策立案者	エビデンスに基づく教育政策の立案と評価	教育EBPM,オープンデータ、研究データ管理など
		研究者	大規模な縦断的・横断的データを用いた学習者の成長過程の研究	
		市民	教育に関する諸問題を、データを用いて社会全体で共有・議論	

(提言 p.4、文部科学省；2021「3. 教育データの利活用の目的」から筆者作成)

　ポイント〈1〉について、提言では他にも「収集対象となる機関」「保存期間」などについて議論されている。

（2）利活用のための制度設計

①利活用のレベル

　提言では、4段階の利活用レベルが示されている（**表1-3**）。今の日本の公教育のほとんどはレベル0であり、レベルを1つ上げるごとに異なる課題を解決しなければならない。たとえば、個人情報保護に限っても、レベル0から1へ上げる時は仮名化の体制を、レベル1から2へ上げる時は匿名化の体制や外部連携のルールの問題を、解決する必要がある。仮名化と匿名化の関係については2節で説明する。

　一方、実現の道のりは段階的でも、レベル3の実現を想定することが重要である。たとえば、データを囲い込み学校に提供しないような民間の教育サービスが採用されると、レベル1にはなるが、レベル2に至る事が不可能になる。これでは、公教育の公平性を維持することが難しい。最終的にはレベル3に

表1-3 教育に関するデータの利活用

レベル	説明	データの活用方法と情報保護
0	法人内でデータを共有・活用ができていない	・データが電子化されていないか、分散管理
1	法人内ではデータを共有し、分析・フィードバック等の利活用できているが、法人外へのデータ共有をしていない。	・同一法人内でデータの活用は可能 ・個人情報であるデータの適切な管理
2	法人内でデータを共有・活用し、匿名加工後、法人外ともデータを共有しているが、意味やフォーマットの統一できていない。	・法人内外でのデータ利活用は可能だが、意味やフォーマットの未統一により計算機処理が困難 ・匿名加工後の教ータ利活用に対するルールが必要
3	法人内でデータを共有・利活用できている。また、匿名加工情報等に加工した後、意味やフォーマットを統一した形で法人外にデータを提供している。	・法人内外でのデータ利活用は可能であり、意味やフォーマットが統一され、計算機処理も容易 ・匿名加工後のデータ利活用に対するルールが必要

(提言 p.6 より筆者編集)

なる事を想定し、指定されたフォーマットでデータを提供してもらえるような契約などが重要である。

②利活用のためのポリシー・倫理

提言では、安心して教育に関するデータの利活用が実施されるため、基本原則・ガイドライン (提言 p.28「参考資料 5」[3]) などにより「教育データの利活用ポリシー」を定め、倫理審査委員会を設けて透明な議論を維持する体制の必要性が記されている (例：提言 p.31「参考資料 9」)。

また、ポリシーに盛り込まれる注意点として、以下のような例が挙げられている (提言 p.8, 9)。

- 目的外利用や無用な比較の禁止、守秘義務
- 実践を通しての評価指標の検討の必要性
- データを利用した推薦や提案が学習者へ押し付けられない
- エビデンスの過度な過信、前例主義にならない

- 教育 EBPM における、データ収集の文脈・方法の吟味など

なお、有識者会議においては以下のような利活用の原則が示されている。

- 教育・学習は、技術に優先すること
- 最新・汎用的な技術を活用すること
- 簡便かつ効果的な仕組みを目指すこと
- 安全・安心を確保すること
- スモールスタート・逐次改善していくこと

これらに加えて私は 1 点だけ強調したい。それは、デジタル社会を支えている人間の管理者がいて、その人々には高い職業倫理と専門性が必要な点であり、だからポリシーが必要だという点である。データの利活用に対して「機械的に無機質になされるもの」というイメージが残ったままでは、いつまでも理解が進まないのではないだろうか。データの利活用を担う人材育成も進まないのではないか。

③データの管理体制

教育に関するデータを、誰が、どこで管理すべきかは難しい。国が全データを一括管理するのが一番簡単かもしれないが、監視社会へつながる不安もある。提言では、どの立場からも教育に関するデータを比較的容易に利用でき、国民の理解と信頼を得られる管理体制や制度の重要性が挙げられている（提言 p.10,18）。

有識者会議の資料に示されている本章冒頭の図（p.29）は、管理体制の全体像がコンパクトにまとまっていると共に、ここまで述べてきた提言のポイント〈1〉〈2〉の端的なまとめになっている。この図の「一次利用」は「個人」「教育機関」の範囲（表 1-2）のレベル 1（表 1-3）に対応する。匿名化データの「二次利用」は「国や地域」の範囲（表 1-2）でレベル 2,3（表 1-3）に概ね対応する。前者は基本的に学校設置者が、後者は適切な手続きの下に誰でも使えるよう国が管理する事になるだろうか。「個人活用データ」については、希望者限定での個人活用と管理を想定して議論されている。

　提言のポイント〈2〉には、フォーマットの統一や、著作権の問題も書かれている。特に、著作権の問題は教科書会社・教材会社にとって大きな負担であり、ボトルネックとなっている。

（3）情報環境の整備

① 2020 年における劇的な変化

　提言のための分科会が組織された 2018 年に、大規模に教育に関するデータが集まる見込みはなかった。2008 年の教育振興基本計画で定められた、2012 年度末の目標「教育用コンピュータ 1 台あたりの児童生徒数 3.6 人」には 2019 年度末でも到達できなかった。もっとも、この目標も 1 人 1 台からほど遠く、提言の目指す教育など不可能である。

　ところが、2019 年 12 月に GIGA スクール構想が発表され、コロナ禍によって 2020 年度末へ前倒しして 1 人 1 台が整備された。古いインターネット環境の更新や学校までの回線確保の問題、端末の充電環境整備[4] など心配は尽きないが、劇的な変化である。

②端末を持ち帰るべきか否か

　提言では、1 人 1 台の端末を家に持ち帰れる環境が想定され、BYOD や貸与等の方法が挙げられている（提言 p.12）。BYOD とは "Bring Your Own Device" の略であり、各個人の所有端末を学校に持ってきて授業で使うことを意味する。大学であれば BYOD で問題ないが、初等中等教育においては「学校で与えた端末で問題を起こさないか」などの心配から、BYOD に懸念を寄せられることがある。GIGA スクール構想で配布された端末についても、一定数の学校では持ち帰りが禁じられている。

　少し提言から脱線するが、持ち帰りを禁じると、授業の方法に大きな制限がかかってしまう。たとえば、社会科の授業において、自分の街の市役所のホームページから情報を探して調べる学習が必要であったとしよう。端末の持ち帰りができないならば「学校で調べた内容を家でまとめてきなさい」という宿題を出しにくい。他にも、端末上で答えるデジタルドリルも学校で終

わらせねばならない。

　加えて、GIGA スクール構想で導入された端末の更新の問題も絡む。端末が古くなる数年後、再び GIGA スクール構想のような国家予算は投入されるだろうか。個人的には、小中高に入学する 3 学年へ 1 人当たり 4.5 万円くらいは教育にお金をかけてほしい（1 学年 100 万人とすれば毎年 1350 億円、大企業 1 つを救うくらいの予算である）が、捻出は厳しいだろう。現実的な案の一つは、各家庭での購入を原則とし、家庭によって補助を行う形になるだろう。その場合、各家庭にお願いして買ってもらった端末の持ち帰りを禁じられるだろうか。持ち帰れないために、授業の方法も制限されているというのに。

　もっとも、家でインターネットが使えなければ BYOD どころではない。各家庭の通信環境への補助も必要になる。

　提言のポイント〈3〉ではその他に、情報モラル教育や健康への配慮にも触れられている。

（4）人材の育成

　人材育成は肝である。しかし、IT 業界の従事者が 20 万人以上不足し、それがますます増える可能性の高い現状（みずほ情報総研株式会社 ; 2019）においては、根本的な解決策は学校教育が育てる以外にない。

　提言では、3 つの人材育成の必要性が提言されている。教員の育成、支援員の育成、研究者の育成であるが、そのうち 1 点に絞って強調したい。

　それは、支援員の育成である。現状では ICT 支援員と呼ばれているが、提言では LA 専門員という名称を提示している。ICT 支援員の業務は、機器のトラブル対応、使い方の指南くらいで済めば「支援員」に相応しいが、近年は「ICT 機器・ソフトウェアを活用した効果的な授業づくり・教材作成の提案・助言や、利用者の情報モラルに関する機能・スキルのような、その 1 つだけでも専門性を必要とされるような機能・業務」（提言 p.16）が求められている。これら多様な業務の必要性に合わせて、せめて教員と同等の専門的な立場を用意するべきではないだろうか。

　そうすれば、給料は安く、立場は不安定であり、「34,000校に対して8,500人が必要となるが、現在は2,000人しかいない」(提言p.15)現状は少しずつ変わらないだろうか。海外に目を向ければ1つの学校に複数の支援員がいるのが当り前の国・地域すらある。個人的には、ビデオ会議システムを用いた遠隔支援でもよいので、どの学校もいつでも支援を受けられる体制が必要ではないかと思う。

　もっとも、教員養成課程や、教育に関するデータ利活用を扱う学科を整備し、エコシステムとして全体を設計しなければならない。私個人は元々、小中高の教員と大学の教員の間での人材交流はどうあるべきか、研究と実践の間の流動性を模索したいと考えていた。その思いもあって、博士課程在学中も続けていた高校での嘱託講師を、大学で常勤の職を得た後も2年間続け、高校で週3回数学を教え続けた。それらを通じて考えた、教育に関するデータ利活用における人材のエコシステム私案を(**図1-2**)に示し、第1節を閉じたい。

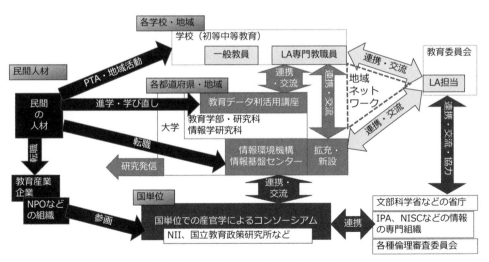

図1-2　教育に関するデータ利活用における人材エコシステム案

(筆者作成)

2. 匿名化——データ利活用に関する基礎知識として

データ利活用において最も重要なことの一つは個人情報保護であり、匿名化——誰のデータか分からなくすること——である。匿名という言葉は「掲示板上の匿名の投稿」のような言い方で一般的にも使われる。しかし、本来は2段階ある匿名化——「仮名化」と「不可逆な匿名化」、2020年の個人情報保護法改正（2022年4月施行）の「仮名加工情報」「匿名加工情報」に対応する——が、しばしば混同されているように思う。両者の区別は、データの利活用を考える上で決定的に重要であるから、以下で丁寧に説明したい。

（1）2段階の匿名化：仮名化、不可逆な匿名化（図1-3）

普通、個人情報を含むシステムは、個人情報が切り離されて管理されている。たとえば、（図1-3）のように「A. 個人情報」と「B. 色々なログ」に分けた状態であり、仮に「B. 色々なログ」は漏れても、「A. 個人情報」が漏れなければ基本的には心配ない[5]。この「B. 色々なログ」の状態を仮名化と言う。

匿名化の2段階目は、仮名化の状態に処理を加え、元データを復元不可能にする事である。それには、「B. 色々なログ」の「システムID」をランダムな「匿名ID」に変換すると同時に、「システムID」と「匿名ID」の対応を削除してしまえばよい。これが不可逆な匿名化である。個人情報の復元操作が不可能なため、外部で共有しても基本的には心配ない[6]。

（2）不可逆な匿名化では名寄せ（データの連結）ができない（図1-4）

この説明だけでは「全てを不可逆に匿名化すればいい、仮名化など不要」と思われるかもしれない。しかし、不可逆な匿名化には、名寄せ——2つのデータを個人を揃えて連結すること——ができないという致命的な欠点がある。

たとえば、ある県で、子どもの心をケアする対策を考えるため、2021年に小・中学生にやっていた調査を、2023年にも実施したとしよう。もし、2021、2023年の調査とも仮名化の状態で残してあれば、個人情報を元に2021年と

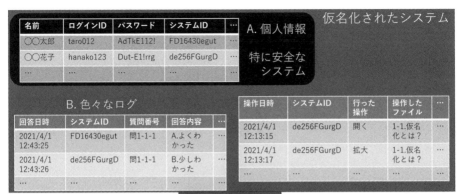

図1-3　仮名化と不可逆な匿名化

（筆者作成）

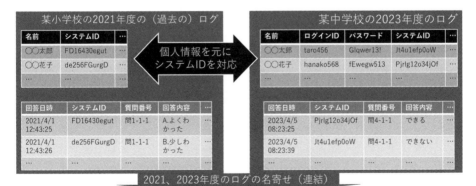

図1-4　仮名化されたデータの名寄せ（連結）

（筆者作成）

2023 年のシステム ID を対応させ、各個人の 2 年間に起きた変化を議論できる。

　しかし、どちらか一方でも不可逆に匿名化していたら、個人の変化を追えない。「心のケアのための人員を県全体で倍にする必要があるか？」に答えは出せても、その人員を各地域にどう配置すべきか[7]、ましてやどのような子どもに手厚いケアをすべきか、全く分からない。

　「知りたいのは、どの子どもに影響が出ているかだ」という学校からのニーズに答えるには、データは仮名化に止め、名前と ID の対応表を厳重に保存しておき、必要な時に名前と ID の対応表を参照する必要がある。2 年の間に進学する子供の存在を考えると、学校を超えた管理体制・安全な情報通信ネットワークが必要になる。

　そして、このような調査だけでなく、学習のプロセスを踏まえたきめ細やかな教育支援を行うためにも、仮名化が必要である。匿名化されれば安心かもしれないが、個を無視し、プロセスを無視した、使いづらいデータになってしまう可能性がある。

（3）どのように対応表を管理するべきか

　ここまでの説明において最重要なのは名前と ID の対応表（図 1-3 の「A. 個人情報」）である。これを、誰が管理・運用したらよいだろうか。

　結論から言えば学校設置者であろう。たとえば、県立学校なら県となるが、実際には県の教育委員会が管理・運用することが、現状にも合致して妥当ではないか。もっとも、日本には IT 人材が不足している。個人的には、10 年以内に、都道府県や政令都市程度の教育委員会レベルで人材を確保でき、それぞれ管理・運用できるようになったら御の字ではないかと思う。また、全都道府県に存在する国公立大学の情報通信環境を整備する組織を拡充・連携する形（図 1-2 の右上「地域ネットワーク」）で始めると、教育委員会がゼロから組織を構築せずに済むうえ、大学で人材を育てながら運用でき、公共性の面で理解を得やすいのではないかと考えている。

3.「個別最適化」「エビデンスに基づく教育（EBE）」

（1）個性の序列化に繋がらないために

① 100 年前の「個別最適化」

経済産業省「未来の教室」と EdTech 研究会は、ワークショップにおける
131 名の教育実践者・企業人・起業家・研究者・中高大学生の計 20 時間弱
の議論を踏まえ、2030 年頃の「普通の学び方」としての「未来の教室」のイメー
ジにおいて、学習者中心の「個別最適化」の重要性を提示した。第 2 次提言
では「未来の教室」の 3 つの柱の 1 つとして「子ども達一人ひとりの個性や特
徴、そして興味関心や学習の到達度も異なることを前提にして、各自にとっ
て最適で自立的な学習機会を提供していくこと」である「学びの自立化・個
別最適化」が据えられた。また、そのために「AI（人工知能）やデータの力を
借りて、子ども達一人ひとりに適した多様な学習方法を見出し、従来の一
律・一斉・一方向型の授業から、EdTech を用いた自学自習と学び合いへと
学び方の重心を移すべき」としている（経済産業省「未来の教室」と EdTech 研究会 ;
2018, 2019）。

GIGA スクール構想においても「多様な子供たちを誰一人取り残すことな
く、子供たち一人一人に公正に個別最適化され、資質・能力を一層確実に育
成できる教育 ICT 環境の実現へ」として、個別最適化に言及されている（文
部科学省 ; 2019）。

この個別最適化の理念は、100 年前の大正デモクラシーの時代——ただし、
個別化・個性化が区別されている今日と異なり、当時は「個性化」と呼ばれ
ていた——における大正自由教育運動の中にも、共通点が見られる。（佐藤 ;
1995）は、自然的差異にしか用いられていなかった「個性」という言葉が、文
化的・社会的差異と結合して価値的意味を獲得し、学習の能率・効率の追求
により心理学の文献に現れ、教育言説における「個性化」教育の推進に至る
までの流れを多角的に論じている。そして、『個性教育論』（1920 年）の内容を
分類する形で全体像をまとめている（**図 1-5**）。

44

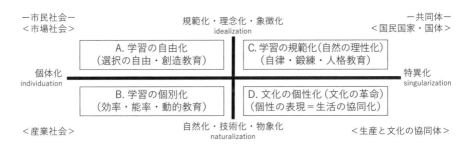

図1-5 大正時代の「個性化」言説の類型

(佐藤 ; 1995)

このうち、経済産業省の「個別最適化」と最も近いのは、「教育と学習の生産性を高める「効率化」と「能率化」」のため「学習形態や題材の個別化として展開」された B. であり、C. と並んで大正自由教育において広く普及していた。

②大正自由教育と戦時下の教育の相性

1941年に「皇国民の錬成」の理念で小学校を再編して国民学校が発足した。『個性教育論』から 21 年しか経っていない。(佐藤 ; 1995) によると、大正自由教育にも、自由からは程遠い戦時下の教育にも関わったのは、C. の立場の教育者であったという。C. の立場の教育者が自由教育を諦めたのではない。C. の自由教育の理念自体に戦時下の教育制度を準備する要素があった。

C. は、様々な縛りから自由になり、社会規範に向かって自らを律することこそが真の自由教育であるという理念も抱えていた。では、その社会規範は何だろうか？大正自由教育において最も急進的に展開したとされる「教育の世紀社」は、「登校の自由、授業時間の自由、カリキュラムの自由、教師の選択の自由を追求し、国民教育の権力的装置である学校の解体を徹底した ... アナキズムのユートピアは、もう一方で、国家社会主義（＝ファシズム）を推進し虚構的な共同体へと連続的に膨張する過程」(佐藤 ; 1995、p.45) を経た。乱暴なまとめ方になるが、既存の制約を取り去って極端なまで最適化を進めたことが、1 つの社会規範を持つ共同体のあり方を準備したのである。

③序列化できない「個性」を大切に

　B. に最も近い、経済産業省の「個別最適化」には私も賛成である。ただ、「個別最適化」という言葉が一人歩きしないことを願う。最適化自体が目的化し、何のための最適化であったかの共通理解が崩れた後には、ひとまず参照しやすい、安易な教育目標に落ち着いてしまう危険性を感じるからである。

　それを避けるには、序列化できない個性を大事にする事である。個性を序列化さえしなければ C. に近づく危険は減る。学習指導要領（文部科学省；2017）に当てはめれば、少なくとも 3 本目の柱「学びに向かう力・人間性等」に対して、序列化を行わないようにすることが重要であろう。

　教育学においては、いわゆる一般的に用いられる「個性」について、序列化できるものを「個別化」、序列化できないものを「個性化」とし、注意深く使い分けている（表 1-4）。もっとも、最初は両者を区別しづらい。区別を付けていくには、身の回りの「個に応じた教育」と呼ばれているものを思い浮かべ、1 つ 1 つ、表 1-4 を参照しながら「個別」「個性」のどちらに属するかを考えてみる（久富；2021）と良いのではないかと思う。

　学生との対話による授業スタイルで名高い、ハーバード大学の哲学者マイケル・サンデルは、世界中で効率的とされている能力主義の深刻な負の影響と、それによる社会の分断や、多くの人間から尊厳を奪っている現状などを幅広く詳細に議論している（サンデル；2021）。この現状を変えるための大胆な大学入試改革案なども記されているが、サンデル氏は「個別化」は否定するが「個性化」までは否定していない[8]。

　では、個性を序列化しないデータ利活用はどうあるべきか。私は、まずは間接的な利活用がよいと考えている。普段は寡黙な子が、チャットなどでは雄弁に語り、デジタル技術も用いながら優れた個性を発揮する報告は、教育現場からしばしば聞こえてくる。「丸ごと、子どもたちの学び全体を見た時にこんなに輝いてる」(p.18) ことが分かる教育現場からの発信や、「教室の中で起こっている相互啓発」(p.18) をデジタル技術の力で強化する事例は今後ますます増えるだろう。このように日常化していくデジタル技術には（教育分野に限らない）ビッグデータの利活用が自然と組み込まれている。そのよう

表1-4　教育の個別化と個性化の志向性の違い

	個別化	個性化
基本的な方向性	・教育内容や学習進度や進級水準の能力に応じた多様化 ・「指導の個別化」(子どもの個性(適性)に応じて学習方法の最適化を図ることで、教科の学習内容の中で習得させたい知識・技能の確実な定着をめざす)	・一人ひとり(individual)の内的なニーズや自発性に応じた多様化 ・「学習の個性化」(子どもの興味・関心を生かしながら、教科の目標に迫るような思考・判断や認識を深めたり、社会の中で自己を生かせるような「生きる力」を高め、個性を育てたりしようとする)
個人差の捉え方	・学習にかかる時間の差(量的差異)	・興味・関心や学習スタイルなどの差(質的差異)
教育形態・システムレベル	・既存の内容パッケージの量や水準の違い ・能力別学級編制(同一性)、自由進度学習	・その子に応じた内容自体の組み替え ・同年齢集団、異年齢集団等の多様な集団編制(複数性)、自由テーマ学習
指導法レベル	・学習進度や学習到達度に応じて個別指導を行う	・その子に応じて教授法や学習活動や表現方法を工夫する
評価とカリキュラムのあり方	・知能や学業成績等の一元的尺度 ・(量的に進める直線的)プログラム学習と目標準拠評価	・多重知能や個性(持ち味や強み)等の多元的尺度 ・(質的に深める多面的な)プロジェクト学習と個人内評価
発展学習の形態	・早修(より早く進む)	・拡充(より広く深く学ぶ)

(石井 ; 2020)

な間接的な利活用の先に、蓄積された学校内のデータを直接用い、各自が個性を発揮するような未来があるのでは、と考えている。

(2)「エビデンスに基づく教育」(EBE) について

第1節で扱った提言には「エビデンスに基づく教育に向けて」という副題があった。(杉田 ; 2021)では、「簡単に言えば」と断った上で、EBE は

> 「教育実践も教育政策も、教師や政治家の勘や経験ではなく、科学的に確かめられた根拠に基づいて行わなければならないという考え」(以下、EBE1 と記す)

と説明されている。ところが、EBE の起源であるエビデンスに基づく医療

(EBM) は、提唱者のサケットにより以下のように述べられている (松下 ; 2021)。

　　「EBM とは、個々の患者の臨床判断において、最新最良のエビデンス
　　を明示的に良心的に一貫して用いることである。」「EBM の実践は、臨
　　床実践において、個人の臨床的専門性と、系統的研究による最良の利
　　用可能な外的な臨床上のエビデンスを統合することを意味する。」

　これを EBE に置き換えれば次のようになるだろうか。

　　「EBE とは、個々の児童生徒について教育現場で判断する際、最新
　　最良のエビデンスを明示的に良心的に一貫して用いることである。」
　　「EBE の実践は、教育現場の実践において、個人の現場的専門性と、
　　系統的研究による最良の利用可能な外的な現場からのエビデンスを統
　　合することを意味する。」(以下、EBE2 と記す)

　これら EBE に対する 2 つの説明(EBE1 と EBE2)は随分と異なる。このギャッ
プは、1996 年に EBE が提案されて以降の紆余曲折によるが、本章ではその
紆余曲折に立ち入る事はできない。以下では、このギャップを踏まえながら、
3 点について考察したい。

①狭義の LA と教育 EBPM の関係

　EBE1 は、「教育実践も教育政策も」から始まる。これは、第 1 節で紹介し
た利活用の目的 (表 1-2) の個人のため (≒狭義の LA)、国や社会のため (≒教育
EBPM) の両方を、EBE1 が含む事を意味する。一方で、EBE2 は「教育実践」
のみを対象にしている。ここでただ 1 つ主張したいのは、EBE2 の立場に立
ち戻り、狭義の LA と教育 EBPM の間に線を引き、両者が独立して進むよう
注意しながら議論するべきではないか、という点である。

　理由の一つは、教育 EBPM による教育現場への不必要な干渉を避けるた
めである。また、LA が目指す「個に応じた学び」のイメージが、不必要に教
育 EBPM に応用され「個々の学びの権力者による監視」へ繋がらないためで
ある。

　しかし、私がこの提案をする最大の理由は、狭義の LA で想定されるエビ
デンスと、教育 EBPM で想定されるエビデンスは、全く質が異なるからで

48

表 1-5　狭義の LA と教育 EBPM の関係

	目的 (表 1-2)	種類 (p.29 の図)	データと実態の差の所在	EBE1,2 (p.46,47) との対応
狭義の LA	個人や学校のため (ミクロ)	一次利用 仮名化データ	教室内、学校内に集中	EBE1, EBE2 の両方
教育 EBPM	国や社会のため (マクロ)	二次利用 不可逆な匿名化データ	各学校に分散	EBE1 のみが対象

(筆者作成)

ある。一言で言えば、前者はミクロ、後者はマクロである (**表 1-5**)。

　たとえば、EBE の弊害の一つとしてエビデンスと実態の差異が指摘されている。データに残らない学習、量に還元されない実態などの扱い、既に日本の省庁でも起きたエビデンスの誤った解釈 (内田 ; 2015) など問題は多い。この差異は、エビデンスと実態の差異が各学校に散在する教育 EBPM においては埋めることが難しい。しかし、狭義の LA であれば、エビデンスと実態の差異は教師の目の前にある。

　また、ここまで取り上げたように、教育 EBPM においては不可逆に匿名化された二次利用のデータから作られたエビデンスが中心になり、個人ごとの実態とも結びつけにくい。一方で狭義の LA は一次利用のデータが中心であり、エビデンスと個人の実態を結び付けやすい。教師がきちんと観察し、データと実態のギャップを埋めればある程度良いのではないか。

　もちろん、LA と教育 EBPM は切り離せるものではないし、共通する課題は共有すべきだろう。ただ、1 つの教室内を扱う LA と 1 つの社会を扱う教育 EBPM は、付かず離れず、干渉しすぎない関係がよいのではないだろうか。

②科学的に確かめられた根拠 (≒エビデンス) について

　教育において、完全な同一の前提状況で実験することは不可能であろう。たとえば「教育手法 W が優れている」と主張するには、W を行う授業と行わない授業を比較せねばならないし、既存の類似手法 W' とも比較せねばならないこともある。しかし、「教育・学習は、技術に優先すること」(p.36) という原則に則れば、優れていると期待できる W も W' も敢えて行わずに教育

することは許されない。そのうえ、子供一人ひとりは異なる。子供の個性と手法 W や W' の相性の影響が大きく、追加実験では再現不可能かもしれない。このため、教育におけるエビデンスには科学的な信頼度が落ちる場合が多い。

　そう考えると、エビデンスに拘る必要性はあるのだろうか。「エビデンスと呼ばれることによって威力を発揮」(今井 ; 2015) する弊害の方が大きいのではないか。だから、エビデンスにする前のデータに対しても批判的に考察し、利活用すればいいのではないか。

　実際、データの利活用の指導は義務教育で求められている。たとえば、中学 2 年の数学の「データの活用」分野において、学習指導要領の解説 (文部科学省 ; 2017) には**図 1-6** のような、データを用いて中学生の体力が落ちているか考察する例が挙げられている。このような取り組みを、教育に関するデータに対して行ってはどうだろうか。また、データの利活用の積み重ねが様々な立場から行われ、社会の共有知としてエビデンスが蓄積されないだろうか。エビデンスが持つ「科学的」のイメージから離れ、データ利活用を目指した方が、自由な発想ができるように私は思う。

③エビデンスに基づかないことは可能か

　この③については、少し込み入った説明をせねばならない。

　まず、EBE のルーツである EBM において、エビデンスに基づいた医療行為は必須でない。EBM において重要とされる 5 つのステップ (**表 1-6**) の Step3, 4 において「このエビデンスは目の前の患者に合わない」と判断して、エビデンスに基づかない医療行為ができる。そもそも、Step3, 4 を飛ばした医療行為は EBM とは言えない。

　そのうえで、問題は次の点にある。

　本当に、教師は「このエビデンスは目の前の生徒に合わない」「データに基づく AI の判断は目の前の現状に合わない」と判断し、エビデンスや AI に反する指導ができるだろうか。たとえば、クラスを複数の班に分けるために、日本中の学校から集められた 2 万校のデータから、AI が学習状況に応じたより良い班分けを提案する機能があったとしよう。クラスを複数の班に分け

日常の事象を題材とした問題などを取り上げ，そ
れを解決するために必要なデータを収集し，コン
ピュータなどを利用してデータを整理し，四分位
範囲を求めたり箱ひげ図で表したりして複数の集団
のデータの傾向を比較して読み取り，その結果を基
に説明するという一連の活動を経験できるようにす
ることが重要である。例えば，中学生の体力は以前
に比べて落ちているといえるかどうかについて考え
る。データとして(中略)ハンドボール投げに焦点化
し，2000 年，2005 年，2010 年，2015 年のデータか
ら箱ひげ図(右上図)を作成するなどして分布の傾向

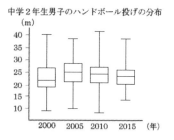

中学 2 年生男子のハンドボール投げの分布

を比較して読み取り，これを基に，「中学生の体力は前に比べて落ちているといえるかどうか」
について考察する。(中略)また，5 年ごとではなく毎年の中央値や平均値などに着目して折れ
線グラフ(左下図)を作成することで，経年変化の様子を調べることができる。さらに，「ハン
ドボール投げのデータだけで十分か」と批判的に考え，握力など他の体力テストのデータから
箱ひげ図(右下図)やヒストグラムを作成するなどして，一層詳しい考察を加えることも考え
られる。

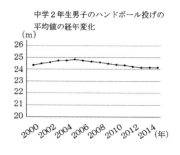

中学 2 年生男子のハンドボール投げの
平均値の経年変化

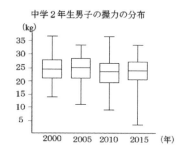

中学 2 年生男子の握力の分布

図 1-6 「データの活用」分野から批判的に考察し判断する例

(中学校学習指導要領 数学編(文部科学省 ; 2017) p.121,122 から抜粋)

る時、教師は次の A. と B. から選べるだろうか。

　A. AI が示した最善の班分けをそのまま用いる。

　B. AI が示した最善の班分けに、日頃の観察から感じる生徒間の相性など
　　を考慮して教師が少し変更を加える。

　データと実態には差異があるのだから B. の余地を残すのは自然である。
さらに言えば、私の教師としての感覚では、どのような考慮が、なぜ入った
かの判断は、クラス内の微妙な人間関係に配慮して、説明するかどうかは状
況次第で柔軟に判断したい。言いかえれば、教師としての信用で乗り切りたい。

表1-6　evidence-based の5つのステップ

	根拠に基づく医療 (EBM)	根拠に基づく教育 (EBE)
Step 1	患者の問題の定式化	子どもの何に対し判断が必要かを明確化
Step 2	問題についての情報収集	その問題に基づいて情報を探す
Step 3	情報の批判的吟味	手に入れた情報を批判的に吟味する
Step 4	情報の患者への適用	その吟味の結果を基に判断を下す
Step 5	Step1-4 を振り返る	一連の指導を振り返る

((森 ; 2019)、(斎藤 ; 2016) を基に筆者作成)

　しかし、B. による班分けに不満を持った保護者に文句を言われた時に、ど
うすればいいだろうか。「教師のえこひいきが、データに基づいた AI の判断
を歪めたのではないか」と言われて、うまく反論できるのだろうか。日本中
の学校によるデータと最先端と謳われる AI の方が、一人の教師の判断より
信用される可能性はないか。そして、そのようなクレームのリスクから、教
師は次第に B. の判断ができなくなり、EBE1 の定義にある「根拠に基づいて
行わなければならないという考え」になってしまわないだろうか。

　エビデンスと実態の差異を埋められるはずの、教師の観察とそれに基づく
経験や勘は、エビデンスやデータに対して圧倒的に弱者ではないだろうか。

　もちろん、このような問題の前に、表 1-6 の Step3,4 をサボってデータ
の言いなりになる教師をどうするか、授業中などの瞬間的な判断における
Step3, 4 をどうするか、といった問題は存在する。しかし、B. の判断ができ
なくなることは、教師の信頼性を根幹から崩しかねない。改めて、EBE2 の
「個人の現場的専門性と…エビデンスを統合することを意味する。」に立ち戻
り、教育に関するデータの利活用を考えるべきではないか。

4.　どのような未来を描くか：データ利活用のある教育

(1) 義務教育で何が教えられるべきか

　私は、第1節でも述べた「デジタル社会を支えている人間の管理者がいる

点」から始めるべきではないかと考えている。デジタル社会を支える人々には高い職業倫理と専門性が必要であり、その叡智の塊がデジタル技術であることに思いを馳せ、人材不足である IT 業界への感謝や敬意に繋げられないだろうか。マイクロソフトのナデラ CEO の「デジタル技術がますます重要な役割を果たすようになるのは不可避です。では、何をすべきなのでしょうか。大事なのはテクノロジーへの信頼を築くことです。」という言葉にも繋がる (クーリエ・ジャパン ; 2021)。

そのうえで、表 1-6 の Step3 のようなデータを批判的に考察することの必要性が、図 1-6 のような例を用いて義務教育で広く教えられないかと思う。なお、ここでいう「批判的」は他者に攻撃的である事を求めるべきものではない。21 世紀型スキルとしても重要視されている「批判的思考」とは「規準に基づく合理的 (理性的・論理的) で偏りのない思考」を表し、「自分の推論過程を意識的に吟味する省察的思考」である (楠見, 道田編 ; 2016)。

（2）より良い情報社会に向けて

人は、科学に対して予測性や再現性を強く求めるが、それらは科学の一面でしかない。科学的態度のコアは自己批判性にある (松下 ; 2021)。「データによって未来を決める」のではなく、「データによって自らの判断や考察を振り返る」事が重要ではないだろうか。その重要性が共有されれば、たとえば「教師は、AI の判断結果と実態に差異があると判断して、経験と勘による判断を採用してもよい」という認識が社会全体で受け入れられないだろうか。

そのような認識の上であれば、教育に関するデータ利活用に対する議論が、いや、教育に限らない幅広い範囲でビッグデータ利活用の議論が成熟し、より良い情報社会へ向かっていくのではないだろうか。

（3）教師の専門性

多くの教師は、子どもたちの日々の状況と真剣に向き合い、授業内外における子どもの様子を自らの頭に蓄積し、必要に応じて瞬間的に判断を行ないながら、教育を行なっている。

　何年も続けると、9割くらいの教育活動は考えるまでもなく頭と身体が反射的に反応するようになる。私は、そのうちある程度は、AIなどを活用した対応が可能になりうると考えている。「この質問にこう回答するという事は、あれか、これが分かってないのは明らか、だからこう返せばいい、可能ならばあの課題を出せばいい…」といった内容は、AIがサポートできるのではないか。

　しかし、本質的にAIが判断できない部分は残る。非常に個性的な回答、才能に溢れる学習結果、学習とは別の要因による何らかの困難…。序列の付けられない一人一人の個性に、教師自身の全人格をもって対峙するのが教師の本来の仕事ではないかと私は考えている。OECD加盟国内で勤務時間が一番長い日本の教員（2013、2018年の国際教員指導環境調査（TALIS）より）は、そのための時間が十分に割けていないのではないか。私は、AIのサポートによって、本来の教師の仕事の比重が増えていくことを願っている。

　そもそも教師という職業は、情報に対する高い倫理意識が必要な職業である。私自身、中学・高校・大学・学習塾などで教えてきたが、子どもに関する非常に個人的な情報は自然と入ってくる。そして、その情報が漏れないように配慮するのは勿論、時に、そういう情報を私が持っている事自体、どの子にも知られないよう最大限の注意を払いながら教育活動を行なってきた。そのうえで「この子に伝わって欲しい」と念じながら、内容・表現を選択する。

　だから、教師には、教室において児童生徒を超越した観点が必要であり、聖職の要素があると私は考えている。もちろん、権威的になったり、隠蔽があってはならない。専門家としての実践知と、客観的なデータ群を、批判的な考察と共に統合し続けながら、その場を超越した目で俯瞰して子供たちと接する。必要があれば、相手とタイミングに配慮して判断の根拠を開示する。このような教師の姿、学校のあり方が今後模索されていけば、と私は願っている。

注

1　なお、本提言の執筆には私も協力しているが、本章の内容はすべて私個人の考

えであり、その責任は私にある。

2　日本学術会議の他の提言も、基本的に同様の構成になっている。

3　提言 p.28「参考資料 5」に示されたひな型は（大学 ICT 推進協議会 ;2020）へ更新されている。

4　学校の教室のコンセントは基本的に数が少なく、高価な充電保管庫の導入や大がかりな電気工事が必要になる。

5　不可逆な匿名化でも個人を特定できる可能性がある。たとえば、年齢に「110」とある場合、該当者が非常に少ないため個人を特定できる可能性がある。他にも、希少な組み合わせによる個人特定の可能性（たとえば、データの中に「所属：教育学研究科」「職位：助教」「担当：情報関連」「京都市」が揃えば、ほぼ、私に関するデータと判明してしまう）もある。何十年も前からこの問題は指摘されており、適切な処理が必要とされる。また、これ以外にも必要な技術や観点については、提言 p.29,30 にも記されている。

6　注 5 参照。

7　地域名だけは残しておけば可能かもしれないが、小規模校の場合は地域名がほぼ個人を特定してしまい、不可逆な匿名化において残すのが難しい場合もある。

8　日本語版の最後において、本田由紀氏がそのように解説されているが、筆者も同感である。

参考文献

石井英真 (2020)『未来の学校：ポスト・コロナの公教育のリデザイン』日本標準

今井康雄 (2015)「教育にとってエビデンスとは何か―エビデンス批判をこえて」『教育学研究』82 (2) pp.188-201

内田良 (2015)「教育実践におけるエビデンスの功と罪」『教育学研究』82 (2) pp.277-286

クーリエ・ジャポン (2021)『サティア・ナデラに聞く「デジタルへの依存は私たちを脆弱にしたのでは？」』URL:https://courrier.jp/news/archives/243565/（2021/6/19確認、元記事：John Thornhill(2021) "Reimagining business: an interview with Microsoft chief Satya Nadella"『Financial Times』、URL:https://www.ft.com/content/d5a9f4da-e11f-49b9-a01d-9f9af4cc338c）

楠見孝 , 道田泰司 編 (2016)『批判的思考と市民リテラシー ＝ Critical thinking and civic literacy：教育、メディア、社会を変える 21 世紀型スキル』誠信書房

久富望 (2021)「コロナ禍における連続オンライン研究会全 10 回の報告」『知能と情報』（日本知能情報ファジィ学会誌）33 (1) pp.15-25

経済産業省 (2018)『「未来の教室」と EdTech 研究会 第 1 次提言』URL:https:// www.meti.go.jp/report/whitepaper/data/pdf/20180628001_1.pdf（2021/6/19 確認）

経済産業省 (2019)『「未来の教室」ビジョン「未来の教室」と EdTech 研究会 第 2 次提言』URL:https://www.meti. go.jp/shingikai/mono_info_service/mirai_kyoshitsu/pdf/20190625_report.pdf（2021/6/19 確認）

国立教育政策研究所 (2019)『OECD 国際教員指導環境調査（TALIS）2018 調査結果　vol.1』URL:https://www.mext.go.jp/b_menu/toukei/data/Others/1349189.htm（2021/6/19 確認）

斎藤清二 (2016)『医療におけるナラティブとエビデンス 改訂版―対立から調和へ』遠見書房

佐藤学 (1995)「「個性化」幻想の成立：国民国家の教育言説」、森田尚人ほか 編『教育学年報 4「個性という幻想」』世織書房 pp.25-51

杉田浩崇 (2021)「エビデンスに基づく教育―黒船か、それとも救世主か」、石井英真編『流行に踊る日本の教育』東洋館出版社 pp.231-256

大学 ICT 推進協議会 (2020)『「教育・学習データ利活用ポリシー」のひな型の策定について』URL:https://axies.jp/report/publications/formulation/（2021/6/19 確認）

日本学術会議 教育データ利活用分科会 (2020)『教育のデジタル化を踏まえた学習データの利活用に関する提言―エビデンスに基づく教育に向けて―』URL:http://www.scj.go.jp/ja/info/kohyo/pdf/kohyo-24-t299-1.pdf（2021/6/19 確認）

M. サンデル (2021)『実力も運のうち　能力主義は正義か？』早川書房

松下姫歌 (2021)「心理療法における「エビデンス」とは何か』京都大学大学院教育学研究科紀要 』67 pp.335-360

みずほ情報総研株式会社 (2019)『AI 人材需給に関する調査　調査報告書』経済産業省委託事業　URL:https://www.meti.go.jp/policy/it_policy/jinzai/houkokusyo.pdf（2021/6/19 確認）

森俊郎 (2019)「EBE を実践で語ろう」、杉田浩崇・熊井将太 編『「エビデンスに基づく教育」の閾を探る』春風社 pp.130-167

文部科学省 (2017)『平成 29・30・31 年改訂学習指導要領』URL:https://www.mext.go.jp/a_menu/shotou/new-cs/1384661.htm（2021/6/19 確認）

文部科学省 (2019)『GIGA スクール構想の実現へ』URL:https://www.mext.go.jp/a_menu/other/index_00001.htm（2021/6/19 確認）

文部科学省 (2021)『教育データの利活用に係る論点整理（中間まとめ）』URL:https://www.mext.go.jp/b_menu/shingi/chousa/shotou/158/mext_00001.html（2021/6/19 確認）

第2章

プログラミング教育を認知科学から見る

遠山紗矢香

提供：山田雅之氏

はじめに

本章では、プログラミング教育黎明期と捉えられる 1980 年代以降のプログラミング教育を振り返りながら、これからのプログラミング教育に求められることを、認知科学の視点から検討する。また、プログラミングを学習のための文房具 (道具) として捉えた場合、教科や学年などを超えて用いられてきた教育方法や教育評価の方法、それらを支える学習観が重要であることも確認する。プログラミングは新しい手段ではあるものの、21 世紀型スキルをめぐる議論や OECD Education 2030 等で示されているこれからの学習で求められる方向性は、プログラミング教育の文脈にも関係が深いことを改めて整理する。

1. プログラミング教育の歴史

(1) 認知科学とプログラミング教育

筆者は小学校でプログラミング教育が開始されるという議論が公になる以前から、児童を対象としたプログラミング教育に携わってきた (遠山ら, 2015)。筆者らの実践で重視してきたのは、認知科学の知見である。認知科学は学際領域であり、文字通り人の認知の仕組みを明らかにするための研究を行う学問である。中でも筆者は、人はどのように賢くなっていくのか、理解を深めるとはどのようなことを指すのか、理解の深まりはどのようにすれば評価できるのか、に興味を持って研究を進めてきた。このため筆者は、認知科学の学問領域で蓄積されてきた「人はいかに学ぶのか」の知見 (Bransford et al., 2000; 稲垣・波多野, 1989) や、人がよりよく学ぶためにはどのような学習環境を構築することが有効であるかに関する知見 (三宅, 1985; Sawyer, 2006)、学習評価に関する知見 (Pellegrino, 2001; Clark&Linn, 2003; 三宅・三宅, 2012) を参考にしながらプログラミング教育の実践研究を進めてきた。こうした知見は、プログラ

ミング教育という一見新しいテーマに対しても有効に働くという実感が得られた。

　この実感は当然の帰結とも言える。1970 年から 1980 年頃には認知科学と関連の深い研究者によるプログラミング教育研究が盛んに行われていた。1970 年代は子ども向けの教育用プログラミング言語「LOGO」(図 2-1) の開発と試用が進められていた時代である。LOGO の使用方法としてよく知られているのは、タートルと呼ばれる亀のキャラクターに対して、進行方向や距離などを指示するプログラムを入力して、タートルが動いた軌跡を用いて図を描画する使い方である。また、LOGO では簡便な手続きで文字列処理を行うこともできたため、いくつかの単語を登録しておき、それら単語をランダムで組み合わせて新しい言葉を作る、といった使い方も可能であった (三宅ら，1984)。LOGO を用いて子ども達の学習について展望を示したパパートの著書「Mindstorms」が出版されたのが 1980 年である (Papert, 1980)。パパートは、子ども達自身が強い興味関心を持っている対象物との関わり合いの中でこそ良質な学習が起こるという考え方「Object-to-think-with」について、LOGO を用いた場合の学習過程を例に挙げて説明した。

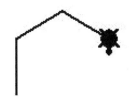

```
repeat 3 [forward 50 right 60]
```

図2-1　LOGO のプログラム（50 歩進む、右に 60 度向きを変える、これらを 3 回繰り返す）と実行結果の例

出典：LOGO Foundation web サイト[1]より引用

　その後も LOGO は、子どもが LOGO を通じてどのように数の概念を構築したのかを示した Lawler (1981) による学習プロセスの研究、Pea & Kurland (1984) による LOGO を使用することが子ども達のプランニング能力を育成

することに寄与するかを調査したプログラミングと高次認知能力の関係についての研究、Klahr & Carver（1988）によるLOGOで学習したデバッグ方法が異なる場面でも活かされるのかを調べた学習転移の研究など、認知科学者や認知心理学者による研究で使用されてきた。これら研究はいずれも、プログラミングあるいはコンピュータがどのような子どもたちの認知的な発達に寄与するのかを調査するために行われたものだと解釈できる。また、これらの研究からは、プログラミングそのものが子どもたちのプランニング等の高次認知能力を伸ばすわけではないこと、どのような教育効果を得たいのかを絞り込んだ上でプログラミングを適切に位置づけた授業設計こそが重要であることなどの示唆が得られた。

　日本でもほぼ同時期と言って差し支えない頃から、子どもがLOGOを用いるとどのような効果があるのかについての研究が進められてきた。三宅（1985）は、LOGOを子どもに与えて自由に活動させるだけでは子ども達が飽きてしまうこと、子どもが真に興味を持っていることにあわせてLOGOを用いることができるように環境を整えれば好ましい学習が起こることなどを事例とともに示した。このことから三宅は、Papertが思い描いた「学習者と対象物との関わり合い」を実現するためには、学習者側に「やりたいこと」がある程度明確にあることが必要なことを指摘している。

　また、戸塚の実践では、子ども達がLOGOに「教えてあげる」活動としてのプログラミングを経ることで、子ども達が住んでいた地域を子どもたち自身が歩いて測量した結果（歩数や曲がる角度）をLOGOに入力してLOGOに地図を描かせることに成功したこと、子どもたちが葉っぱの成長する様子（1日あたりの葉脈が伸びた長さと方向）を夏休みの間記録してLOGOへ入力することで、LOGOを使って葉っぱの成長をシミュレーションできるようにしたことなどが報告されている。子どもたちがシミュレーション結果を繰り返し観察することを通じて、子どもたちは葉っぱが大きくなるときの規則性を明らかにしたことも紹介されている（佐伯, 1986）。

　さらに子安（1987）は、自身の5歳の子どもがLOGOとどのように付き合いながら、どのようなことができるようになっていくかを半年間に亘って詳

細に観察し、再帰的な手続きを除けば簡単な図形を LOGO で描画できるようになったことを示した。また、LOGO の学習が、子安氏自身と子どもの間でじっくりと話をする機会となっていたこともついても子安氏は言及している。プログラミングが家庭内での親子の会話のテーマとなっていたことは、現代の子ども向けプログラミング教育においてプログラミング家庭定内でどのように扱うかについてのヒントを提供してくれているとも考えられる。

　第一次プログラミング教育ブームとも言える子ども向けプログラミング教育の黎明期が 1970 年から 1980 年頃であるとすれば、近年は第二のプログラミング教育ブームの時代とも言える。第二のムーブメントだからこそ、過去のプログラミング教育研究から得られたことや、人はいかに学ぶのかについて蓄積された知見を、最大限組み合わせて活用することが重要だと考えられる。そこで以下では、2021 年時点の日本におけるプログラミング教育の状況と、プログラミングを取り巻く ICT 環境について概観しながら、これからの社会で期待される学習を引き起こすための手段としてプログラミングをどのように位置づけることができるのかについて考察する。

（2）プログラミング教育の多様な目的

　2020 年度から、日本の小学校では新しい学習指導要領（文部科学省，2017）による教育が開始された。この新しい学習指導要領は 2017 年に公示されたものであり、「プログラミング」というキーワードを初めて含んだ学習指導要領となった。この新しいキーワードが小学校の教育内容として扱われることが決定したことは、学校現場の先生方だけでなく、保護者、教育関係の企業関係者、地域で子ども達と関わる大人たちなどに大きな衝撃を与えた。実際に、筆者の所属する静岡大学情報学部が 2016 年 10 月に開催した小学校プログラミング教育についてのシンポジウムには、新学習指導要領（当時）が公示される前にもかかわらず、上記の多様な立場から 80 名以上の方に参加をいただいた（遠山，2017）。

　上記の傾向は、筆者が 2018 年 12 月に、小学生の子をもつ保護者 66 名に対して行った調査結果の一部とも一致する。この頃は新学習指導要領（当時）

が公示されてから一定の時間が経過した頃である。この時点で、保護者のうち2020年度から小学校でプログラミング教育が始まることを知っていたのは55名（83%）だった。一方で、プログラミング教育がどのような形で学校へ導入されるのかについて尋ねた質問への回答は上記と対照的だった。2020年度からの小学校でのプログラミング教育は主として既存教科の学習を深めるための活動として取り入れられ、教科を新設する計画はないことを知っていたのは12名（18%）に留まっていたためである。本調査は、主に静岡県西部地方に在住する児童向けのプログラミングイベント[2]の中で行わせていただいたものであるため、日本全体の傾向とは多少異なる可能性がある。とはいえ、児童に付き添って上記のようなイベントへ足を運ぶような、プログラミング教育に対して一定の関心を持っている保護者であっても、学校でのプログラミング教育の具体的な計画について知っているとは限らなかったことは印象的であった。なぜならば、プログラミング教育というキーワードの新しさや、プログラミング教育の目的の多様性の一端に触れたように感じられたためである。

　筆者が所属しているのは「情報科学科」という学科であり、学生たちは主としてコンピュータサイエンスを学び、プログラミングの技術を磨いて社会へ羽ばたいていくことが期待されている。したがって、情報科学科の視点でのプログラミング教育の目的は、高度情報技術者として社会で活躍するための高等教育が第一になることが多い。これはおそらく、システム開発に携わっている社会人の方がイメージするプログラミング教育の目的に近いと考えられる。一方で、小学校学習指導要領の記述に見られる通り、小学校のプログラミング教育は、主として既存の教科に対する学びを深めることを目的としていると解釈できる。「小学校でのプログラミング教育で、教科の学びが深まると期待するのは的外れではないか」といったご意見もあると思うが、日本では1980年代から小学校でプログラミングを活用した教科教育が成果を挙げている（佐伯, 1986; 戸塚, 1995）ことを踏まえれば、十分に期待が持てると筆者は考えている。

　プログラミング教育の目的に関する解釈のバリエーションは他にもある。

国立教育政策研究所 (2017) によれば、新しい道具としてプログラミングを位置づけ、それを用いて新しい活動を行うことを目的としたものや、近年のデジタル化した社会への参加手段のひとつを得ることを目的としたものが紹介されている。前者は Alan Kay ら (1977) が「Dynabook」として紹介した、初期のラップトップ型パソコンのようなデバイスでできることのイメージがあてはまる。Kay らは、子どもが自分の考えを表現したり、シミュレーションしたりすることを可能にする新しいメディア (道具) として Dynabook の構想を示した。Dynabook は紙や鉛筆だけでは困難なことも容易にできるという意味で新しいメディアであり、子どもでも直感的に操作できるという点で、専門家向けの特別なツールではなく、あくまでも「メディア」として位置付けられた点が先進的であった。こうした新しい道具を使えば子ども達の創造性がより刺激される可能性があることは、子ども達が遊んでいる場面を観察したことがある方ならば容易に想像できるだろう。

　後者は、プログラミングをできるようにすることで、デジタル社会へ参加するための手段を得るという考え方である。筆者が知る限りでは、「パソコン通信」が台頭していた 1980 年代から、プログラミングを仕事や趣味で行う大人たちが集う情報交換サイトはいつも賑わっている。子ども達にもプログラミングが浸透すれば、自分が作成したプログラムを公開したり、不具合を取り除く (デバッグをする) ために議論を行ったりすることでコミュニケーションが生まれる可能性がある。実際に、世界中の子どもから大人まで幅広いユーザ層を持つプログラミング環境「Scratch」には「ディスカッションフォーラム」という掲示板機能が用意されており、世界中から Scratch やプログラミングに関する書き込みが盛んに行われている。ディスカッションフォーラムに参加するためのアカウントを本人が作成するためには、本人の年齢が 13 歳を超えている必要があるものの、子ども達の書き込みと思われるものは数多く見つけられる。日本の子ども達のものと思われるアカウントであっても、英語でコミュニケーションを取っている様子は非常に印象的である。

　さらに、国立教育政策研究所 (2017) には、「高次認知能力」の育成を目的と

したプログラミング教育が存在していたことが示されている (国立教育政策研究所, 2017)。これは、プログラミングを通じて、物事を順序立てて考えることや創造的に思考することといった高い次元の認知能力が育成できると考えるものである。こうした考え方の根底には、高度なプログラムを作成する作業で作り手に高い認知能力が求められるという見解がある。例えばSolowayらの研究では、熟達者と初学者のプログラミング中の行動を分析し、熟達者はプログラム全体のプランニングにあたる部分で高いパフォーマンスを示したと言う (Soloway & Ehrlich, 1984)。

ただし、この点について検討する際にまず求められるのは、プログラミング活動を通じて高い認知能力が育成されたのか、もともと高い認知能力を持っている者がプログラミングで遺憾なく能力を発揮しているのか、つまり因果関係の有無についての整理である。また、前者であるならば、プログラミング活動を通じてどのような注目すべき学習活動が引き起こされているのかを整理することも求められるだろう。この点は2節にて整理する。さらには、認知能力を伸ばすような学習活動はプログラミングに固有なのか、プログラミング以外のツールではどのような限界があるのかについても迫ることができれば、プログラミングを教育のためのツールとしてよりよく活用する方法を明らかにすることができるだろう。

以上に示したプログラミング教育の目的は、以下のようにまとめることができる。

1. 高度情報技術者を育成するため
2. 教科等の理解を深めるため
3. 高次認知能力を育成するため
4. 新しい道具で新しい活動を行うため
5. デジタル社会への参加手段を得るため

2. プログラミングと ICT 環境

(1) 日本の ICT 環境の現状

　プログラミングは ICT（Information Communication Technology）を用いることで初めて可能となる。しかしながら、OECD PISA 2018 の調査結果[3]を見る限り、日本の ICT の整備状況は諸外国と比較しても遅れを取っていると言わざるを得ない。特に児童生徒が使用できる学習用端末の整備状況は厳しい状況である。2021 年 1 月現在では、少なくない日本の公立小学校・中学校では、各学校に 1 室設けられたパソコン室にのみ学習者が操作できる ICT 環境が整備されているのが現状である。筆者がよく目にするパソコン室のパソコンは、シャットダウンを行うたびに OS 保存領域を含む一部を除いたすべてのデータ領域がクリーンアップされ、各学校にてアプリケーションをインストールすることができない設定となっている。また、パソコン室内のパソコンを一斉にインターネットへ接続しようとすると遅滞が生じることもしばしばある。接続先によっては、無害であるにもかかわらず有害な web サイトであるとの判定をフィルタリングアプリケーションによって受けてしまい、学習のために必要な web サイトを閲覧できないこともある[4]。さらに、近年のプログラミング環境は、アプリケーションをインストールすることなく、ブラウザを用いてインターネット経由ですぐに活動を始められるものが多く、一般的には大変便利である。一方でインターネット接続が不安定な学校では、プログラミング環境が児童生徒のパソコン画面になかなか表示されず、予定通りに授業を始められない場合もあった。

　こうした状況は現在改善されつつある。2020 年度の新型コロナウイルス感染症拡大が、学習環境をオンラインで代替できない日本の学校教育の現状をあぶり出した影響もあり、小学校・中学校の児童生徒へ 1 人 1 台の端末を割り当て、学校のネットワーク回線の増強を行う「GIGA スクール構想」（文部科学省, 2019a）による教育用 ICT 環境整備が現在急ピッチで進められている。本事業によって学習用端末として割り当てられるのは Chromebook、iPad、

Windows のいずれかであり、これらは校内ネットワークに接続される。校内ネットワークは、複数の児童生徒が同時に教育用の動画を再生しても遅滞が生じない高速インターネット回線と接続される予定である。このため、学習用端末が配布されることでプログラミング教育のより円滑な遂行も可能になる。さらには、学習用端末を児童生徒が家庭へ持ち帰ることによって、家庭学習の在り方もこれまでとは変わる可能性がある。

　GIGA スクール構想前と比べて後では、ICT 環境が大きく改善されることによって、これまで実現したくても難しかった学習活動を学校でも、家庭でも実現できるようになる可能性が高い。その学習活動の設計こそが重要である。活動の中身を大きく分ければ、学習者自身が主体的に表現したり考えたりする活動と、誰かが表現したものや誰かが考えたことを学習者が受け止めることを中心とする活動が想定される。前者のような活動が設計できれば、様々な情報を取捨選択し、批判的に統合しながら、自分なりの考えを作り出す活動、いわば「知識構築」型の活動 (Scardamalia & Bereiter, 2014) をこれまで以上に実現しやすくなる。また、同じ学校に通う仲間だけでなく、国内外の子どもたちや大人たちともインターネットを介してつながることができるため、1.2 節で述べたデジタル社会への参画も促進される可能性がある。人々との協働は自分にない視点へ触れるきっかけにもなるため、1 人ではたどり着くことができなかった良質なアイディアへ到達する協調的な学びが起こる可能性も高くなる (遠山・白水, 2017)。もちろん、子どもたちがこうしたつながりを拡げていく際には、自分の身を守ったり、相手と気持ちよくコミュニケーションを取ったりするための ICT との付き合い方 (いわゆる「情報モラル」(文部科学省, 2019b)) もあわせて学習する必要がある。

　後者のような学習活動が設計された場合は、ICT の情報提示装置としての機能が強調される可能性がある。上述した通り、ICT によって紙や鉛筆では得難い情報を瞬時に集めることができる強みを有するためである。近年注目を集めている「AI ドリル」はその強みを活かしたサービスだと考えられる。AI ドリルでは、各学校・各学年において学校で学ぶような内容が網羅できるように、あるいは入学試験の問題を解くうえで求められる知識等が網羅で

きるように緻密に制作されている。AI ドリルが提示した問題に対して子ど
もたちが回答すると、その回答が正解なのか誤答なのかを自動的に示してく
れるため、1 人で学習を進めることが容易である。学習の進め方も、子ども
たちのニーズに応じて、出題される問題の難易度をある程度自由に調整でき
る。また、子どもたちが問題に誤答した場合は、どのような内容を学べば正
答できるようになるのか提案してくれることもある。さらに、子どもたち
の 1 人ひとりの学習履歴が電子的に蓄積されていくため、回答の正誤とその
傾向を教師や学習者へのフィードバックに用いることも可能である。さらに、
同じサービスを利用している他の子どもたちの回答を集めれば「ビッグデー
タ」も形成されるため、どのような問題で子どもたちがつまずきやすく、ど
のような問題では正答率が高いのかといった回答の全体傾向を把握すること
も容易になる[5]。

　一方で、AI ドリルで大人が期待するような学習活動を子どもたちに引き
起こすことができるかについては慎重な検討が必要である。インターネット
を通じて誰もが容易に知識を得ることができる時代になった今、これからの
社会で一層求められるのは、眼前の状況に合わせて適切な判断を行ったり
(Schwartz, 2013)、自分とは異なる文化や考え方を持つ人々とジレンマを解消
したり (OECD, 2015) しながら、新たな知識や価値観を創造していくことだと
考えられる。このことが、AI ドリルで最適化されるような、学校の授業や
試験に出題される範囲などのように限られた領域に閉じた知識をスピーディ
に獲得していくこととどのように互恵的な関係を構築するのか見通すことが、
ICT を教育場面において賢く活用するうえで不可欠であろう。

　AI ドリルにまつわる議論はかつての CAI (Computer-Assisted/Aided Instruction)
をめぐる議論のリバイバルのようでもある。CAI が指す対象は幅広いが、学
校教育の文脈で言えば、コンピュータを用いてドリルや穴埋め等の問題を子
どもたちへ与え、子どもたちはその問題に解くことでコンピュータが回答の
正誤を判定するほか、眼前の子どもたちに合わせて出題内容を変更すること
で、学習者個人に合わせた教育を提供するものを指す場合が多い。この CAI
に対して、佐伯 (1997) は「『コンピュータが教員の役割を補完して 1 人 1 人の

子どもの特性に合わせた個別指導を徹底して行っていく』というのは、これまでの管理主義的、詰め込み教育の『効率化』以外のなにものでもない」(p.21)と批判的な立場をとっている。この立場は、コンピュータが子どもたちに対して「一方的に知識を注入する装置」であり、その知識が役立つ先は主に受験であるという見解に基づく。このことと同時に佐伯は「金を出して教育を買う」(p.22)時代の到来を懸念している。

　佐伯氏と同様の懸念は、石井 (2020) によるテクノロジーの限界を指摘する近年の AI を用いた教育に対する論考でも次のように示されている。「ビッグデータを基礎にした AI が導く学びは、一見すべて自分で選んでいる主体的で自由な学びに見えて、機械に選ばされ、主体的に既存の社会やシステムに従属する学びになりかねません」(p.219) という言葉は、与えられた知識領域の中に学びが閉じる方向へ向かっていくことへの警鐘として受け止めることができる。また、石井氏が 1 人 1 人の子どもに合わせた個別最適な学びについて述べた中には、「際限なき能力開発 (人間のサイボーグ化も含む) をめざした自由は、個性尊重の名の下に、それに乗れる富や能力を持った者とそうでない者との埋めようのない格差をもたらしかねません」(p.219) という言葉がある。これは、個別最適な学びをもたらすシステムへアクセスできる者、そのシステムと波長を合わせることができる者、そのシステムを自分にとって価値のある学びへと昇華できる者などはシステムの利点を享受できるが、そうでない者は現状よりもさらに厳しい状況に立たされる可能性を指摘していると捉えることができるだろう。

(2) 子ども向けプログラミング環境

　以下では、プログラミングがそもそもどのような営みなのかを整理する。紙や鉛筆と比べてプログラミングがパワフルに働くのは、動きを伴う自分の考えを可視化すること、自分が行ったことに対してフィードバックを得られること、の 2 点があるためだと考えられる。これらを組み合わせると、プログラミングでは自分の考えがどのようなものなのかを目の当たりにすることができ、その考えをプログラムに表した一定の条件で動かしてみた場合にど

のように変化するのかを、児童自身が試行錯誤を通じて見届けることができる。もちろん、児童がプログラムを作成する際に数字を用いることで算数・数学的な知識・理解が深まる可能性もあれば、児童がプログラムの繰り返しや条件分岐といった制御構造を用いることで手続きのパターンを効率的に用いる方法を学ぶ可能性もある。しかしながら、プログラミングの過程で数字を用いるか否かや、繰り返し・条件分岐といった制御構造を明示的に用いるか否か、またそれらを用いる程度は、プログラミング言語によって異なる点に注意を要する[6]。

　Scratchをはじめとする初学者向けのプログラミング環境では、プログラムを作る際に用いる命令を暗記しなくてよいよう工夫されている。例えばScratchでは、学習者が使用できる命令は予め「ブロック」として画面の脇に用意されており、いつでも好きなブロックを選択して自分のプログラム作りに使用することができる（**図 2-2**）。これは、一般的に「再認」（既に知っている

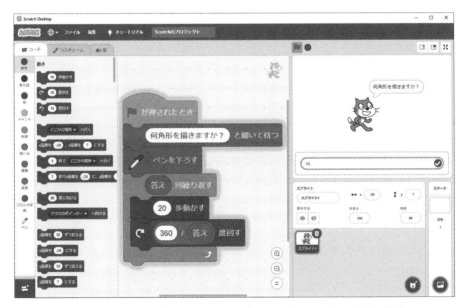

図 2-2　Scratch のブロックに小さなブロックをはめこもうとする場合

出典：Scratch の web サイト（プログラムは筆者作成）

ものの姿や形などを提示され、その名称を答える）は「再生」（既に知っているものを何のヒントも得ずに自分で取り出す）よりも容易であるという点で初学者にとって敷居が低くなるように工夫されていると言える。また、Scratch の場合は、これらのブロックは大まかな機能別に分類されているほか、各機能によって異なる色で塗りつぶされているため、自分が使用できるのはどのような命令なのかを、Scratch における命令の体系化の方法とともに初学者が把握することも容易である。

　図 2-2 のプログラムは、画面右上に表示されているキャラクター（Scratch では「スプライト」と呼ばれる）に対する命令として実行される。学習者がキャラクターへ命令しようとした意図が、学習者の作成したプログラムで期待通りに実現されるのかは、プログラムを実行してキャラクターの動きが即時にフィードバックされることで確認できる。さらに、プログラムはブロックを上から下へとつなげていくことによって作成され、上から下へと順に実行されていくが、順序関係が成立しないブロック同士は嵌らないように作られている。また、ブロックの中に嵌め込むタイプのブロックもあるが、嵌め込むブロックの形と、嵌め込まれるブロックに空いている穴の形を見ると、嵌まるべきブロックとそうでないブロックとをある程度区別できるようになっている。したがって、プロの世界のプログラミングで起こりがちな文法エラーによる不具合はほとんど起こらない。Scratch ではこうした数々の工夫を組み合わせて、「低い床、高い天井、広い壁」(Resnick, 2017) と呼ばれる、初学者にとって敷居が低いにもかかわらず、幅広く質が高いプログラムを作ることができる環境が実現されている。

3. プログラミング教育の実践

（1）プログラミングを用いた授業の設計

　それでは、これからのプログラミング教育においては、どのような学習を実現あるいは支援するためのツールとしてプログラミングを位置付ければよ

いのだろうか。特に、学校で実施されるプログラミング教育が社会の分断を
助長する方向ではなく、多様な人々にとって新しい道具の使い方を身に着け
たり新しいコミュニティでやり取りしたりする学習の手段として、さらに理
想的には学習者が新たな知識や価値観を創造するための学習の手段として力
を発揮していくには、どのような方法が好ましいのだろうか。

　これらの点を考えるにはまず、1.2 節で述べたように、プログラミング教
育の目的に対して自覚的になる必要がある。そこで本論では、2020 年度か
ら始まった小学校でのプログラミング教育を念頭に置き、教科の理解を深め
ることを目的としたプログラミング教育に焦点を当てることとする。また、
分断を避けるという観点から、公立小学校で実現可能な授業としてのプログ
ラミング教育を志向することとする。

　次に検討すべきは、子どもたちの理解を深めるためにはどのような教育方
法を用いれば良いのかである。戸塚(1995) の事例では、子どもたちが自身の
興味によって数名のグループに分かれて活動していた様子が示されている
(戸塚氏はこれを「小さな研究室」と呼んでいる)。戸塚氏が子どもたちの興味関心
を察知し、きめ細かな指導をしていたことが非常によく伝わってくるが、こ
の状態は子どもたちにとって「やりたいこと」がある状態である。したがって、
プログラミングは子どもたちがやりたいことを実現するための好ましい道具
として活用されていたと考えられ、プログラミングを導入するには極めて理
想的である。このような学習環境の構築を目指したい一方で、本論では、幅
広い学校での実現可能性の観点から、大変心残りではあるもののこの方法は
現状では断念することとする。1 学級あたり 40 名近い子どもたち[*]に対して、
教師が 1 人で指導を行う状況だからである。

　　＊ 2020 年 12 月現在、文部科学省では、今後 1 学級あたりの人数を最大で 35 名と
　　　することを発表した。

　教室にいる子どもたちの多様な視点を、子どもたち 1 人ひとりが学びを深
めるために子どもたちが相互に活用できる協調学習には一定の期待ができる。
実際に、東京大学 CoREF では「知識構成型ジグソー法」と呼ばれる協調学習
の実践例が、2020 年 3 月現在、様々な学校種・教科において 2,556 件蓄積さ

れている（白水ら，2020）。これは、学習者の年齢や学習内容の分野に依存することなく、協調学習を活用できる裏付けと捉えることができる。また、遠山・白水（2017）は、小学校6年生児童が1人で解くことは難易度が高い算数の問題に取り組む際に、2人で話し合いながら問題解決を行うことで、公式等を使って計算をする手続きと、面積や長さといった数をどのようにとらえて操作すれば良いかという見方とを関連付けながら正答に至っていたことを示した。プログラミングでもScratchのブロック等のように提供された手続きと、長さや向きといった数をどのように操作すれば、やりたい動きを実現できるのかを考えることが子どもたちには求められる。つまり、算数の問題解決で見られた協調学習の効果が、プログラミングでも得られるのではないかと期待することができる。

　あわせて検討すべきは、プログラミングを通じて子どもたちがどのような理解を深めたのかを評価するための方法である。プログラミング教育という新しい言葉を聞くと、新しい評価方法が求められるようにも思われるが、あくまで紙や鉛筆に代わる手段としてプログラミングを位置付けている本論では、プログラミングで強調される学習活動を視野に入れながらも、教科学習の観点における評価を行うこととした。また、協調学習の評価と聞くと、個人ではなくグループ単位の評価をイメージしがちだが、協調学習前後での1人ひとりの理解の変容を観察できるよう設計された協調学習の方法もある。なお、プログラミングにおいて求められる抽象化やモジュール化といった観点に即して評価を行いたい場合は、Grover & Pea（2013）やBienkowskiら（2015）に示された観点などが参考になる。

　最後に検討すべきは、ICT環境を含む公立小学校での実現可能性である。1.3節で述べたように、2020年度以前の公立小学校で使用できるICT環境は限られていた[7]。このため、無料で使用することができ、利用者が多いゆえに不具合も少ないScratchをプログラミング環境として使用することとした。また、Scratchをブラウザで使用する際に発生するインターネットとの通信をできる限り抑え、かつパソコン操作に対する習熟度に不安がある児童に負担を与えることを避けるため、複数児童で1台を使用したり、自由に操作方

法などを聞き合ったりできる設計とした。さらに、子どもたちがプログラミングによってキャラクターが即時動作することの面白さを体験することに留まらず、パソコンを使用して考える場面と、パソコンを使用せずに考える場面とをセットで授業に盛り込むこととした。なお、評価については教科の理解を深める観点で行うため、Scratch で作成した成果物を評価対象とはせず、児童に配布したプリントへの記入内容によって評価することとした。

（2）授業のデザイン

　協調学習の設計方法には様々な種類があるが、筆者は東京大学 CoREF にて実践研究が進められている「知識構成型ジグソー法」(三宅ら，2016) を用いた。知識構成型ジグソー法では、学習者 1 人ひとりが主体となって、学習者にとって「解いてみたい」と思えるような問題を協調的に解決していくことを通じて、学習者 1 人ひとりがさらに考えたいことがらを見つけていく学習を促すことができるためである。もちろん期待される効果を得るためには、実践者側には、知識構成型ジグソー法の見かけ上の形式を踏襲するだけでなく、知識構成型ジグソー法の型がどのような学習活動を引き起こすために設計されているのかを理解したうえで、眼前の子どもたちの実態にあわせて型を適切に使用する努力が求められる。

　知識構成型ジグソー法では、「エキスパート資料」と呼ばれる資料を、続くジグソー活動の班の中で重複が発生しないように、学習者 1 人に 1 種類ずつ配布する。学習者はその資料を読み、内容を把握する。ジグソー活動では異なるエキスパート資料持った者同士が、課題解決のために各資料の情報を共有し、統合していく。グループでの話し合いの後で、クラス内で各グループが考えた解を互いに共有する「クロストーク」を行う。

　教師は学習者へ与える課題を考えると同時に、課題について学習者が考えるための手掛かりとなるエキスパート資料も用意する。東京大学 CoREF の実践例ではエキスパート資料は 3 種類程度のものが多い。エキスパート資料を通じて知識を学習者へ積極的に提供するのは、「学習者が自分で知識を統合して問題に対する答えを自分で作る」、また「自分で作った考えを土台に

してさらに考えたいことを見つける」という意味での学習を引き起こしたいからである。また、知識構成型ジグソー法は評価方法も備えている。活動前と後で、学習者は1人で、課題に対する自分なりの解答を書く。教師が期待する解答の要素が事前と事後の解答にそれぞれどの程度含まれているかを学習者別に分析すれば、学習者1人ひとりの学習の深まりを評価できる。

　上記を踏まえて筆者は、学習指導要領にプログラミング教育の例として紹介されている小学校5年生の「正多角形の作図」について、知識構成型ジグソー法を用いた協調学習型の授業を設計した。授業のねらいは、児童がプログラミングを用いて正多角形を描くことを通じて、正多角形の図形の性質に触れることとした。授業は公立小学校における1時間で完結することを目指したため、45分で完了するよう設計した。以下では、磐田市立富士見小学校の5年生児童(2019年2月当時)に対して、筆者が教師役となって実施させていただいた授業を例に挙げて簡潔に紹介する(詳細はTohyama & Takeuchi (2020)を参照されたい)。

(3) 授業の実際

　授業ではまず、児童がScratchのことをどの程度把握できているかを筆者が確認し、正多角形を描く方法について児童に見通しを持ってもらうための導入として、Scratchのブロックを使うとキャラクターに命令ができること、ブロックをクリックすると命令が実行されること、「ペンを下げる」ブロックを使うとキャラクターの移動した軌跡が線として描画されることを簡単に紹介した。次に、筆者は児童と対話しながら「動き」グループにある「〇歩動かす」を使って線を描き、さらに「〇度回す」を使って線を描いたキャラクターが向きを変更する動きを示し、正方形を描くためのプログラムを作成した。その後で「正三角形はどうすれば描けるかな？」と投げかけ、「60度回す！」という児童の呟きを拾って「60」を「〇度回す」ブロックに入力して実行した。ところが、キャラクターが見当違いの方向へ動いてしまったため、別な児童が「120度！」とつぶやいたのを拾ってブロックへ入力し、1度だけ実行した。ここで「あと何回実行すればいいかな？」と再度児童に投げかけ、多く

図 2-3　正三角形を描くためのプログラム

出典：Scratch の web サイト（プログラムは筆者作成）

　の児童から「3 ！」という回答を得たことから、**図 2-3** のプログラムを作成して、その動作結果を確認した（正三角形が描かれた）。

　次に、各児童を席に移動させてから「Scratch で正六角形をかくにはどうしたらよいだろう？わけも説明しよう」という問題が書かれたプリントを配布し、個人で記入してもらった。全員が概ね記入を終えた後、筆者は図 2-3 に示した各エキスパート資料（それぞれ「ず」「け」「い」と名付けた）を、クラスの 1/3 の児童へそれぞれ配布し、これからパソコンを使ってエキスパート資料の問題に対する答えを考えてほしいこと、答えを考えるときには同じ資料を持っている人同士で話し合ってよいこと、答えを考えたら別なエキスパート資料を持っている者同士が 1 人ずつ集まって 3 人で話し合うこと、3 人では正六角形の描き方をパソコンなしで考えてもらうことを説明した。「ず」は正多角形を描く際に繰り返さなければならない手続きのパターンを見出すこと、「け」は正多角形を描くときに「ず」の作業を何回繰り返すか──つまり停止条件を見出すこと、「い」は正六角形を描くときに「ず」の手続きで何度

回り込む必要があるかを見出すこと、についてそれぞれ考えるためのヒントとした。

　児童は、待ち構えていたかのように Scratch を起動して、それぞれのエキスパート資料に沿って答えを考え始めた。ほとんどの児童は、本授業前に富士見小学校の先生が行ってくださった 1 時間の Scratch 体験授業の経験を活かすことができていたため、操作に対する支障はほとんどなかった。操作上の支援が必要となった児童は、運営支援を担当していた大学生 2 名や筆者、富士見小学校の先生方が手伝って解消した。

　10 分程度経過後、異なるエキスパート資料を持っている児童同士が 3 名グループで着座できるよう席替えを行った。児童はパソコンを使用できない中で、メモ用紙に図を描いたりジェスチャーで動きを示したりしながら、Scratch で正六角形を描くためのプログラムについて話し合った。3 名グループの活動が開始して 10 分程度経ってから、筆者は全体に対して、グループで話し合ったプログラムを発表するよう依頼した。筆者は、挙手のあった 2 つのグループの代表者にそれぞれ発表してもらい、発表内容にしたがって教卓の Scratch を操作してプログラムを作成し、全員が見ている前でプログラムの挙動を確認した。

　これらが全て終わった後、再度児童には「Scratch で正六角形をかくにはどうしたらよいだろう？わけも説明しよう」という事前と同じ問題を問い、事前回答を消したり追記したりせずに、新たにプリントへ回答を記入するよう求めた。

（4）児童の学びの評価

　「Scratch で正六角形をかくにはどうしたらよいだろう？わけも説明しよう」という問題について、事前事後それぞれで自由記述形式にて児童に記入してもらった回答を分析した。分析の観点として、エキスパート資料として児童に配布した「ず」「け」「い」それぞれの要素がどれだけ含まれていたかを評価した。その結果は**図 2-4** の通りである。図 2-4 の数字は、2.3 節の内容を 3 クラス別々に行った結果を足し合わせたものであり、児童の合計人数は 99

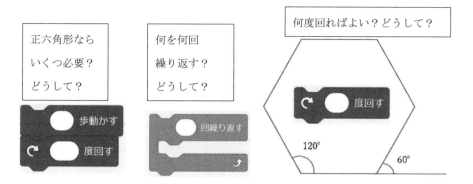

図2-4　3種類のエキスパート資料（左から「ず」「け」「い」）

出典：Tohyama & Takeuchi（2020）

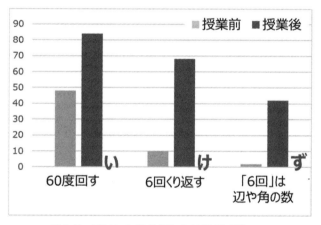

図2-5　プリントを分析した結果（N=99）

出典：Tohyama & Takeuchi（2020）

名であった。**図2-5**の結果から、「60度回す」については事前の段階で半分程度の児童が適切な角度に気付いていたこと、「6回繰り返す」については本授業を通じて気付いた児童が6割程度いたことが示された。また、繰り返し回数である「6」が辺の数または角の数であることを記述していた児童は、事後であっても40名程度に留まっていたことも示された。

また、あるクラスで筆者が、クロストークで代表グループが発表した後で、「正六角形が描けるとしたら正10角形もプログラムで描けるのかな」と尋ねたところ、児童らから「できる」という回答があった。続けて筆者が「正100角形とかもできるのかな」と尋ねたところ、こちらにも「できる」という回答が得られた。そこで「どうやったらできるかな」とさらに尋ねたところ、ある児童が出てきて「（完成した正六角形を描くプログラムの『6回繰り返す』と『60度回す』のところを指さしながら）ここを変えればできると思います」と発言した。これに対して児童らは「いいです」と声をあげた。

以上の結果より、60度回す・6回繰り返すに言及した7割程度の児童は、プログラムで正六角形を描くための方法を概ね学習したと考えられる。また、代表児童の発表からは、正多角形はどのような性質を持っているのか、その性質はプログラムへどのように反映されているのかについてある程度見通しを持つことができていた可能性が感じられた。一方で、繰り返し回数の「6」が辺または角の数を表すことに言及した児童の人数からは、プログラムがなぜそのようになるかについて説明することを促すことについてはさらなる改善が必要であることが示された。

この結果で筆者が興味深いと感じたのは、児童は仕組みを説明できなくてもプログラムをすぐに作ることができるという点である。実は筆者が担当している大学生に対する初修プログラミングの授業でも、例年同じような振る舞いが観察されている。どのような振る舞いかと言えば、自分で設計したゲームのプログラムの仕組みを全て説明することができる学生は限られているということである。プログラミングの課題を全て完璧に提出した学生にも同じような困難が見られることから推測すれば、プログラムを説明できる程度までわかっている、つまり深くわかっていると見なせるような境地へ辿り着くことが容易でないことが想像できる。

また、知識構成型ジグソー法を用いたプログラミング教育においては、次のような協調学習の利点が実感された。

- プログラムの断片は教師から与えられるため、初めてプログラミングに取り組む学習者にとって敷居が低い

- 学習者1人ひとりがプログラム作りに参画しやすい
- 対話は、学習者が命令を組み合わせたりプログラムの意味を理解したりするための支援となる

今回紹介した実践は初学者向けのプログラミング教育だったため、上記が特に強く感じられたが、プログラミングを協調的に行うことの利点はプロのプログラミング場面においても先行研究 (Beck & Andres, 2005; Williams & Kesseler, 2002) で考察されている通りである。

おわりに

以上で述べた通り、これからのプログラミング教育では、人はいかに学ぶものかを踏まえた上で、どのような学習環境を子どもたちへ提供すれば良いのかを検討することが重要だと考えられる。この検討過程では、新しい手段としてのプログラミングがどのような新しい学習活動を可能にするかを見極めながら、教育の目的・教育方法・評価方法を一体的に整理し、「学習観」を繰り返し問い直す姿勢が重要だと筆者は考えている。学習観とは、より良い学びとはどのようなものかについての個人の考え方を指す。上記で示したように、近年では、眼前の状況に合わせて適切な判断ができることや (Schwartz, 2013)、自分とは異なる文化や考え方を持つ人々とジレンマを解消できること (OECD, 2015) が重視されている。

教育の目的については、プログラミングを通じて学習者にどのような学びを引き起こしたいのかを予め明確にすること、教育方法や評価方法については、対象教科や学習の際に使用されるツールといった属性にこだわることなく実績のある方法を選択することが有効だと考えられる。実際に本稿で紹介したプログラミングの授業では、教科や対象学年などにこだわることなく適用可能な協調学習の手法を採用していた。もちろん、教育方法や教育評価は教育目的を達成するうえで最も有効だと期待される方法を採用する必要がある。こうした、引き起こしたい学びとそのための方法を一体的に捉えて、

教育現場の在り方を全体的に変えていくことは「一体的変化」と呼ばれている (Scardamalia ら，2012)。

　ツールとしての特性を踏まえれば、プログラミング場面では学習者による試行錯誤が出現しやすい。一方で重要なのは試行錯誤そのものよりも、その試行錯誤が学習者自身の仮説検証に繋がっているのか、学習者が仮説を持てずに手探りをしているだけなのかによって、プログラミング教育の成否が分かれることである。また、試行錯誤が起こった場合、その持続期間において、与えられた問題を学習者が解決して終わりか、与えられた問題の先に学習者が新たに問題を見出しそれも解決するのかというちがいも注目に値する。後者のように学習者が中心となって自分なりに学びを進めていく活動は「前向き」な学びであり、予め決められたゴールから逆算して、つまり「後ろ向き」に学ぶべきことを段階的に学んでいくアプローチとは異なる (Scardamalia ら，2012)。

　前向きな学びを支援するためには、子どもたち同士の協働学習を用いることも有効である。本稿で示した授業例のように、プログラミングにも協調学習を活用することができる。また、プログラミングでも、授業者が示した問題を解くだけでなく、さらに先にある問題への見通しを子どもたちが持つこともできる。筆者としては、将来取り組みたい問題を子ども達自身が見つけるためにも、学習のスタート地点となる問いや、問いについて考えるための材料を教師が与え、子どもたち同士が安心して疑問を解消していける学習環境の整備を続けていきたい。

注

1　Scratch. https://el.media.mit.edu/logo-foundation/what_is_logo/logo_primer.html（2021/01/12 参照）

2　イベント名称は「GP リーグ ヤマハ発動機 プログラミングコロシアム 2018 ウインターシリーズ 静岡県西部大会」である。

3　OECD PISA 2018 results. https://www.oecd.org/pisa/publications/pisa-2018-results.htm

4　阿部 (2014) は、学校の中で荒れたままになっているパソコン教室の状況を示したうえで、Papert による「構築主義」の観点から、管理主義の見直しや児童生徒

用端末の配布などによる、パソコン教室の現状打破の道筋を示している。阿部和広 (2014)．幸せなパソコン教室のために．情報処理，55(6)，598-601.

5　近年では「ラーニングアナリティクス」として認知されている。

6　Scratch は手続き型と呼ばれるプログラミング言語に似ており、繰り返しや条件分岐といった制御構造を明示的に用いながら、数字を使って実現したいことがらを実現するための手続きを書き出す。一方で児童にも親しみやすいプログラミング環境として知られている「Viscuit」では、制御構造や数字を用いることなく手続きを書き出す。つまり、Scratch と Viscuit では、実現したいことを実現するための記述方法が異なる。プロが使用するプログラミング言語でも、手続き型として知られている C 言語と、宣言型として知られている Prolog では、実現したいことが同じであっても、プログラムの書き方はまったく異なる。ただし、これは現代のコンピュータが「ノイマン型」と呼ばれる方式を採用していることとも密接であるが、逐次処理・反復・条件分岐の動きは、プログラム上に明文化されるか否かを問わなければ、ほとんどのコンピュータの内部的な処理に観察されるものである。

7　Scratch のバージョンが 2018 年 12 月に 3.0 へ上がった際、脆弱性が心配される Internet Explorer では Scratch が起動できない仕様となった。一方で、Internet Explorer しか使用できない公立小学校は少なくなかった。このため、新学習指導要領 (当時) に即してプログラミング教育を実施しようとする学校は、早い段階で教育委員会等と協議し、Scratch 3.0 が動くブラウザアプリをインストールする必要があった。

参考文献

石井英真 (2020)『授業作りの深め方―「よい授業」をデザインするための 5 つのツボ―』ミネルヴァ書房

稲垣佳世子・波多野誼余夫 (1989)『人はいかに学ぶか―日常的認知の世界―』中公新書

国立教育政策研究所 (2017)『資質・能力を育成する教育課程の在り方に関する研究報告書 4：ICT リテラシーと資質・能力』国立教育政策研究所

子安増生 (1987)『幼児にもわかるコンピュータ教育―LOGO プログラミングの学習―』福村出版

佐伯胖 (1986)『コンピュータと教育』岩波新書

佐伯胖 (1997)『新・コンピュータと教育』岩波新書

白水始・飯窪真也・齊藤萌木・三宅なほみ (2020)『自治体との連携による協調学習の授業づくりプロジェクト 令和元年度活動報告書「協調が生む学びの多様性 第

82

10 集—新しい 10 年に向けて—」』東京大学 CoREF.

遠山紗矢香 (2017)『プログラミングを用いた授業づくりに向けて―「小学校からの
プログラミング教育について考える」シンポジウム実施を通じて―』静岡大学情
報学研究, 22, 103-120.

遠山紗矢香・猿渡俊介・横山昌平・高口鉄平・竹内勇剛 (2015)『個人の創造性を引
き出す協調学習：ジグソー法によるビジュアルプログラミングワークショップ』
日本教育工学会第 31 回全国大会講演論文集 557-558.

遠山紗矢香・白水始 (2017)『協調的問題解決能力をいかに評価するか―協調問題解
決過程の対話データを用いた横断分析―』認知科学 24 (4), 494-517.

戸塚滝登 (1995)『コンピュータ教育の銀河』晩成書房

三宅なほみ (1985)『教室にコンピュータをもちこむ前に』新曜社

三宅なほみ・東京大学 CoREF・河合塾 (2016)『協調学習とは：対話を通して理解を
深めるアクティブラーニング型授業』北大路書房

三宅なほみ・本田成親・田中啓子・中野サトエ (1984)『LOGO ハンドブック―こと
ばあそびとリスト処理』CBS・ソニー出版

三宅芳雄・三宅なほみ (2012)『教育心理学概論』放送大学教育振興会

文部科学省 (2017)『小学校学習指導要領 (平成 29 年公示)』文部科学省 https://www.
mext.go.jp/content/1413522_001.pdf (2021/01/12 参照)

文部科学省 (2019a)『GIGA スクール構想の実現へ (リーフレット)』文部科学省
https://www.mext.go.jp/content/20200625-mxt_syoto01-000003278_1.pdf （2021/01/12
参照）

文部科学省 (2019b)『情報モラル教育について』文部科学省 https://www.soumu.go.jp/
main_content/000662206.pdf (2021/01/12 参照)

Beck, K. & Andres, C. (2005). Extreme Programming Explained: Embrace Change (2nd Edi-
ton). Addison-Wesley Professional.

Bienkowski, M., Snow, E. & Grover, S. (2015). Assessment Design Patterns for Computational
Thinking Practices in Secondary Computer Science: A First Look. SRI Technical Report.

Bransford, J. D., Brown, A. L. & Cocking, R. R. (Eds.) (2000). How People Learn: Brain, Mind,
Experience, and School (Expanded edition). National Academy Press.

Clark, D. & Linn, M. C. (2003). Designing for Knowledge Integration: The Impact of Instruc-
tional Time. The Journal of the Learning Sciences, 12, 451-493.

Grover, S. & Pea, R. D. (2013). Computational Thinking in K-12: A Review of the State of the
World. Educational Researcher, 42(1), 38-43.

Kay, A. C. & Goldberg, A. (1977). Personal Dynamic Media. Computer, 10(3), 31-41.

Klahr, D. & Carver, M. (1988). Cognitive Objectives in a LOGO Debugging Curriculum: Instruction, Learning, and Transfer. Cognitive Psychology, 20, 362-404.

Lawler, R. W. (1981). The Progressive Construction of Mind. Cognitive Science, 5, 1-30.

OECD (2015). OECD Education 2030 (position paper). http://www.oecd.org/educa-tion/2030/E2030 Position Paper (05.04.2018).pdf (visited 2021/01/12)

Papert, S. (1980). Mindstorms: Children, computers, and powerful ideas. Basic Books.

Pea, R. D. & Kurland, M. (1984). Logo Programming and the Development of Planning Skills. Bank Street College of Education Technical Report, 16, 3-57.

Pellegrino, J. (2001). Knowing What Students Know: The Science and Design of Educational Assessment. The National Academy Press.

Resnick, M. (2017). Lifelong Kindergarten: Cultivating Creativity through Projects, Passion, Peers, and Play. The MIT Press.

Sawyer, K. (Ed.) (2006). The Cambridge Handbook of the Learning Sciences. Cambridge University Press.

Scardamalia, M. & Bereiter, C. (2014). Knowledge Building and Knowledge Creation: Theory, Pedagogy, and Technology. In K. Sawyer (Ed.), The Cambridge Handbook of the Learning Sciences, 397-418, Cambridge University Press.

Scardamalia, M., Bransford, J. D., Kozma, B. & Quellmalz, E. (2012). New Assessments and Environments for Knowledge Building. In Griffin, P. McGaw, B. & Care, E. (Eds.) Assessment and Teaching of 21st Century Skills, pp.231-300, Springer.

Schwartz, D. L. (2013). Measuring What Matters Most. The MIT Press.

Soloway, E. & Ehrlich, K. (1984). Empirical Studies of Programming Knowledge. IEEE Trans-actions on Software Engineering, SE-10(5), 595-609.

Tohyama, S. & Takeuchi, Y. (2020). Using Programming to Improve Elementary School Children's Mathematical Understanding: Based on the Study of Hexagons. Proceedings of Constructionism 2020, 560-571.

Williams, L. & Kessler, R. (2002). Pair Programming Illuminated. Addison-Wesley Professional.

第 3 章

特別支援教育とデジタル化

原田眞理

はじめに

　特別支援教育は、文部科学省では「障害のある幼児児童生徒の自立や社会参加に向けた主体的な取組を支援するという視点に立ち、幼児児童生徒一人一人の教育的ニーズを把握し、その持てる力を高め、生活や学習上の困難を改善又は克服するため、適切な指導及び必要な支援を行うものです。」と説明されている。この章では、日本における特別支援教育を簡単に解説し、特別支援教育におけるデジタル化について、その意味を考え、その後具体的な実践例を紹介する。

1. 特別支援教育とは

(1) 日本の教育史

　今回のテーマに入る前に日本の教育史を簡単に振り返る。

　日本の教育は古くは藩校、郷学、私塾、寺子屋などの教育機関があったが、1872年欧米をモデルに、学制が整えられた。師範学校が設立されたのもこの年である。そして第二次世界大戦終了後に教育改革が行われ、1947年「教育基本法」が制定された。この際、盲学校・聾学校・養護学校の制度が創設され、1948年盲・聾学校の就学が義務化された。1949年それまでの師範学校が廃止され、国公立大学に教育学部が設置され、国立教育大学も設置された。1979年養護学校が義務化され、これにより重度、重複の障害者も入学ができるようになった。しかしその一方普通学級からの障害児排除もみられた。世界の動きとして、1993年国連総会において、「障害者の機会均等化に関する標準規則」が採択され、1994年サラマンカ宣言が採択された。1993年「通級による指導」が制度化、2002年就学制度改正（「認定就学」制度化等）、2005年発達障害者支援法制定、2006年LD（当時学習障害）、ADHD（当時注意欠陥多

動性障害）も通級の対象（※併せて自閉症を明記）となり、教育基本法一部改正、そして 2007 年より特別支援学校となった。聾・養護学校は特別支援学校とまとまり、小中学校等における特別支援教育も導入されたのである。すなわち、これまでの特別な場で教育を行う「特殊教育」から一人一人のニーズに応じた適切な指導及び必要な支援を行う「特別支援教育」に変化するという大きな改革が実施されたのである。これは、これまで学習指導要領に沿って一斉指導をし、その後に学力評価をしてきた日本の学校教育が、特別支援教育導入により、個別の教育ニーズを把握し、事前に個別の支援計画を立てるという非常に大きな変化を意味している。

　このように、インクルーシブ教育システムの構築を目指しさらに推進していくために障害者の権利に関する法律や制度が整備されたなか、特別支援学校学習指導要領は、2017 年に特別支援学校の幼稚部教育要領、小学部・中学部学習指導要領の改訂が行われた。新特別支援学校学習指導要領等は、幼稚部は 2018（平成 30）年度から、小学部は 2020（平成 32）年度から、中学部は 2021（平成 33）年度（原文のまま）から全面的に実施となっている。「新しい時代の特別支援教育の在り方に関する有識者会議」が 2019 年に設置され、検討も進んでいる。

（2）特別支援教育の現状

　文部科学省のホームページ「特別支援教育の現状」より、特別支援教育の学びの場の種類と対象障害種についての説明を引用する。

1.　特別支援学校

障害のある幼児児童生徒に対して、幼稚園、小学校、中学校又は高等学校に準ずる教育を施すとともに、障害による学習上又は生活上の困難を克服し自立を図るために必要な知識技能を授けること目的とする学校。

【対象障害種】

視覚障害者，聴覚障害者，知的障害者，肢体不自由者又は病弱者（身体虚弱者を含む。）

2.　特別支援学級

小学校、中学校等において以下に示す障害のある児童生徒に対し、障害による学習上又は生活上の困難を克服するために設置される学級。

【対象障害種】

知的障害者、肢体不自由者、病弱者及び身体虚弱者、弱視者、難聴者、言語障害者、自閉症・情緒障害者

3.　通級による指導

小学校、中学校、高等学校等において、通常の学級に在籍し、通常の学級での学習に
おおむね参加でき、一部特別な指導を必要とする児童生徒に対して、障害に応じた特
別の指導を行う指導形態。

【対象障害種】

言語障害者、自閉症者、情緒障害、弱視者、難聴者、学習障害者、注意欠陥多動性障害者、
肢体不自由者、病弱者及び身体虚弱者

4.　通常の学級

小学校、中学校、高等学校等にも障害のある児童生徒が在籍しており、個々の障害に
配慮しつつ通常の教育課程に基づく指導を行っています。

なお、小学校、中学校における、学習障害、注意欠陥多動性障害、高度自閉症等の発
達障害の可能性がある児童生徒は 6.5％程度の在籍率となっている。

（平成 24 年に文部科学省が行った調査において、学級担任を含む複数の教員により判
断された回答に基づくものであり、医師の判断によるものではない点に留意が必要。）

　上記のような学びの場で、少人数学級編成（小学部及び中学部では 1 学級 6 名
基準。小中学校等における通級の場合は児童生徒 13 人につき 1 人の教員が配置され
ることになっている）が実施されている。

　また、就学先の決定については、現在も時に合意に至るまでに時間を要す
ることがあるが、時間を要して納得できる結論に至れば時間は要しても良い
とされている。自治体の教育体制の整備の状況にもよるとはいえ、本人・保
護者の意見、専門家（教育学・医学・心理学等）の意見を踏まえた総合的な観点
から教育委員会が決定する仕組みである。

（3）特別支援教育制度についてのお話──新谷喜之先生

　特別支援教育に制度を移行する際の担当者でおられた新谷喜之先生（現在
玉川大学教育学部教授、当時文部科学省初等中等教育局特別支援教育企画官）に特別
支援教育の成り立ちや意味についてインタビューを行った。

　新谷先生は、この制度に特別な思いがあると冒頭でおっしゃったが、障害
のある子どもたちへの先生の強いお気持ちを感じながらお話を伺った。以下
インタビューのまとめを記す。

　特別支援教育自体は、障害児教育から発展してきているが、それまでの特
殊教育から特別支援教育への移行であった。発達障害も入ってきたこともあ

り、通常学級での対応も考え、障害に対応した枠組みからそれぞれのニーズにあったものへという考え方であった。障害のある子どもたち一人一人の教育的ニーズに対応した教育を行うため、盲学校、聾学校及び養護学校を、複数の障害に対応できる特別支援学校とするとともに、地域の特別支援教育に関するセンターとしての機能を持たせ、通常の小学校及び中学校等においても、学習症、注意欠如多動症（以下 ADHD）等を含む障害のある子どもたちに適切な教育を行うこととなった。さらに通級指導といって、通常学級に籍を置きながら言語指導のみするなど取り出して専門的指導を受けることも拡充が図られている。ただ、従来の盲・聾・肢体不自由養護学校の児童生徒にすると、専門性の継承が難しく、また教員の専門性の確保も課題である。

　特別支援教育におけるデジタル化については、障害の特性に応じた教材を提供できるため非常に大切である。手作り教材も多かったが、タブレットの使用もあり発展している。コロナ禍での課題は、障害に着目した一人一人の時間については、遠隔ではなかなか実行できないことが多くあった。

　最後に、今後は対教育だけでなく、生活、福祉、地域と密接な関係を築くことも大切となるということであった。

2. 特別支援教育における ICT

（1）ICT 環境

　本章の本題である特別支援教育における ICT についてみていこう。特別支援教育における ICT 環境は、当然 GIGA スクール構想（注：2019 年文部科学省が出した構想。GIGA は Global and Innovation Gateway for All の略）の一貫の中にあるが、小中学校の通常学級との比較では、特別支援学校の整備は進んでいる。たとえば、教育用 PC1 台当たりの児童生徒数は、小学校 5.5 人 / 台、中学校 4.8 人 / 台、特別支援学校 2.2 人 / 台となっている。昨今の新型コロナウイルス（以下 COVID-19）感染拡大により、教育現場において急速に ICT 環境は整いつつあるが、地域や自治体により差があり、まだまだ課題はあるようである。イ

ンクルーシブ教育と言われるが、特別支援教育で最も大切なのは、それぞれの子ども達の可能性を伸ばす、そのためにはどうしたら良いかということを一人ひとり個別に考え、一人ひとりの特性を理解し工夫するということである。その意味でも ICT は欠かせなく、特別支援教育においては、COVID-19感染拡大などの影響を受ける前から ICT を活用してきていたのである。とはいえ、地域によっては、通常学級に在籍する学習症や ADHD 児童の教育については置き去りになっているところもある。

　また、社会の中で ICT を利用した在宅就労先が広がる中、今後は教育の手段としての ICT だけでなく、ICT を活用した職業教育に関する指導にさらに力を入れるべきであろう。

　しかしそもそも ICT は障害のあるなしに関わらず、子どもたちが主体的に学ぶために有用なものであり、合理的配慮の提供においても必要不可欠である。この視点は、特別支援教育に限らず、今後学校現場における ICT 活用の最も大切な視点となるであろう。

（2）特別支援教育とデジタル化

　特殊教育時代から、病気療養児へのテレビ会議システムを利用した遠隔教育などは、金森ら (2004) の報告、その後、北海道大学の北大病院院内学級における遠隔教育の報告も複数あり、非常に重要な試みが行われてきた。その結果、遠隔教育は学校の友人関係や学習を途切れさせることなく続けることができることが実証されており、またこの遠隔教育は、病気療養児のみではなく、不登校児も対象として 2018 年に文部科学省から推進され、遠隔地における小規模学校をつなぐ実証研究 (平成 27-29 年度) も行われている。このように、ICT は学習のみでなく、障害のある子どももない子どもも、情報を収集したり、災害時などの非常時にも使用でき、社会にアクセスしていくために必要不可欠だと考えられている。さらに、障害者の QOL の向上にも寄与することが可能であることも示唆されている。

図3-1　テレビ会議システムで病院内の児童と小学校の児童が交流している様子

（文部科学省（2010）教育の情報化に関する手引第9章より引用）

（3）Assistive Technology　アシスティブ・テクノロジー

　文部科学省の新「情報教育に関する手引」（2002）の中の第7章特別な教育的支援を必要とする子どもたちへの情報化と支援において、アシスティブ・テクノロジーについては、「障害による物理的な操作上の不利や、障壁（バリア）を、機器を工夫することによって支援しようという考え方が、アクセシビリティあるいはアシスティブ・テクノロジーである。これは障害のために実現できなかったこと（Disability）をできるように支援する（Ability）ということであり、そのための支援技術を指している。そして、これらの技術的支援方策を豊かにすることによって、結果的にバリアフリーの状態を実現しようということでもある」と説明されている。

　2010年発表された教育の情報化に関する手引の第9章 特別支援教育にお

ける教育の情報化にも掲載されており、アシスティブ・テクノロジーは、支援技術と機器双方の意味があると言われている。特別支援教育における ICT の支援とは、「技術や機器を使用することで、障害によって実現できないことを補い、支援する」ということである。そのためには、一人ひとりの障害や特性を理解しどの部分を補助することが必要か、そのためにはどの機器を使用すると良いかということを考えることが非常に大切である。

（4）これまで日常的に使用されている ICT の活用例

前述したように、特別支援教育ではこれまでも積極的に ICT を活用してきている。ここでは既に活用されている例をいくつか紹介する。

(1) 視覚障害聴覚障害の特別支援学校が都道府県内に 1 校しかない場合など、児童生徒が在籍する小学校等の教師が同席する中で、特別支援学校の教師の ICT を活用した遠隔からの専門的指導を受けたり、児童生徒の在籍する小学校等の教師が特別支援学校の教師の助言を受ける機会を設けたりしてきていた。また、在宅地から学校まで距離がある場合も、ICT の活用が有効であった。

(2) COVID-19 感染拡大という事態が起きているが、元々感染防止対策をしなければならない疾患をもつ子ども達の場合や、自宅にいるために訪問教育を受けていた子ども達の場合も、ICT を利用することで安全に教育を受けることができ、教育を受ける機会も増加していた。

(3) デジタル教科書をはじめ、視覚障害であれば、文字の拡大や音声読み上げ、点訳ソフト、聴覚障害では、音声を文字化するソフトや筆談アプリ等のコミュニケーションツール、知的障害では、動画やアニメーション機能を活用した学習内容を具体的にイメージできる情報提示、肢体不自由では、視線による入出力装置による表現活動の広がりやコミュニケーションの代替、病弱では、病室と教室を結ぶ遠隔教育のシステム、発達障害では、書字や読字が難しい人にとってのコンピュータを用いた出入力や音声読み上げなどが既に積極的に活用されている。このように ICT 機器は、多くの障害種に対し、その指導の充実に大きく寄与している。

　いずれの場合も、特別支援教育においては一人ひとりの障害特性に合わせて総合的な観点から取り組む必要があり、早期から個別に考えられた ICT を活用していたといえる。

3.　特別支援教育におけるデジタル化の実践例

（1）学校現場の現状

　今回のテーマは特別支援教育ではあるが、日本の教育現場では、GIGA 構想と COVID-19 感染拡大に伴う一斉休校の影響で、非常に急速に ICT 化が進んでおり、首都圏では既に一人 1 台 PC や iPad を配布され、通常学級の授業でも漢字筆順アプリなど、この章で紹介しているものを活用している。一人 1 台がまだ達成されていない地域でも、教室に 1 台ずつプロジェクターと電子黒板が設置され、デジタル教科書と電子黒板を併用している。前述したようにそもそも ICT は障害のあるなしに関わらず、子どもたちが主体的に学ぶために有用なものであり、一人ひとりに役立つ形で日本の教育現場に浸透しつつあるといえるであろう。

　一方特別支援教育では、早期からタブレットを積極的に導入している。詳細を述べるまでもないが、たとえば筆順アプリを用いて漢字の書き取りを行い（主として弱視・学習症）、その際拡大機能を用いて線のつながりや突き抜けを確認する。また、視覚障害や読みが苦手な学習症では、画面読み上げソフトを使用する。筆者も実際に使用したことがあるが、口頭での言葉が音声認識され、文字化されて PC 上に出てくる UD トーク（翻訳もできる）などがあれば、聴覚障害の児童生徒学生も通常学級で授業を一緒に受けることができる（図 3-2）。昨今 COVID-19 の感染拡大により、オンライン授業やオンライン会議で使用されている Zoom などには元々字幕のキャプチャがあるが、その字幕と UD トークを連携させると、Zoom などの画面に自分の話した字幕が出てくるようになる。またこれも筆者も行なっているが、聴覚障害の学生との面接や指導では、チャット機能や筆談パッド（ダウンロード：現在 120 円）

図 3-2　ICT を活用して障害のある児童生徒も一緒に授業を受けている様子

（文部科学省（2010）教育の情報化に関する手引第 9 章より引用）

を使いながら面接や指導を行う。肢体不自由の児童生徒は、タブレットのタッチペンを口で使用することにより、ノートを取ることが可能になった。それ以外にもハイライト機能や電子教科書を大型ディスプレイで映写するなど、さまざまな ICT が特別支援教育の学校現場では活用されている。

（2）全ての子どもたちに未来を　魔法のプロジェクト

　このプロジェクトは、iPhone、iPad、Apple Watch、Pepper、Amazon Echo、Kindle 等を使用し、児童生徒を対象とした指導実践を行い、毎年 80 組が協力校および協力自治体として参加しているものである。後援は文部科学省だが、プロジェクトのメンバーはソフトバンク株式会社と東京大学先端科学研究センターで、協力メンバーには日本マイクロソフト株式会社、光村図書出版会社、株式会社バイトルヒクマがなっている。実際に教育現場で携帯情報端末を活用し、その有効性や具体的活用法を検証していくというものである。2010 年から実践研究成果が報告されているが、興味深い研究が多い。使用したアプリケーションも紹介されている。実際に教育を行う際に役立つ情報

が集められている。

（3）実際の学校現場での ICT についての調査

　玉川大学教育学部教育学科臨床心理学ゼミを卒業生のうち、東京都、横浜市、川崎市、相模原市、神奈川県、長野県、福島県の教員をしている約 40 名にアンケートを実施し、現在使用しているデバイス、ソフトやアプリケーションを回答してもらった。その中で複数使用されていたものを簡単に紹介し、対象の障害と活用方法を述べる。

　以下に実践例をあげるが、使用目的には、たとえば挨拶の方法や歩き方などを「練習する」という側面と、障害のために困難となっている部分を「補う」という側面がある。その子どもに何が必要か、何をサポートすると生活しやすくなるかということをよく理解してから活用することが大前提である。

① iPhone などにデフォルトで入っているもの　（ほとんどの学校では、必要ないアプリは削除し、フィルターをかけている。さらに学年ごとに、必要なアプリをセットで入れるようにしている）

- 色・明るさ・拡大機能：見やすいものに調整して設定する。（視覚障害、発達障害など）
- ボイスメモ：Siri ショートカットを設定もできるので、Siri から録音動作を登録でき、アプリを開いて動作させる手間が省ける。（視覚障害）
- VoiceOver：視覚サポートで、読み上げ、点字などがある。（視覚障害、学習症など）
- 音声コントロール：音声入力でノートを作ったりして、コピーしたものを自分のノートに貼る。（視覚障害や書字が苦手な場合）
- 読み上げコンテンツ：画面やテキストを読み上げる。（視覚障害や学習症など）
- 聴覚サポート：補聴器をペアリング登録できる。（聴覚障害）
- カメラ（写真）：板書を撮影。（書字が苦手な場合）
- カメラ（動画）：歩き方や話し方など自分を観察したり、その行動を矯

正する。他者の様子を撮影して見ることで客観的に学ぶ。（発達障害）

- iMovie：遠足などの写真をスライドにして発表する。（全ての子ども）

②アカウントを作成して使用し、複数の機能があるもの

- Google Classroom（Google のアカウントを持っていれば無料）：クラス全員が見える掲示板のような機能。（全ての子ども）
- DAISY 図書：音声の図書は、全国の朗読ボランティアさんが読み上げた本をサピエ図書館でダウンロードできる。（視覚障害者や発達障害や読字障害などがある読書困難）
- マルチメディアデイジー教科書（無料と有料）：「拡大教科書」や、教科書に音声をシンクロさせて読みながら、文字はハイライトされたりする。（発達障害や弱視等の視覚障害、その他の障害）
- デイジーポッド（しゃべる教科書）（無料）：教科書を読み上げる。全教科、全教科書会社対応。文字の大きさや読み上げ速度など子どもに合わせて変えられる。来年度からは iPad ではしゃべる教科書に変更予定。（視覚障害者や発達障害や読字障害など）
- Kindle：読み上げができる。（聴覚障害）
- Google Meet：Web 会議サービス。オンライン授業などに使用できる。（全ての子ども）
- G Suite for Education（無料と有料）：上記の Meet や Classroom など学校がツールセットを使用してコミュニケーション、クラスなどを管理できる。（全ての子ども）
- NHK for school（無料）：児童生徒向けと先生向けがある。教科書別の動画なども用意されており、学校でも自宅でも学ぶ際に使用できる。（全ての子ども）

③実践例（ソフトやアプリの名前は 2021 年 2 月現在）

実践例1　読みや書きの困難のある場合

- 常用漢字 筆順辞典（無料）：iPad に漢字を指で書いたり、なぞったりす

ることができる。紙に書くことに抵抗がある子やなぞって覚える方法
が合う子に有効。
- 書き取り漢字練習（無料）：漢字熟語の穴埋め問題形式。制限時間がな
  いので、子どものペースに合わせられる。文字の認識も設定で変えら
  れて、形が崩れていても認識する。
- hiragana、ABC（大文字・小文字）、kanji（無料）：書き方の学習をするアプリ。

実践例 2　算数関係に困難のある場合
- さんすうぼっくす（無料）：とけい・いろいた・ぶろっく（数）の学習が
  できるアプリ。
- ベビーかたちにんしき（無料）：形の学習をするアプリ。
- ビノバ国語、ビノバ算数（無料）：ゲームをしながら該当学年の学習が
  できるアプリ。

実践例 3　発達障害・情緒障害・知的障害の子どものための可視化
計算ドリルなどを 5 分で終えるなどの際、目安になるように、時間が減っ
ていく様子を示す。
- ねずみタイマー（無料）：ネズミがりんごを食べることで視覚的にも
  残り時間が分かるようになっているアプリ。
- 1 日の流れがわかるように絵カードなどと同様に使用する。
- やることカード（無料）：子どもがカードを使ってスケジュールを組み
  立てるアプリ。
- 絵カードメーカー・絵カードタイマー：この二つは、子どもの興味を
  惹くイラストを用いて、時間ややることを示すために使う。

実践例 4　視覚障害の場合
- 色のシミュレータ（無料）：色弱の子どもが見えやすい色を探して設定
  して、使用する。
- Sullivan+（無料）：視覚補助アプリ。音量の上げ下げボタンを押すとす

ぐスキャンをするのと、動作がとても速いので、使用しやすい。

- Seeing AI（無料）：画面音声化ソフトのアプリ。

前述のマルチメディアデイジー教科書、DAISY 図書、デイジーポッド、Kindle なども使用している。

実践例 5　聴覚障害の場合

- 筆談パッド：コロナ禍でマスクをつけているとできない読唇術の代用として使える。
- Zoom、Teams：画面越しに顔を合わせながら、チャット機能を利用して会話をする。

実践例 6　肢体不自由の場合

テレビ会議システムを利用し、自宅や病室から参加できるが、肢体不自由のある難病や重度障害の場合は、視線入力を使用する。

- EyeMoT（無料）：視線入力訓練のソフトとアプリがある。

実践例 7　話し方がうまくできない子どもの場合

発語や話し言葉が難しい子どもたちが練習したり、サポートする。

- えこみゅ（無料）：発語によるコミュニケーションが難しい子どものコミュニケーションをサポートするアプリ。
- DropTalk：主に話し言葉でのコミュニケーションを苦手とする自閉症や言語障害をもつ人へのアプリ。
- 多層指導モデル MIM：特殊音節の指導拗音や促音を動作化する。

実践例 8　発達障害の子どもたちが遠足に行く場合

教員が遠足前に視察する際に写真を撮影する。それらをプロジェクター等で映し、乗り物の乗り方なども映像を見ながら確認する。あらかじめ見ることにより、不安や拒否感が軽減する。

実践例 9　発達障害の子どもたちが説明をする練習

Google Meet を使用して、人に説明する練習をする。対象は主に発達障害。Google Meet を繋いだ状態で、たとえば教員を目的地として、相手が目的地に到着できるように指示をする。

実践例 10　対人関係の練習

実際の SNS を使用するとトラブルに巻き込まれたり、いじめが発生することも多くあるので、対人関係を築くための練習や、自分を客観視するために使う。

- By talk for school（無料）：閉じた関係の中での SNS。学校版 LINE のようなもの。
- こえキャッチ：自分の声の大きさがわかるゲームのアプリ。

実践例 11　社会生活の練習

社会で自立して生活ができるように勉強する。

- いくらかな、お金星人（無料）：お金の学習ができるアプリ。
- ごっこランド（無料）：ごっこあそびや企業体験ができて社会について学べるアプリ。

実践例 12　コロナ禍の場合

COVID-19 の感染対策のために、音楽の実技ができない場合の対策

- ドレミのおけいこ（無料）：コロナで鍵盤など器楽系を一時停止しているので、音楽で使用。

実践例 13　自立活動や特別支援学級での使用

COVID-19 の一斉休校の際に、通常学級も含めて多く利用されたのが「ロイロノート（有料）」である。1:1 だけではなく、学級の児童生徒全員の回答を画面上で共有できる。音声入力で会話のような形で作文を書くこともできるため、特別支援学級でも使用されている。

4. 今後の課題

　今後の課題は複数あるが、以下が大きな課題といえよう。特別支援教育の現状を理解し、Assistive Technology の活用に関する知識と技能を有し、さらに障害についての知識を持った ICT 支援員を養成確保して配置すること、教員養成段階から現職教員に至るまでの教員の専門性の向上のための仕組みを作ること、デジタル教科書を含む ICT 機器並びにアクセシブルなインターネット環境の整備をすること、統合型支援システムの特別支援教育を配慮したシステムを作ること、が今後の課題であろう。

　また、これまでの自立活動（文部科学省によると、個々の生徒が自立を目指し、障害に基づく種々の困難を主体的に改善・克服するために必要な知識、技能、態度及び習慣を養い、もって心身の調和的発達の基盤を培う。）や特別支援教育における個別指導は対面でのやりとりが中心であったため、コロナ禍における一斉休校ではその実践が難しかった。前述のロイロノートなどが活用されたが、今後の課題の一つであろう。

　また今後の期待としては、VR（Virtual Reality）や AI（Artificial Intelligence）などの技術の応用の可能性も広がっている。VR は実体験を近づけることが可能となり、感染拡大が懸念される中では、既に修学旅行などを VR 体験している学校もあり、これは障害児にも十分に楽しめるものであろう。

　COVID-19 感染拡大により、ますます技術の進歩は加速しており、教員の負担の軽減も期待できる。特に障害当事者である教員にとっても、メリットは大きいと考える。

5. 教員に求められること

　ここまで特別支援教育における ICT 活用を述べてきたが、これらは特別な支援を要さない子ども達にも応用可能なものが多い。COVID-19 の感染拡

大で世の中の働き方、学習の仕方、生活のあり方が変化するなか、ICT は非常に便利であるだけでなく、人と人をつなぐ役割が確認されたと思う。課題の部分であげた自立活動や家庭との連絡帳などは日本においても ICT を使用して教員と子ども達や保護者がつながりを保てるようになっている。大学で筆者が学生にアンケートを実施したが、オンライン授業 (ライブ授業) はオンデマンドの授業よりも人気があった。顔を合わせたり、グループで討論できることが人気の理由であった。この時代に ICT のメリットデメリットを再度精査し、教員は学習にとどまらず生活面や精神面にも ICT 機器をさらに役立てることができるであろう。

　そして、ICT の活用が言われる中、教員は ICT の使い方だけを学ぶのではなく、ICT はあくまでも、学習や交流、社会活動をしていくための手段の一つであることを自覚することが重要である。ICT はそれを使用すると、学習や交流が深まり、また障害により実現ができないことを補うことができるので使用するのである。教員はあくまでも何を教えたいのか、何を伝えたいのか、何を補いたいのか、そのためにどこでどの ICT を使用したら良いのかを考えていくのである。

　ただその際、Wi-Fi 環境など、ICT 活用を支える環境の整備は必須である。小学校等でも同様であるが、特別支援教育では特に一人ひとりに合った教材作りをしてきているが、共通して使用できるもの (例えば、ICT 機器やソフトやアプリの使用方法、公共交通機関の利用方法などの動画等) もあり、それらを教員間、学校間で共有できれば、教員の業務負担は大幅に軽減されるであろう。

　その一方、一人ひとりの障害の状態等に応じた支援機器の整備や使用方法の指導など、指導する教師側も ICT のスキルを磨かなければならない。さらにそれらを家庭でも使用できるように、保護者への指導も必要であろう。双方が使用できれば、家庭との情報共有や他機関との連携もスムーズにスピーディに行えることが期待される。

　これも教育全般に言われていることではあるが、教員一人が抱えることなく、また特別支援教育の対象となる子どもたちおよび保護者への支援が、乳幼児期から学齢期、社会参加に至るまで、地域で切れ目なく受けられるよう

にするため、文部科学省と厚生労働省の連携による「家庭と教育と福祉の連携『トライアングル』プロジェクト」等を踏まえ、さまざまな研修や事例検討会などへの参加により、最新の情報を学ぶ必要がある。自らが学ぶと同時に、ICT の活用による保護者も含めた情報共有や保護者支援のための具体的な連携体制の整備を進める必要がある。

6. 特別支援教育とグローバル化

　本書は、デジタル化だけでなく、グローバル化もタイトルとしているため、最後に特別支援教育とグルーバル化について触れておきたい。

　1.特別支援教育とは、で述べたように、日本の学校教育では、障害のある子どもに対して、特別支援学校や特別支援学級を設けて教育しているが、その背景にはグローバル化が関係している。障害のあるなしに関わらず、人種、性別、年齢、宗教などそれぞれの多様性を認めて、全ての人が同じ社会で生活する環境作りを目指すことをインクルージョンという。1994 年にはインクルージョンの理念でもあり、障害のある子どもを含めた万人のための学校（Education for All）を提唱したサラマンカ宣言が採択された。そのために、日本の特別支援教育では、障害のある子どもも通常学級で障害のない子どもと一緒に学ぶことを保障するようになっている。共に生きる社会作りという世界的な動きであり、そのために合理的配慮が必要となる。2006 年には国連で障害者の権利に関する条約が採択され、インクルーシブ教育が示され、日本でも 2014 年に障害者権利条約に批准した。現在公立の小中学校はほぼすべて、特別支援のための校内委員会が組織され、特別支援教育コーディネーターが配置されている。しかし現場では、同じ場所にいればインクルーシブ教育だ、などという誤解も生じるなど、混乱もみられてきた。

　インクルーシブ教育を実践していくために大切なことには、ハード面とソフト面がある。本章で述べてきた ICT 技術はハード面に相当する。わかりやすい例では、車椅子であるのに、階段しかなく、見えている目的地に到達

できないことを解消するためには、スロープの設置が必要となる。本章で紹介したアプリ等はそのスロープに当たる。これはある程度システマティックに解決できることである。昨今ではオリンピック開催の準備のために、共生社会作りは日本でも進んできた。

　一方ソフト面は、学校や教員が多様性を理解し、それらに対する感覚を身につけ、その意識を教えていくことができる、また保護者も含め子ども達にもその意識をもてるような指導や支援をできることである。すなわち、目に見えない障害（発達障害など）の場合は、車椅子のような目に見える障害に比べて、無配慮の弊害に陥る可能性が高いが、特別な配慮を受けることは、当然の基本的人権であるという理念を認識できる学校作りが必要である。こちらは世の中の動向とも関係するが、教員の研修などを充実させていく必要がある。

おわりに

　文部科学省は 2021 年 1 月 26 日に中央審議会の答申のまとめを発表した。特別支援教育だけではなく、日本の教育における ICT について書かれているのでその一部をおわりに引用する。

◆「令和の日本型学校教育」を構築し、全ての子供たちの可能性を引き出す、個別最適な学びと、協働的な学びを実現するためには、**ICT は必要不可欠**
◆**これまでの実践と ICT とを最適に組み合わせる**ことで、様々な課題を解決し、**教育の質の向上**につなげていくことが必要
◆ICT を活用すること自体が目的化しないよう留意し、**PDCA サイクルを意識し、効果検証・分析を適切に行う**ことが重要であるとともに、健康面を含め、ICT が児童生徒に与える影響にも留意することが必要
◆ICT の全面的な活用により、学校の組織文化、教師に求められる資質・能力も変わっていく中で、**Society5.0 時代にふさわしい学校の実現**が必要

（1）学校教育の質の向上に向けた ICT の活用
● カリキュラム・マネジメントを充実させ、各教科等で育成を目指す資質・能力等を把握した上で、ICT を「主体的・対話的で深い学び」の実現に向けた授業改善に生かすとともに、従来は伸ばせなかった資質・能力の育成や、これまでできなかった学習活動の実施、家庭等学校外での学びの充実
● 端末の活用を「当たり前」のことし、児童生徒自身が ICT を自由な発想で活用するための環境整備、授業デザイン
● ICT の特性を最大限活用し、不登校や病気療養等により特別な支援が必要な児童生徒に対するきめ細かな支援、個々の才能を伸ばすための高度な学びの機会の提供等
● ICT の活用と少人数によるきめ細かな指導体制の整備を両輪とした、個別最適な学びと協働的な学びの実現

（2）ICT の活用に向けた教師の資質・能力の向上
● 養成・研修全体を通じ、教師が必要な資質・能力を身に付けられる環境の実現
● 養成段階において、学生の 1 人 1 台端末を前提とした教育を実現しつつ、ICT 活用指導力の養成やデータリテラシーの向上に向けた教育の充実
● ICT を効果的に活用した指導ノウハウの迅速な収集・分析、新時代に対応した教員養成モデルの構築等、教員養成大学・学部、教職大学院のリーダーシップによる Society5.0 時代の教員養成の実現
● 国によるコンテンツ提供や都道府県等における研修の充実等による現職教師の ICT 活用指導力の向上、授業改善に取り組む教師のネットワーク化

（3）ICT 環境整備の在り方
● GIGA スクール構想により配備される 1 人 1 台の端末は、クラウドの活用を前提としたものであるため、高速大容量ネットワークを整備し、教育情報セキュリティポリシー等でクラウドの活用を禁止せず、必要なセキュリティ対策を講じた上で活用を促進
● 義務教育段階のみならず、多様な実態を踏まえ、高等学校段階においても 1 人 1 台端末環境を実現するとともに、端末の更新に向けて丁寧に検討
● 各学校段階において端末の家庭への持ち帰りを実現
● デジタル教科書・教材等の普及促進や、教育データを蓄積・分析・利活用できる環境整備、ICT 人材の確保、ICT による校務効率化

「令和の日本型学校教育」の構築に向けた ICT の活用に関する基本的な考え
（「令和の日本型学校教育」の構築を目指して〜全ての子供たちの可能性を引き出す、個別最適な学びと、協働的な学びの実現〜（答申）【概要】より引用）

引用文献・参考文献

e-Stat 令和元年度学校における教育の情報化の実態等に関する調査結果（確定値）
　　https://www.e-stat.go.jp/stat-search/files?page=1&layout=datalist&toukei=00400306&tstat
　　=000001045486&cycle=0&tclass1=000001143589&tclass2=000001146307&tclass3v
　　al=0
金森克浩他（2004）『特別支援教育における在宅病気療養児への携帯型テレビ電話等
　　を活用した遠隔協働学習に関する研究（特別支援教育）』、日本教育情報学会
　　年会論文集（20）228-231
国立教育政策研究所（平成 24 年 1 月）『我が国の学校教育制度の歴史について』
国立特別支援教育総合研究所；https://www.nise.go.jp/nc/
兵庫教育大学（2013）『発達障害のある子供たちのための ICT 活用ハンドブックー
特別支援学級編ー』文部科学省委託事業
本田秀夫（2013）『子どもから大人への発達精神医学ー自閉症スペクトラム・
　　ADHA・知的障害の基礎と実践』金剛出版
文部科学省（2002）「情報教育の実践と学校の情報課題 7 晃」https：//www.mext.go.jp/
　　a_menu/shotou/zyouhou/020706i.pdf
文部科学省（2010）『 教育 の 情報化 に 関する 手引 第 9 章』https://www.mext.go.jp/
　　component/a_menu/education/detail/__icsFiles/afieldfile/2010/12/13/1259416_14.
　　pdf
文部科学省：特別支援教育
文部科学省（2017）『特別支援教育に関する基礎資料』
山本裕一、西堀ゆり、吉田徹（2006）『院内学級におけるテレビ会議システムを用い
　　た遠隔教育の試み』、『平成 18 年度情報処理教育研究集会講演論文集』839-
　　841
山本裕一、佐藤修他（2014）『院内学級におけるライブ配信サイトを併用した遠隔教
　　育』https://axies.jp/_files/report/publications/papers/papers2014/2014_f3f-4.pdf

第 4 章

デジタル化で学びは
どう変わるのか、
目指すべき学びの姿とは

佐々木威憲

提供：城南予備校 DUO

はじめに

　コロナウイルス流行に伴う、2020 年 3 月から最長で約 3 カ月に及んだ小中高の一斉休校によって、以前より指摘されてきた日本の教育におけるデジタル化の遅れが、より明るみとなった。この事実は国を挙げての教育デジタル化を加速させ、「GIGA スクール構想」「デジタル教科書」「EdTech」といった教育デジタル化に関わる単語をメディアで目にする機会も増えたのではないだろうか。本章では、教育デジタル化で子供たちの学びはどう変わるのか、デジタル化によって変わるものと変わらないもの、これからの時代を生きる子供たちへのあるべき教育の姿について考察する。なお私は「教育界に身を置くプロフェッショナル」ではないため、あくまで事実をベースに概観を述べるにとどめ、残りの部分は、教育業界の最前線でまさにプロフェッショナルとして、様々な改革に取り組まれている方々へのインタビューをベースに考察する。AI 教材を開発・提供しているスタートアップ企業の創業経営者、学校の ICT 活用やプログラミング教育推進のために多くの企業と連携を実践されている教育長、従来の学校教育の常識を覆す数々の改革に取り組まれた校長先生、という多様な立場の方へのインタビューを通じ、読者の皆様が教育界に身を置く立場かどうかに関わらず、これからの教育について考えるきっかけになれば幸いである。

1. 『EdTech』の概要

(1)『EdTech』とは何か

　コロナウイルスの流行や 2020 年 9 月の菅政権の誕生以来、様々な分野でDX（デジタルトランスフォーメーション）という言葉がメディア等でよく扱われるようになった。教育の DX についてもメディアで盛んに報じられ、『EdTech』

という単語を耳にすることが多くなったのではないだろうか。『EdTech』とは『Education』と『Technology』を組み合わせた造語で、その意味は人によって捉え方に差異はあるが、私はデジタルテクノロジーを活かして教育や学びを変革する取り組みのことを指し、まさに教育のDXを推進していく最も重要な要素の1つだと捉えている。デジタルテクノロジーというと、AIやIoT、ブロックチェーンといった最新技術を想像される方も多いと思うが、それだけに限らず我々の身近にあるテクノロジー、例えばインターネットを活用したオンライン教育なども『EdTech』に含まれると考えている。

では『EdTech』によってどのようなことが出来るのだろうか。その領域は非常に多岐にわたるが、ここでは早稲田大学ビジネススクールの根来龍之教授が「デジタル化の3つの要因」として提唱されている①ソフトウェア化（AI化）②ネットワーク化（IoT化）③モジュール化を軸に考えたい。①ソフトウェア化とは、人や機械的仕組み、部品・構造の変更によって行われていた駆動部分の制御や機能の多様化を、ソフトウェアによって実現することである。例えば、自転車で坂を上るときに通常の自転車ではギアを手動で変えて足への負荷を変えていたが、電動自転車では負荷に合わせてモーターの力を自動的に変化させていることが挙げられる。ソフトウェア化の最先端がAIの活用である。②ネットワーク化とは、従来ネットに繋がっていなかったものがサーバーと繋がることである。IoTはネットワークによってデータが自動取得されること、センターから自動制御できるようにすることを意味する。③モジュール化とは、インターフェースの標準化によって、個々の部品を独立に設計可能になることで、主に工業製品やソフトウェアの世界で使われる単語である。秋葉原で買ってきた部品を組み合わせてパソコンが作れるのは、モジュール化が進んだ一例である。上記で述べた、「デジタル化の3つの要因」を教育業界に当てはめ、EdTechで出来ることをいくつか紹介したい。

まず①ソフトウェア化（AI化）と②ネットワーク化（IoT化）の組み合わせによって可能となる代表的な例が「アダプティブ・ラーニング」である。アダプティブ・ラーニングとは、一人一人の理解や習熟度に合わせた学習方法のことで、文部科学省も「Society5.0[1]」におけるEdTechを活用した教育ビジョン

の策定に向けた方向性」の中で、すぐにでも着手すべき課題の1つに挙げており、既に導入を進めている学校もある。ソフトウェアが搭載されたPCやタブレット端末を使用して学習することにより、各学習者の学習履歴から苦手分野や理解度がデータとして可視化され、更に学習者の端末がネットワークによって教員の端末と繋がることでそのデータが共有され、教員は一人一人の学習者の状況を把握することが可能となる。さらにAIを活用することで、学習者の理解度・学習履歴・ミスの傾向などに合わせて、その生徒だけに合わせた教材やカリキュラムの提供が可能となる。従来の教師1人対生徒多数の一斉授業という教育スタイルだけでは、教師が生徒一人一人の習熟度や苦手分野を完全に把握すること、一人一人に合わせた指導を行うことに限界があったが、PCやタブレット端末を活用した学習を取り入れることで、この学習スタイルが日本でも広がりつつある。また、子供たちが学び合う「協働学習」も①ソフトウェア化や②ネットワーク化によって、より推進されることが期待される。ネットワークによって繋がった端末や電子黒板、アプリ等のソフトウェアを活用することで、生徒同士の意見交換や目標へ向けての同時並行作業が可能となり、子供たち同士が自分とは異なる意見と触れ合い、他者と対話をしながら学習することで、単に正解・不正解を求めるのではなく、他者との協働による課題解決のプロセスを経験することが出来る。②ネットワーク化と③モジュール化によって可能となったのが、スタディサプリ（株式会社リクルートマーケティングパートナーズ）を初めとする、動画オンライン学習である。モジュール化を教育業界にあてはめると「教育コンテンツの細分化」だと考える。従来の対面型授業では、1回の授業時間が決められているため、個人に合わせて学習コンテンツを細分化することが困難であったが、ネットワーク化によって可能になったオンライン学習であれば、学習者は自分の都合のよい隙間時間に学びたい内容だけを学ぶことが出来る。このことで教育コンテンツの細分化が可能となり、スタディサプリでは最短1分から学べる動画が登場している[2]。

　上記はEdTechを活用したごく一部の例に過ぎず、これ以外にも語学学習系や指導支援、校務管理等、様々な分野でEdTechを活用したサービスや事

例が多数存在している。今回はそれを紹介することが主目的ではないためこ
こまでとするが、今後の更なるデジタルテクノロジーの発展によって、より
EdTech の活用できる領域は広がっていくと考えられる。

（2）『EdTech』の市場規模と拡大のきっかけ

　EdTech の世界の市場規模は、米国 MarketsandMarkets 社の調査によると、
2015 年は 5.2 兆円規模、2020 年には 11.2 兆円、年平均成長率 16.72％ というペー
スで拡大するとされており、日本国内では、2016 年実績で 1691 億円、2023
年には 3103 億まで伸びると言われている[3]。今や大きな成長産業と目される
EdTech 業界だが、EdTech の名が爆発的に広がるきっかけの 1 つがカーン・
アカデミーだった言われている。カーン・アカデミーの物語は、ヘッジファ
ンドのアナリストであったサルマン・カーンが 2004 年に結婚したところか
ら始まる。結婚式に参加していた当時 12 歳のいとこのナディアは数学のテ
ストがさんざんで挫折を味わっており、その様子を見たカーンは家庭教師を
することを決意する。ただし、カーンが住んでいたのはボストン、ナディア
が住んでいたのはニューオーリンズで遠く離れていた。そのため家庭教師と
いっても、カーンが安価なペンタブレットを用意し、それぞれのコンピュー
ター上で相手の書く内容が見られるようにして電話で話しながら教える、と
いうものだった。初めは上手くいかなかったが、試行錯誤を繰り返す中でナ
ディアがつまずいていた原因をつきとめ、その箇所を理解することで数学の
再テストに合格することが出来た。その噂が親戚や友人に広がり、さらに口
コミで拡大して生徒たちの数が増え続ける。増え続ける生徒に対して一人で
対応する限界を感じ、一時は身を引くことを考え始めたカーンだったが、そ
の時に友人から受けたアドバイスがカーン・アカデミー誕生に大きく寄与す
ることになる。それが「授業を動画に撮って YouTube に投稿する」というも
のだった。そのことでカーンは一度教えれば済み、生徒たちは好きな時に何
度でもそれを見ることが出来るようになった。さらには、YouTube の動画の
時間制限により 1 つの講義は 10 分以下となるのだが、これも結果的に子供
たちの集中力が続く時間内での講義ということで功を奏することになる。こ

うして YouTube にアップロードされた動画は、アメリカ中の授業についていけない子どもや、そういった子どもの親、学校の先生などの話題になり視聴者数を伸ばした。それまでにも YouTube に授業録画をアップロードする人はいたが、カーンのように生徒のことを思って継続してコツコツと動画制作を続ける人はほとんどおらず、カーン・アカデミーは人気を得、2010 年にビル＆メリンダ・ゲイツ財団からの出資を経て、現在は世界を代表する EdTech サービスとなっている。

　今や月間利用者数が数百万～数千万と言われるカーン・アカデミーが生まれたきっかけは、元々教育のプロではないサルマン・カーンが一人の女の子を思って行動したことである。この事実は、私たち一人一人が教育のプロであるかどうかに関わらず、身近にある問題を解決しようとすることから、将来を生きる子供たちのために世界を変えられる可能性があることを示しているのではないだろうか。

（3）デジタル教材の活用で目指すもの
【atama plus 株式会社代表取締役　稲田大輔氏インタビュー】

　EdTech を活かした様々なデジタル教材が世の中に広がりつつあるが、その活用で子どもたちの学びにどのような変化が生まれるのか、またその先のあるべき教育の姿について、2020 年度日本 e-Learning 大賞を受賞した、atama plus 株式会社・代表取締役の稲田大輔氏にお話を伺った。

――御社の提供している事業やサービスの概要について教えてください。
　全国の塾・予備校に対して、中・高校生向けに教育をパーソナライズするプロダクト「atama＋」を提供しています。AI の先生が、生徒一人一人の学習データから、強みや弱み、得意分野や苦手分野、つまずいている箇所や忘れている箇所等を分析し、一人一人に合わせた教材を自動的に生成するプロダクトです。人によって学習すべき単元や学習すべき教材、教材の難易度や分量もバラバラなので、世界にひとつの「自分専用カリキュラム」を作っているような感じです。

稲田大輔

東京大学大学院 情報理工学系研究科修了。三井物産で教育事業を担当し、海外 EdTech 事業責任者等を歴任。2017 年 4 月に atama plus を創業。

——AI による生徒一人一人に合わせた教材を提供する目的は何ですか？

　これから社会が大きく変わる中で、子供たちに求められていく力も大きく変化していくと感じています。僕らは「社会でいきる力」と呼んでいますが、仲間と一緒に働く力やコミュニケーション力、プレゼンテーション能力といった能力が求められるようになります。勿論、受験勉強に出てくるような基礎学力もめちゃくちゃ大事だと思っています。基礎学力と社会でいきる力、両方大事でどちらかを疎かにしてはいけない、でもその両方を身に付けるには、先生も生徒も基礎学習習得が忙しすぎて、社会でいきる力を身に付けようなんてことをやる時間が残っていないと感じています。だったらテクノロジーの力で効率化することで、基礎学力習得にかかる時間をグッと短くして、新たに生まれた時間で、社会でいきる力を習得してもらいたいなと。まずは教育をパーソナライズすることで基礎学力習得にかかる時間を短くしたいと思っています。

——「atama ＋」の導入で基礎学力習得にかかる時間はどのくらい短くなりますか？

　「短くなる」の定義は難しくて、ある意味適当に受けたら絶対に時間は短くなります。「ちゃんと習得すること」と時間が短くなることがセットでないと意味がなくて、これまでにあるデータは「ちゃんと習得すること」をベースにしていないので単純比較は難しいです。学習指導要領で規定されている時間との比較だと、例えば数Ⅰ・Ａの学習指導要領上の授業時間は 146 時間ですが、「atama ＋」で学習する生徒が数Ⅰ・Ａを終わるのに必要な平均時間は 31 時間となっています。

——実際に使用されている生徒の学習態度に変化はありますか？

　やる気になりますよ。「atama ＋」で勉強すると分からないことが分かるようになって、学力も劇的に上がることが多いので。僕は、勉強はそんなに先天的なものによって差が出るものではなく、みんな勉強の仕方を知らなくて「出来ない」ってなっているだけだと思います。「atama ＋」で分からないことが分かるようになり学力が上がっていくと、今まで自分が勉強できないと思っていたけど出来るんだなと変化していきます。それで「atama ＋」で勉強していない教科に関しても、やる気になって成績が伸びていくというケースはよくありますね。

——学力だけではなく、自己肯定感に繋がっていく？

　繋がりますね。今まで赤点を取るような生徒が突然クラスのトップになったりするので、「えっ！？」ってなりますよね。それから何でもやってみようってなり、凄く人生が変わっている気がします。

——御社は Values として、「Wow students. 生徒が熱狂する学びを。」を掲げておられますが、まさにそれが体現されるんですね。

　そのためにやっています。勉強は、本当は楽しいものだと僕等は信じていて、分からないことが分かるようになる、出来ないことが出来るようになる、というのは究極のエンターテインメントだと思っているので、生徒が熱狂する、熱中してグッとはまっていく状態を出来るだけ作ってあげたいなと。それによって自然と生き方も変わってくると思います。

――「atama ＋」を活用した場合、先生の役割に変化はありますか？

　僕等は AI だけで教育が変わるとは思っていなくて、AI と人のベストミックスを作るということをコンセプトに掲げています。塾の中で「atama ＋」を活用してもらう時にも、生徒はタブレット上で AI の先生から勧められる教材と共に勉強しますが、必ずその教室には人間の先生もいます。ただし、従来とは役割が変わり、ティーチングからコーチングがメインになっています。生徒と一緒に目標を決めて伴走しながら、褒めたり励ましたりすることを先生方がやられていて、そのための先生向けのプロダクトもセットになっています。具体的にいうと、教室の中に「atama ＋」で勉強している複数の生徒がいるときに、誰が今何をやっていて、どこに躓いているのか、学習姿勢がどうなっているか、集中状態が落ちているとかちゃんと解説を読んでいないとか、そういったアラートを先生に伝えて先生が学習の支援を各生徒に合わせてすることが可能になっています。コロナウイルスによって塾も休校になったので、その時に自宅でも使える「atama ＋」を開発して遠隔授業も可能になりましたが、その場合でも先生方は自宅にいる子供たちの状況が把握できるので、コーチングを継続でき、塾での授業時間の雰囲気が家庭でも再現できたと思います。先生方は知識の伝達といった部分を AI に任せることで、人間にしか出来ない領域に時間を使えるようになって、今まで以上にいい教育を多くの生徒に届けられるようになっていると感じます。

――これから子供たちに求められる「社会でいきる力」を育む教育について、
　御社で将来的に考えている形はありますか？

　やらないといけないことは沢山あって、我々としてどこからやるかはもう少し先に優先度を判断したいと思っています。ただ、「atama ＋」を全国の塾に提供する上で多くの中・高校生と話をする機会があって、その中でビックリするのは、みんなに社会人になりたいかどうか聞くと、なりたくないと答える子供が結構多いことです。「社会人ってお金を儲けるために嫌なことをやらないといけないですよね？」と聞かれたことがあって、そんなことないよと答えたら、「満員電車で皆さん辛そうな顔してるじゃないですか」と言われて。社会人ってそう捉えられているんだなと感じました。僕は高校時代

より大学時代、大学時代より社会人の方が楽しくて、起業してからは人生で
やれることの幅が広がって、こんなに楽しいことはないと思っています。今
の日本の子供たちは、接する大人が少なくて、社会に出るって楽しいことだ
よっていうのを感じることが十分にできていないと思います。その状態で「社
会でいきる力」を身に付けようと言っても、多分目標が定まらないだろうな
と。そもそも社会に出ることは楽しいものだっていうことから伝えるために、
もっと自分の人生を歩んで楽しく生きている大人と子どもの接点を増やした
方がいいと思っていて、その辺りから手を付けるかもしれないです。

——稲田さんの考える、これからの教育のあるべき姿を教えてください。

　僕等のミッションの通りですけど、基礎学力と社会でいきる力の両方を身
に付けた人を輩出していくのが教育の役割だと思っています。大きく変化す
るこれからの社会の中で、活躍できる人を育てないといけません。社会が大
きく変わっていく中で、教育だけずっと変わらないというのは変な話で、こ
れからの社会に必要な教育を作らないといけないですし、それはアップデー
トし続ける必要があると思っています。

2. 日本の学校教育のデジタル化に向けて

(1) 遅れていた ICT 環境の整備及び活用

　日本の学校における ICT 環境の整備は遅れており、2020 年 3 月時点で教
育用コンピューター 1 台当たりの児童生徒数は 4.9 人 / 台、普通教室の無線
LAN 整備率は 48.9％、普通教室の大型提示装置整備率は 60.0％という状況
であった。また整備状況の地域格差も顕著で、児童生徒に対する教育用コン
ピューターの整備では最も進んでいたのが佐賀県で 1.8 人 / 台、最も遅れて
いたのが千葉県で 6.6 人 / 台だった[4]。そういったハード面の整備の遅れも
あって、OECD/PISA 2018 年 ICT 活用調査では、日本の学校の授業でのデジ
タル機器の利用時間は極めて短く、利用しないと回答した生徒は約 80％に
及び、OECD 加盟国で最下位となっている。また学校外での活動においても、

コンピューターを使って宿題をする頻度はOECD加盟国で最下位となっている。ただし、これは日本の子供たちのデジタル機器に対するリテラシーが低いということではなく、デジタル機器を利用して「ネット上でチャットをする」「1人用ゲームで遊ぶ」の項目ではOECD加盟国の平均を大きく上回っている[5]。このことから、PCをはじめとするデジタル機器が日本の子供たちにとっては遊びの道具にとどまり、学習の道具になっていないということが言える。このような教育におけるICT活用の遅れへの課題感は、コロナウイルスの流行による2020年3月からの最長3ヶ月に及ぶ学校一斉休校によって、より明確になった。公立学校において、デジタル教科書やデジタル教材を活用した家庭学習の割合は2020年4月時点で29%、同年6月時点で40%、同時双方向型のオンライン指導を通じた家庭学習の割合は2020年4月時点で5%、同年6月時点で15%にとどまった[6]。

（2）国をあげて教育デジタル化推進へ

　上記で述べたような学校現場でのICT環境整備の遅れや、デジタル機器を使っての学習機会の乏しさに対して国も危機感を持っており、様々な取り組みが始まっている。小学校では2020年度、中学校では2021年度、高等学校では2022年度から実施される新学習指導要領において、情報活用能力を言語能力と同様に「学習の基盤となる資質・能力」と位置付け、学校のICT環境整備とICTを活用した学習活動の充実が明記され、また2020年度から小学校ではプログラミング教育が必修化されている。これに伴い、文部科学省が中心となって推進されているのが「GIGAスクール構想」である。「GIGAスクール構想」とは、国公私立の小・中・特支等義務教育段階の児童生徒に対する一人一台のPC端末と学校における高速通信ネットワークを整備する取り組みで、2023年度での達成を目指していたが、コロナウイルスの流行による一斉休校等で日本の教育現場のデジタル化の遅れへの課題感がより浮き彫りになったことで、2020年度内に達成すべく前倒しされた[7]。過去に前例のない大規模な取り組みで、かつ前倒しとなったことで整備期間も一気に短くなったが、文部科学省は学校のICT化を支える人材支援制度等、様々

な対応策をとりながら GIGA スクール構想を推進している。勿論、児童生徒の一人一台端末と学校の高速通信ネットワークが整っただけで、教育のデジタル化が推進され学びの質が変わるという単純なものではなく、様々な試行錯誤が続くことが想定されるが、少なくとも基盤となるハードは一定程度揃うことになると考える。GIGA スクール構想の推進に伴って、学習者用デジタル教科書に関する議論も活発になっており、文部科学省は小学校教科書が次に改訂される 2024 年度を契機とした本格導入を視野に入れている。

　また、経済産業省では、2018 年に「『未来の教室』と EdTech 研究会」が設置され、EdTech を活用し、人の創造性や課題解決力を育み、個別最適化された新しい教育をいかに作りあげるかについて議論・検討が行われている。その中で、未来の教室のコンセプト全体の成果を実証するために、「未来の教室」実証事業が推進され、2020 年度は「学びの個別最適化」「学びの STEAM 化」にフォーカスされた実証事業が行われた。さらに、上記のような実証事業を通じて創出された先端事例を広く普及するために、学校等教育現場に EdTech を試験導入する事業者に対し、その経費の 2/3 を補助する EdTech 導入補助金が制度化されている。このことで、学校や一定の要件を満たすフリースクールは、授業での EdTech 活用トライアルを費用負担なく実施することが可能となり、2020 年度は日本の小・中・高全 36000 校のうち約 12％にあたる約 4300 校でこの制度が活用され EdTech の試験導入が行われた[8]。

　総務省も教育デジタル化に向けた様々な取り組みを行っており、文部科学省・経済産業省・総務省の 3 つの省が力を合わせ、今後も国を挙げた教育デジタル化が加速していくことが想定される。

（3）学校現場での ICT 活用で目指すもの
【埼玉県戸田市教育委員会教育長　戸ヶ﨑勤氏インタビュー】

　国を挙げての教育デジタル化推進が加速しているが、学校現場において ICT を活用してどのような教育の姿を目指すべきなのか、2015 年に埼玉県戸田市教育委員会教育長に就任して以来、産官学との連携を通じ、学校での ICT 活用や積極的なプログラミング教育導入等、様々な改革に取り組まれて

きた戸ヶ﨑勤氏にお話を伺った。

——戸田市で推進されている教育改革について教えてください。

　2015 年 4 月に教育長を拝命して早々に宣言したのは、これから Society5.0 の時代に突入していく中で、今の子供たち、つまり未来の大人たちには「21 世紀型スキル」「汎用的スキル」「非認知スキル」の 3 つのスキルを身に付けてもらいたいということです。今後 AI の活用がさらに進み、今ある職業が AI に取って代わられるようになっていく中で、AI では代替できない能力と AI に使われるのではなく使う能力を蓄えさせてあげることが義務教育の使命だと思っています。そのために、産官学と連携した知のリソースの活用を推進しています。

——産官学と積極的な連携を推進された理由について教えてください。

　一般的に考えると、学校教育は地域に根差して地元の力を借りながらやっていくのが理想ですが、先ほど述べた 3 つのスキルを子供たちが身に付けていく上で戸田市内だけのリソースでは足りないと思いました。そこで産官学、産は産業界つまり企業、官は中央省庁、学は大学や国等の研究機関、そういったところのリソースを得ながらファーストペンギンとなり、安価で効率的、最先端で質の高い教育を目指しました。着任した時は 1 つも連携はありませんでしたが、今では 70 近い企業などと連携していて、ICT の積極的な活用とプログラミング教育の推進に関しては、インテル、Google、Microsoft など錚々たる会社と連携しています。

——なぜそのような連携が可能なのでしょうか？

　1 つは真の協働者になるということです。一般的に企業等との連携となると単なる受益者になりがちですが、そうではなく自律的な教育意志を持つことを大切にしています。つまり、自分達は何をやりたいかを明確にした上で、そのために企業にはこういうことをして欲しいという青写真をしっかり持って連携するということです。また EBPM（Evidence-Based Policy Making）による効果検証ができる基盤をつくっておくということも大きな要素です。つまり、企業と連携をしたらこのような効果が出たというエビデンスが示せる仕

戸ヶ﨑勤

2015 年 4 月に戸田市教育委員会教育長に就任。教育再生実行会議、経済産業省「未来の教室」と EdTech 研究会、中央教育審議会の教育振興基本計画部会、初等中等教育分科会などの委員等を歴任。

組みを作るということです。さらに学校や教室を実証の場、私は「Class Lab」と呼んでいますが、その場を提供して成果を企業に還元する仕組みを作ったり、SNS 等で積極的な情報発信をして極力予算をかけないで企業と連携する仕組みをつくっています。

——外部と連携することは、先生方にとって助けとなるのでしょうか？

　それは結構あります。プログラミング教育を例にとると、初めのうちは多くの先生は何をどうやればいいか分からないわけです。でも企業等と連携していれば、学校現場の目線でこういうプログラムや教材が必要ではないかと伝えると、その教材等が出来上がってたりするわけです。プログラミングの教材作りは先生方にやらせるべきではない、我々プロに任せてくださいと言ってもらえて、学校現場からのアイデアを出せば、それが現実の教材になっ

て戻ってくるとなると先生方も嬉しいですし、一流企業の技術者と交流も生まれたりする。先生方にとってウェルカムだと思います。

——2018 年にはタブレット端末を 3 クラスに 1 クラス程度整備して、ICT を用いた授業も推進されていますが、その理由は何でしょうか？

　Society5.0 の時代を見据えた教育を考えたときに、諸外国の例を見れば、ICT の活用という面で日本が後塵を拝していることは当然わかっていて、ICT をマストアイテム化しないといけないということで取り組んできました。ICT を使うということが、手段の目的化になってはいけないということは誰しもが言うんですが、そもそも ICT を使わないこと自体、子供たちが社会に出た時に困ります。多くの人間は ICT がマストアイテム化した社会に出ていくんですから。もう能書きはいいから ICT を文房具として活用すること、例えば、タブレットを使って自分の考えをまとめて発表し合ったり、カメラで撮った画像を貼り付けたり、そういった学びに日常から慣れさせるべきだと思います。子供たちは、特に意識せず、使っていること自体を忘れるくらい当たり前にいつでもどこでも学びに活用すべきです。だからと言って、それをやれば学びの質が高まるかというとそんな単純なものではなく、場合によっては教科書とノートだけを使った方が学びは深いかも知れない。でもそういうことではなく、これだけ技術が進化しているのだから、まず使ってみることに価値があるだろうと。質は高いにこしたことはないけれど、あまりそこにこだわるのではなく、まず使ってみることをやろうということで、ずっとやってきています。それから ICT の普段使いは子供の方が柔軟なので、いちいち先生の指導や管理でレールに乗せるのではなく、使い方は分からなければ子供に聞けばいいという柔軟な考えでやっています。教師は、どの場面で ICT を活用することが効果的か、どのような学習活動が可能になるかということを考えていればいいわけです。

——2020 年度内に GIGA スクール構想で一人一台のタブレット端末が整備される予定です。

　確かに GIGA スクール構想で一人一台に近い端末は入ってきます。でもそれを十分に使えるだけの環境になっているかというと、現状は厳しい面も

多々あると思います。一番危惧されるのは、機材は入ったけど使わない、机の上に置いてあるけど使わない、いわゆる文鎮化することです。戸田市では5年間使ってきて、ようやくほぼ日常使いになっていますが、それでも学校によって差はあります。日常的に驚くようなアイデアを出しながら活用している学校もあれば、使ってはいてもまだまだぎこちなさがある学校もあります。それは管理職のリーダーシップだったり、教師のスキルや意識改革の差だったりと、原因は様々なものがあると思いますが、長年使ってきている本市の学校でさえそれだけ差が出てきているので、全国でいうと相当差が出るかもしれません。

——EdTech がブームになりつつありますが、その活用についてはどうお考えでしょうか?

どんどん使えるものは取り入れればいいと思います。ただし、日常的にタブレットを使って授業を進めることが EdTech だとは思いません。単なる文房具ですから。今、戸田市として EdTech を活用して取り組みたいと思っているのは、量的・質的エビデンスを基にした、教育の EBPM (Evidence-Based Policy Making) の強化です。教育に関しては、みんな自分が教育を受けてきているので誰でも意見を言いやすい。ただし、その意見の多くは自分の「経験や勘や気合い」でしかない。私はそれを 3K と呼んでいます。そうではなく、その意見の根拠はどこにあるのか、しかも客観的根拠が重要なんです。そのことに関連して、現在拘りを持っていることが、「教室や授業を科学する」ということです。全国どこでも、教師の力量にはかなりの差があるのが現実ですが、子供や親は先生を選べないんです。素晴らしい先生の教える技術、これを「匠の指導技術」と呼んでいまして、それを若手が見様見真似でやるのも大事ですが、ここをこうすればあの先生に近づけるということを定量化して可視化したいと思っています。「匠の指導技術」を効果的に伝承して、教師の個人プレーに頼らずに「教室や授業を科学する」という取り組みを進めています。

——最後に、これからの時代を生きる子供たちに必要な能力と、そのときの学校の役割についてお聞かせください。

　繰り返しになりますが、AIに代替が難しい力「21世紀型スキル」「汎用的スキル」「非認知スキル」が大切です。AIでは代替できない能力、それこそ批判的に物事を考えたり、無から有を生み出したりする創造的な能力等を義務教育で蓄えないといけない。それ以外にもプレゼンテーション能力だったりコミュニケーション能力だったり色々あります。それを身に付けるために、産官学と積極的に連携して「変化する社会の動き」を教室に入れる努力を継続しています。学校も変化しなくてはいけないんです。未だにテストをやる場面では机の上に筆記用具だけで、自分の思考だけを頼りに限られた時間で黙々と正解を追い求めていますが、そんな場面は社会に出たらほとんどありません。そもそも正解がまずあるわけではないですし、知識だけなら暗記の必要などなく、すぐググればいい。自分1人だけで考えるというより、他人と協力し合って協働的に解決していくのが、これから子供たちが出ていく社会です。それなのに、なぜ学校だけはそういうことをしているのだろうと疑問を持たないことが問題なんです。学校の学びと社会の変化が乖離していても、これまでは学校の自己都合で、学校の文化だからなどと言い訳してきたところもありますが、これからの時代はそれでは通用しません。戸田市教育委員会が考える「未来の教室」は、基礎学力等の習得は個別化したりデジタル化して効率化する、一方で課題発見・解決力や創造力を付けるためにPBL（Project Based Learning）型の学びが充実した教室です。その実現のためにICTをマストアイテム化してスマートに学べるものはどんどんスマートに学んでいかないといけないですし、学びを積極的に日常生活と結びつけていく必要もあると思っています。

3.　学校教育のあるべき姿、その中でデジタルの果たす役割とは

【横浜創英中学・高等学校　工藤勇一校長インタビュー】

　私の在籍している早稲田ビジネススクールの講義やゲストスピーカーのお話、また定期的に参加するビジネスセミナーの中で、DX（デジタルトランス

フォーメーション)がキーワードになることが非常に多い。その際に殆どの場合セットで話をされるのが、DX自体が目的となることが一番危険で、まずは企業として目指すべき姿、ミッションやビジョンがあって、それを達成するための手段としてのDXでないと意味がないということである。一方で、能書きばかりを言って行動が伴わなければ何も変化することはないので、あるべき姿を掲げながらも正解を追い求めるのではなく、まずやってみること、その上で柔軟に変化していくことが重要であることも併せて話されることが多く、これは前述の戸ヶ﨑氏のお話にも非常に通ずると考える。目指すべき学校教育の姿は何なのか、その中で教育におけるDX、ICT活用が果たす役割、ICTを日常使いしながら変化していくために必要なこと、そしてそれを阻んでいる現在の日本の学校教育の課題について、2014年に麹町中学校校長に就任して以来、宿題廃止、定期テスト廃止、固定担任制廃止など学校の当たり前とされてきたことを覆して数多くの改革を取り組み、2020年4月から横浜創英中学・高等学校校長に就任された工藤勇一氏にお話を伺った。

——学校現場でのICT活用について、どう考えられていますか?

　僕の考えはすごくシンプルで、文房具のように使えばいいと思っています。ただ、日本の教育で文房具になりえない大きな要因が、明治維新以降150年以上続く、一斉指導教授型の授業スタイルを維持していることだと考えています。黒板の前で教員が授業をして、それを子供たちが黙って待っている、受け身の状態で授業を聞いているということです。

——一斉指導教授型授業の問題点は何でしょうか?

　まず、非常に非効率です。例えば、今の日本では塾に通っている子供が多くいて、そういう子供は学校の授業で習う内容を授業の時点で既に知っています。でも日本は学習規律みたいなものを重視するので、形式上まじめに授業を受けないといけない。そうなると子供たちは待たないといけない状態になって、自ら思考停止するんですよね。学ぶ意欲が停滞する時間が何か所もある状態です。逆に塾に行ってない子どもで、つまずいている子供は置き去りにされることもあります。結果、実際40人いるクラスの内のターゲット

がどれぐらいいるか考えると、非効率だと言わざるを得ません。さらに問題なのが、世の中で必要な学び方にならないことです。世の中でのコミュニケーションのスタイルは基本的に双方向で、わからなければわからないと言うし、会話の途中でもスマートフォンで調べたりします。でも日本の今の多くの教育は、一斉教授で生徒は一方的にひたすら情報を受け取ることがほとんどです。そして、その知識量をテストの点だけで判断される。それで君は落ちこぼれだからと言われたり、強制的に補習を受けさせられたりする。点数だけで判断されて、学びたくないものを無理やり押し付けられて、それが解決したからと言っても結局モチベーションに繋がらないんですよね。そもそも学びで一番重要なのは、知識や技能を学ぶことよりも、学び方を覚えていくことや、学びたいという意欲を持ち続けることです。自分の意志で学びたいと思うこと、わからないことを解決したいと思ってアクションを起こす

工藤勇一

2014年から千代田区立麹町中学校校長を務め、2020年4月に横浜創英中学・高等学校校長に就任。内閣官房教育再生実行会議委員や経済産業省「未来の教室」とEdTech研究会委員等も務める。

こと、自分の力で足りなければどうやって人と結びついてそれを解決するのかを考えること、そういう学び方の習得が重要なんですが、日本の教育はこのことをかなり奪ってしまっています。今後の学校は、もっと学習者主体で考えて、何をどう学ぶのかは時数も内容も含めて柔軟にしていくべきだというのが僕の考えです。デジタル教材を使いたければ使えばいいし、インターネットを使いたければ使えばいい、友達同士学び合ってもいい。そこに ICT のテクノロジーがあるから色々な学び方が出来るわけで、それが ICT を文房具として使うということだと思います。しかし、今の授業スタイルで、例えば AI 教材を使おうとすると多くの学校では、一斉授業を行ってラスト 10 分で AI 教材を出して、ということになる。これだと、ただ AI 教材を使ったということだけで、使うことが目的になってしまいます。

——麹町中学では数学で AI 教材を導入されていますが、どのように活用されたのですか？

　AI を使ったというよりも、教えることをやめたんです。一斉に教えることを 3 年間全部やめました。数学は他の教科と違って体系化されているので、順番に学んでいけば問題解決が出来るようにカリキュラムが出来ています。全てが問題解決型の学習になっているので、乱暴に言えばほったらかしでいいわけです。この学習スタイルに AI 教材は非常に有効です。生徒が個々のペースで学べますし、それぞれのつまずきを AI が見つけ出し対応してくれるので、結果として落ちこぼれをなくせます。AI の解説を聞いてもわからない時には、友達に聞いたり先生を呼んだりすることもできるようになります。一番大事なのは、友達に聞いたり先生を呼ぶという行動を、自らの意思で起こせるかどうかです。自ら起こせたら、これはその子の将来の学びのスタイルに繋がるわけです。問題解決するためには誰かに頼ることも必要だという、そこに意味があります。

——一斉授業をやめて、子供たちの学びにはどのような変化が見られましたか？

　最初の 1 年生のうちは勉強しない子がいます。ずっと授業中遊んでいるんですけど、それも麹町中学では先生が叱らないことにしました。叱れば多分

すぐにやりますが、それはその子の内から出るモチベーションじゃないから長続きしません。逆に、叱られることによって不満を持ちながら嫌々勉強をする子供が出来てしまいます。最長で遊んでいた子は 7 ヶ月遊んでいました。でも 8 ヶ月目に問題を 1 問解いて、そこから一気に巻き返して 1 ヶ月半で 1 年の内容が終わりました。子供たちの学び方は本当に様々です。カーテンにくるまって黙々とやる子もいれば、友達に相談したり、先生に質問する子もいます。また使う教材も自由です。1 年生だと AI 教材を 8 割ぐらいの人が使っていますが、3 年生だと 2 割ぐらいしか使いません。自分のペースでどんどん進むので、特に難関高校を受験するような子は AI 教材だと物足りなくて、塾の問題集をやっています。その問題集でわからないことを先生に聞いたりしています。学び方や教材はバラバラでも、みんな共通なのは、わからなかったことを自分の力で解決しているということです。自分で学んだ子はそれを繰り返すようになって、段々学び方を覚えていきます。結果として、学年差はありますけど 1 年間 140 時間という文科省の定めた時間の半分ぐらいでみんな終わりますし、できる子は 20 時間か 30 時間で 1 年間分終わります。また、自分で何をやるか決めて、それをどう問題解決するかに焦点が当たるようになってくると他の教科も学び方が変わってきます。

――一斉授業をやめて、テストの形も変えたのでしょうか？

　日本の教育の問題点ではありますが、今の子供たちにとって重要なのが受験に勝つことです。たとえ世の中で通用する主体的な学びに改革することができたとしても、結果として受験で点が取れなければ、この改革には誰もついてきてくれません。だから主体的な学びを維持しながら、受験にも勝つような仕組みを作ることにしました。定期テストを単元テストに変えて導入した再テスト制です。特に再テストが出来ることに意味があります。希望者は誰でもやり直しができますが、2 回目は問題が変わるので点数が落ちるかもしれないですし、残念ながら落ちた場合でも 2 回目の点数が成績になります。実際にそうなってしまう生徒もいますが、わからなかったところを勉強し直さないと成績が上がらないことを知った経験は、その後の学び方を劇的に変化させます。わからない問題に集中する、更にそれを解決するために人に聞

麹町中学での AI 教材を使った授業風景

従来の一斉授業の風景と異なり、一人で黙々と取り組む子や生徒同士で相談する子、先生に質問をする子など、各生徒が自分に合ったスタイルで学びを進める。

いたり自分で調べたりする、そうすると成績が上がることを知る。それが自分の学びのスタイルとなる。生徒たちは次第に自分に合った学びのスタイルを身に付けていくので、麹町中学では高学年になればなるほど、自然に成績が上がっていきます。また麹町中学では平均点を全く言いません。普通の学校だと平均点を発表して、子供たちは平均点に勝ったとか言いますが、これもおかしいと思います。自分が出来たかどうかじゃなく、人と比べてどうかというレベルの話ですから。麹町中学では、人との比較ではなく自分に対してどうするか、自分を俯瞰的、客観的に見てそれをどう変えていくかという学びのスタイルを身に付けていきます。再テスト制も自分と比べる仕組みです。そうやって自分で問題解決をしながら、小さな自己決定を繰り返すことで子どもの自己肯定感も高まっていくことが経験的にわかってきました。そうなると一度失っていたとしても主体性が復活してきます。

――昨年4月に校長に就任された横浜創英中学・高等学校では、これからどのような取り組みを?

　進めていく教育の基本は何も変わっていません。学校での学びを、世の中

で生きていく上で必要な学びに転換できるか、全員がそのことを考えることのできる学校にしようと思っています。そのためには教員全員に、学校運営の当事者になってもらうことがまず大切です。トップダウンで何かを決めていくのは簡単ですが、人は誰かに決めてもらったこと、与えられたことには不満を言うものです。まずは全教員で最上位の目標を共有した上で、子供たちに将来に繋がる横浜創英らしい学び方を、ひとつひとつ対話をしながら考えていく予定です。すでに決定しているものをご紹介すると、まず今年の4月から数学は中学校3年間教えない授業をやる予定ですが、徐々に他の科目でも取り入れていくつもりです。また将来的には、補習や宿題もゼロにするつもりです。今の日本の教育は、学校で学び、宿題も出されて、さらに塾にまで行って学ぶ子もいます。冷静に見れば、非常に非効率な状態だと言えます。これからは学びの本質を見極めながら、内容も時間もシンプルに圧縮していく必要があります。受験勉強さえも、できれば学校の中で完結するような学校を目指したいと思っています。

——そのようなことを推進される中で、EdTech の果たす役割はどういう部分でしょうか？

　繰り返しになりますが、教員も含めて文房具として使っていくということです。単なる文房具ですよ。何かを調べたり情報を得るときに使う、情報発信する時に使う、その他にもスケジュール管理だったりタスク管理だったり。あとは、自分は読み書きが苦手だから音声入力で入れます、とかそういう手法で学ぶことも出来るし、世の中にある仕組みをそのまま学びに使うことも出来そうですよね。NewsPicks（株式会社ニューズピックスが運営するソーシャル経済メディア）みたいなものを作って学習に活かしたり、同じようなスタイルで発信してみたり。そんな学びにどんどん転換できる可能性があります。

——GIGA スクール構想でハード機器が揃う中、ICT を文房具化するために必要なことは何でしょうか？

　まずは、これまで話をしてきた教育の本質に対して、みんなが腑に落ちていて、合意が出来ていることが大事です。そして、どんな時にも誰もがその本質に立ち戻って、自分の頭で考えることができる職員集団にしないといけ

ない。たとえトラブルが起きても、動揺することなく、そのトラブルを子供たちの学びに変えるための話し合いができることが大切です。それができずに、トラブルのたびに「これはどうしましょうか？」と校長に訊ねてくる集団ではいけません。こんな集団では管理ばかりが優先され、ICT の使う場面を限定しましょうとか、そもそも ICT を使うのはやめましょうという話になります。子供たち自身に自己決定させる学校に成長できなければ、物事は何も進みません。

──これからの時代を生きる子供たちが身に付けるべき能力についてお聞かせください。

　1つは自分で考えて自分で行動する、自己決定できる力ですね。学力としてその例をひとつ挙げると、自分で情報を集めて、それを正しい情報かどうか取捨選択して発信するなり活用する、そういう力です。学力というのは知識を蓄えることではなく、人や社会との間で主体的かつインタラクティブに知識を使う能力です。学校はそれを学ぶ場所でなければいけません。もう1つが、多様な価値観、考え方を受け入れ、対話し合意するという能力です。これは日本の学校教育で一番足りていない部分だと感じています。日本では、上位の目標にすべきこととそうじゃないことが並列で論議されて、そのことで物事が進まないということがよく起こります。麹町中学の子供たちは、対話をして上位目標で合意するという訓練をずっとするので、3年生ぐらいになると、「今は手段にこだわってしまっているから、一度目標に戻らないとだめだね」というような発言が話し合いの中で子供から出てきます。上位の目標設定がだめなんじゃないか、ただ多数決で決めただけだから全員が腹落ちした目標になってない、その本質がわかっている子供たちが相当の割合で出てきます。日本では、情緒的で感動物語が大好きで、みんなで団結して汗流そうっていう青春ドラマ的な学校が多いですが、それだと社会に出てから国際的には敵わない。同質性の下で、「みんなで涙を流そう」「絆が大切」などと言っているだけでは世界で全く通用しないわけですよ。世界では文化も価値観も宗教も考え方も全く違っています。日本では正しいと言われていることもその国では正しくなかったりする。多様な価値観の中で物事を進める

ためには、対話を繰り返して全員が納得できる上位目標で合意しなければいけません。今の日本の教育ではこういうことが言語化されていませんが、学校でこそ、このプロセスを経験させるべきですし、そのためのカリキュラムが必要だと思います。

おわりに

　まず、本章の過半を占めるインタビューに応じてくださった、稲田さん、戸ヶ﨑さん、工藤さんのお三方に厚く御礼を申し上げたい。インタビューをさせて頂いた時期は 2020 年末で、コロナウイルス第三波へのご対応等、普段に増してご多忙を極めておられる中、本当に真摯にインタビューに応えて頂き、深く感謝している。お三方へのインタビューを通じて、本章の内容も当初予定していたものから大きく変更した。当初はデジタル化でどう学びが変わるのかということを軸にしながら、「どうすれば教育現場で上手くデジタルを活用できるのか」といったことをメインテーマにしようと考えていたが、インタビューを通じて手段と目的が逆転してしまっていることに気付かされた。まず最も重要なのは、「これからの時代を生きる子供たちにとって必要な学びとは何か」という学びの本質であり、それを実現するための手段としてのデジタル活用でなければならない。極論を言えば、デジタル活用せずとも、子供たちにとって必要な学びが実現できるのであれば、それでも構わないということである。デジタルをどう活用するかということに正解はなく、子供たちにとって必要な学びが何かという点について腹落ちした上で、まずやってみて試行錯誤を繰り返すことが大切なのだと、インタビューを通じて実感させられた。

　私は現在在籍している早稲田大学ビジネススクールで、有志と共に教育プロジェクト「Edu for Life」を立ち上げ活動を行っている。教員、教育財団での勤務経験者、教育とは関連のない企業で働く人など多様なメンバーで、高校生へのキャリア教育や教育界と産業界の交流セッション等を実施している。

教員の方々と交流をさせて頂く機会もあり、そこで先生方の子供たちへの教育にかける想いに触れて感じたのは、当事者として子供たちの教育を考える必要性である。インタビューの中にもあったが、教育は皆が受けてきているので、誰もが評論家になりやすい。故に、評論家として好き勝手を言い、最終的には学校や先生のせいにするという風潮が日本では強いのではないかと個人的に感じている。しかし、多忙を極めながら目の前の子供たちに必死に向き合っている先生方に、全ての責任を押し付けるのはおかしいのではないか。子供たちのより豊かな未来のためには、私たち一人一人がこれからを生きる子供たちに必要な学びは何かを考え、ただ評論するのではなく少しでも行動することが必要なのではないかと感じている。教育とは、学校や塾だけで行うものではなく、将来を担う子供たちに関わる全員が当事者として関わるべきものではないだろうか。本章が、読者の方が教育業界に身を置くかどうかに関わらず、これからの子供たちに必要な学びは何かを考え、そしてそのための何かしらの行動へと繋がる一助となれば幸いである。

注及び引用・参考サイト

1　日本政府が提唱する、日本が目指すべき未来社会の姿。AI や IoT（Internet of Things）などの革新技術をあらゆる産業や社会に取り入れることで、経済発展と社会的課題の解決を両立する、人間中心の社会。

2　スタディサプリ公式 HP　https://studysapuri.jp/

3　atama ＋ EdTech 研究所 HP　https://edtech-research.com/blog/vol1-about- edtech/

4　文部科学省 令和元年度学校における教育の情報化の実態に関する調査結果（概要）【確定値】　https://www.mext.go.jp/content/20201026-mxt_jogai01-00009573_1.pdf

5　文部科学省・国立教育政策研究所　OECD 生徒の学習到達度調査 2018 年調査（PISA2018）のポイント　https://www.nier.go.jp/kokusai/pisa/pdf/2018/01_point.pdf

6　文部科学省　新型コロナウイルス感染症対策のための学校の臨時休業に関連した公立学校における学習指導等の取組状況について（令和 2 年 4 月 16 時点）
https://www.mext.go.jp/content/20200421-mxt_kouhou01-000006590_1.pdf
文部科学省　新型コロナウイルス感染症対策のための学校の臨時休業に関連した公立学校における学習指導等の取組状況について（令和 2 年 6 月 23 時点）
https://www.mext.go.jp/content/20200717-mxt_kouhou01-000004520_1.pdf

7　文部科学省　GIGAスクール構想の実現　https://www.mext.go.jp/content/20210118-mxt_jogai01-000011648_001.pdf

8　経済産業省　「未来の教室ビジョン」　https://www.meti.go.jp/shingikai/mono_info_service/mirai_kyoshitsu/pdf/20190625_report.pdf

経済産業省　「未来の教室〜learning innovation〜」　https://www.learning-innovation.go.jp/

導入校数については、2020年12月1日時点で経済産業省・教育産業室に確認した数値を記載

引用・参考文献

佐藤昌宏(2018)『EdTechが変える教育の未来』株式会社インプレス

サルマン・カーン(2013＝三木俊哉)『世界はひとつの教室』ダイヤモンド社

根来龍之(2019)『集中講義デジタル戦略 テクノロジーバトルのフレームワーク』日経BP

堀田龍也・為田裕行・稲垣忠・佐藤靖泰・安藤明伸(2020)『学校アップデート 情報化に対応した整備のための手引き』株式会社さくら社

山田浩司(2019)『EdTech テクノロジーで教育が変わり、人類は「進化する」』株式会社幻冬舎メディアコンサルティング

第 5 章

AI 社会とオンライン教育の
可能性

松田悠介

はじめに

　私が学んだハーバード教育大学院やスタンフォード経営大学院では、ほとんどの授業で先生方が「常に時代の流れを読むこと」を強調していた。時には「時代を創る人になれ」という強烈なメッセージを教授からもらうこともあった。不確実性が高い世の中に突入している今、時代の流れなんて読むことは難しい、と感じる人も多いだろう。ただ、このように「答えが分からない中でも、答えを創り出す努力を惜しむべきではない」と私は教育を受けてきた。日本国内でずっと教育を受け、大学を卒業後に体育教師を経て海外に飛び出した身としては、アメリカで受けた教育は新鮮かつ衝撃的だった。ハーバード教育大学院を修了し、帰国してからは教育に関わる会社や非営利組織の経営をしてきた。常に未来思考で、現場での実践を積み重ね、教育課題や社会課題の解決に取り組んできた。困窮家庭の子どもの学習支援を展開するLearning for Allや、情熱溢れる人財を教員免許の有無関わらず採用し、育成した後に教育困難地区の学校に2年間教員として派遣するTeach For Japanという活動もそうである。最近は、高校や大学学部の海外進学を希望する中高生に対する進学支援を提供するCrimson Educationや、完全オンラインのインターナショナルスクールのCrimson Global Academyの日本展開の責任者を担っており、ここでは社会課題の解決に取り組むグローバルリーダーの育成を目指している。このように私は、キャリアを通して直接的に社会課題の解決に向き合い、さらには社会課題解決の担い手の育成に関わってきた。新型コロナウィルスの蔓延によって、日本の社会課題がさらに浮き彫りになってきた今、今まで以上に社会課題の解決に取り組む人財が求められている。こういった人財を輩出するためにも学校教育が重要である事を否定する人はいないと思うが、一筋縄でいかないのも学校教育の特徴である。

　本稿では、変化の激しい社会における教育のあり方や、コロナ禍で垣間見た日本のオンライン教育の課題、そして未来のオンライン教育を実現しよう

と挑戦するオンライン教育の取組を取り上げる。

1.　そもそも何のための教育なのか──工業化に適応した工業化教育

　子どもたちが成人して社会で活躍する頃にはさらに不確実性が高い世の中になっている事が予想される。生産年齢人口の減少、グローバル化の進展や絶え間ない技術革新、AI 社会の到来により、社会構造はさらに変化していくことだろう。代表的な変化の一つとして、人工知能 (AI) の飛躍的な進化を挙げられるだろう。人工知能も自ら知識を概念的に理解し、思考し始めているフェーズにも入り、雇用の在り方に影響を与え始めている。この社会の変化と教育のあり方は連動しなければいけない事は説明するまでもないと思うが、ここで大切な事は今の社会に適応できる人財要件を考えて教育を考えるのではなく、これから先 20 年・30 年の社会のあり方を見据えながら教育を考え、子どもに社会の中で生き抜くための準備をサポートする事だろう。この文脈で考えると、これまでの日本の教育は、時代が求める人財を育成する事に成功していたと言える。

　1900 年代中盤以降は、世界的に工業化社会に突入し、ベルトコンベアの前に立って製品を正確かつ高品質に作り出せる人財が求められていた。ここには今ではよく耳にするクリエイティビティやイノベーションを引き起こす能力はさほど求められておらず、言われた通りに忠実に仕事をこなす人財が求めらていたのだ。この工業化の時代に適した人財を育成するのが「工業化教育」であり、教師は効率よく知識を詰め込んだり、その知識がどれだけ記憶できているかを確認するテスト偏重型の教育であった。日本の学校現場は、マニュアル型・偏差値偏重型・大量生産型の教育を通して、まさに時代が求める人財を大量に輩出し、工業化の社会で世界で戦える土台を作り上げるのに大きく貢献したのである。高品質な工業化の教育があったからこそ、日本は戦後何もなかったところから 30 年で世界 1~2 位の経済大国になり、ジャパン・アズ・ナンバーワンを実現したのである。まさに社会の流れ

と教育のあり方がベストフィットした国である。しかし、これから迎える情報社会の先にある AI 社会の事を考えれば、安住しているわけにもいかない。

2. AI 社会に適応した AI 教育

オックスフォード大学のマイケルオズボーン准教授は 2013 年に『雇用の未来』という論文を発表した。日本でも大きく取り上げられたので、多くの方が関連記事などを目にしたかもしれない。ここでは詳しく取り上げるつもりはないが、オズボーン教授は人工知能の台頭によって産業構造は大きく変わり、世の中からなくなる仕事とそうでない仕事がある事を紹介している。最初この論文を目にした時は半信半疑だったが、2017 年から 2018 年の二年間にわたりスタンフォードの経営大学院で学んだ時に、論文で取り上げられている世界観を目の当たりにした。これからの時代の変化を感じる事ができた高揚感と、日本はこのままだと完全に取り残されるという危機感の両方を抱いたのを鮮明に覚えている。スタンフォード大学は、最先端のイノベーションをおこしている会社が集まっているシリコンバレーの中心に位置していることもあり、大学や大学院の授業には数多くの起業家やイノベーターがスピーカーとして招かれ、シリコンバレーの最新の情報やビジョンについて話をしてくれる。また、学生側もシリコンバレーの企業を訪問したりインターンする事を通してのみならず、生活レベルでイノベーションを体感する事もできるのである。

大学院に入学して一番最初に参加したスタディツアーがシアトルを訪問するツアーだったが、そこでアマゾン社の倉庫を見学する機会があった。アマゾン社が提供している商取引のシステムは一昔前の通信販売の仕組に近いと言えるだろう。通信販売では、注文を入力するオペレーター、その注文情報を受け取り倉庫で該当商品を探すスタッフ、その商品を配達するドライバーと沢山の労働力が必要だった。しかし、アマゾン社はその通販の仕組にイノベーションを起こした。アマゾンで商品を注文する場合はネットを使う。パ

ソコンやスマホで注文をするのでオペレーターが必要ない。注文情報は倉庫内で24時間365時間稼働している数千台のロボットに送られる。注文情報を受け取ったロボットは、座標情報を基に該当商品がある棚まで移動して棚を持ち上げ、発送の窓口まで運んでくれるのである。旧来型の通販の仕組であれば多くの労働者が必要だった工程も、労働者が不要となる。アメリカではすでにドローン（無人航空機）配送や自動運転トラック配送も試運転も始まっており、近い将来にはドライバーも不要となる。アマゾン社は商取引や物流改革に留まらず、小売にも参入している。シアトルにあるアマゾン・ゴーという無人スーパーである。私たちが知っている一般的なスーパーには、発注や品出し、レジ打ちから清掃する人まで多くの人が働いている。しかし、アマゾン・ゴーは一人も店にいなくても運営できるようになっているのである。私も実際にシアトルのスタディトリップで入店したが、レジがなくて驚いた。アマゾン社のアプリで事前にアカウントを作成しておき、スマホアプリから表示できるQRコードを改札ゲートで照らし、入店する。お店に入ったら、棚にある商品をつぎつぎとエコバックに入れて、そのままゲートでQRコードを読み込ませてお店を出れば買い物が終了し、直後にスマホに買い物した商品の一覧が表示され、電子決済されるのである。今では試験的に運用していることもあり、実際にスタッフが店では働いているが、今後は完全に無人のスーパーが世界中に広がっていく可能性は多いにある。

　もちろん、イノベーションを起こしているのはアマゾン社だけではない。私がアメリカに行って一番驚いたのは農業におけるイノベーションだった。2060年には世界人口が現在の78億人から100億人になると言われており、食糧問題は深刻な問題でもある。農業を効率化するためにもだいぶ農業の機械化が進んでいると思っていたが、それとは別次元の農業の自動化を目の当たりにしたのである。これまでの農業であれば、だいぶ機械化が進んでいるとはいえ、肥料を撒く量の調整や雑草を抜く作業は人が関わらないと判断が難しいと聞いていた。しかし、私が訪れた農場は人工知能や画像認識を活用し、完全無人の農業を確立していた。無人トラクターで畑を耕し、種植えから収穫まで行い、肥料もドローンを使って撒いていた。また、土壌内の

無数のセンサーを使って土壌の湿度や栄養度を測り、天気予報のデータも解析する事で散水の量を調整していたのである。雑草や害虫については、無人トラクターについている画像解析機能を使ってどれが雑草でどれが穀物なのかを識別し、レーザー照射を使ってピンポイント雑草を駆除していたのである。もはや農家さんは農場に出る事なく、自宅にいながら農業をする事ができるのである。

　このように、テクノロジーや人工知能が進歩するにつれて産業構造が変化し、そして求められる人財の要件が変化しているのは明らかである。しかし、この人財要件にも答えがあるわけではない。不確実性が高い世の中で必要な人財要件を考えるのは極めて難しいのである。ただし、傾向があるのは確かである。たとえば、AI は人間が作ったルールや構造に従って、情報を体系的に構造化したり蓄積する事を得意としている。オックスフォード大学のオズボーン教授は再現性がある仕事は人工知能に取って代わると主張している理由もここにある。つまり、高度で複雑な内容であっても、パターンが決まっている仕事には人工知能は導入しやすい。しかし、状況に応じての判断や対応が求められる構造化されていないタスクは人工知能は対応しきれない。また、相手の気持ちをくみ取ったり、感情に働きかけたりするコミュニケーションも、現状の AI で代替するのは難しいと言われている。そして、既存の方法では対応できない課題を解決するための創造的な課題解決力も AI には担うことができないので、ここも今後人が担っていく必要が出てくるだろう。つまりコミュニケーションや創造性を育む教育がこれまで以上に大切になってきているのだ。このトレンドをしっかりと捉えた上で、学校教育のあり方を見つめ直す必要があるだろう。

3. 不確実性が高い世の中だからこそ、世界へ

　ここまでは技術的革新が子どもに与える影響について話をしてきたが、実はテクノロジーだけが社会を変えているわけではない。私たちが、そして子

表5-1　世界時価総額ランキング

	平成元年			平成30年		
順位	企業名	時価総額 (億ドル)	国名	企業名	時価総額 (億ドル)	国名
1	**NTT**	**1,638**	**日本**	アップル	9,409	米国
2	**日本興業銀行**	**715**	**日本**	アマゾンドットコム	8,800	米国
3	**住友銀行**	**695**	**日本**	アルファベット	8,336	米国
4	**富士銀行**	**670**	**日本**	マイクロソフト	8,158	米国
5	**第一勧業銀行**	**660**	**日本**	フェイスブック	6,092	米国
6	IBM	646	米国	バークシャーハサウェイ	4,925	米国
7	**三菱銀行**	**592**	**日本**	アリババグループ	4,795	中国
8	エクソン	549	米国	テンセントホールディングス	4,557	中国
9	**東京電力**	**544**	**日本**	JPモルガンチェース	3,740	米国
10	ロイヤルダッチシェル	543	英国	エクソンモービル	3,446	米国
11	**トヨタ自動車**	**541**	**日本**	ジョンソンエンドジョンソン	3,375	米国
12	GE	493	米国	ビザ	3,143	米国
13	**三和銀行**	**492**	**日本**	バンク・オブ・アメリカ	3,016	米国
14	**野村證券**	**444**	**日本**	ロイヤルダッチセル	2,899	米国
15	**新日本製鐵**	**414**	**日本**	中国工商銀行	2,870	米国

週刊ダイヤモンドから作成：https://diamond.jp/articles/-/177641?page=2

　どもの世代が無視できないのが、グローバル化の波である。グローバル化、グローバル化と長年言われてきているが、インターネットやテクノロジーの発展によって、グローバル化はさらに加速していると言っても過言ではない。そして、日本はそのグローバルな競争に完全に後れを取り始めているのである。たとえば、直近30年の世界の時価総額ランキングの変遷を見ても明らかな事である。

　ジャパン・アズ・ナンバーワンと言われていた30年前は世界の企業の時価総額ランキングでは、上位15社のうち日本企業が11社も名前を連ねていた。しかし、30年経った今、一社もランクインしていないという事にとどまらず、現在ランクインしている企業の時価総額は当時の時価総額の10倍近くになっているのである。さらに、国や企業が成長していくとその国や企業で働いている人の実質賃金も上昇していくわけだが、経済協力開発機構

(OECD) の統計データによると、悲しい事に日本だけが実質賃金が 1997 年と比較するとマイナス 8.2% となっている。日本は、先進国の中でも稀に見る実質賃金が下がってる国となっているのである。直近の労働マーケットではプログラミング人財が非常に求められているが、このプログラミング人財もマーケットによって差が生まれてしまっているのである。ビジネスインサイダージャパンが日米のプログラミング言語別年収を比較したところ、ほとんどの言語で約 600 万円の年収格差が確認できた。Scala という言語であれば、アメリカでこの言語を使って仕事をする場合の平均年収が 1262 万円であり、日本だと 626 万円なのだ。プログラミングは英語も日本語も関係ない世界共通言語であるにも関わらず、多くの言語において倍くらいの年収の開きがあるのだ。少子高齢化もこの課題をさらに深刻にしていく。国立社会保障・人口問題研究所の調査によると、人口 1 億 2,000 万人の日本も 40 年もすれば 8,000 万人になると予想されている。少子高齢化社会が加速する事でマーケットが縮小し、マーケットが縮小する事で投資を考える人も少なくなる。投資がなくなれば、イノベーションが起きにくくなり、最終的にさらにマーケットが縮小していく悪循環に陥る。かたや世界の人口予測をみてみると、国際連合経済社会局は、現状の 76 億人から 100 億人に近づいていくと予想している。こういった状況を考えても、グローバルな環境に対応できる人財の育成が急務である事はわかるであろう。

4. グローバル教育のトレンド——主体性を引き出す教育と個別最適化された学習

前述の通り、一層グローバル化が進む事で国家間の格差は広がっていく。その他にも、人口増大による資源枯渇の問題、生活水準の不平等、サイバーセキュリティやプライバシー保護の問題がより顕著になり、課題が複雑化していく。これらの課題の解決に取り組む次世代を育成するために世界中の教育者が奮闘しているが、理想の教育を実行できている学校や教育システムは限られているだろう。OECD（経済協力開発機構）では、各国の教育シス

テムや学校等の教育期間に指針を提供すべく、様々な観点を発信している。OECD が発行した教育 2030 レポートでは「生き延びる力」の育成が必要であるとし、学び手や教え手のあるべき姿を示し、「生き延びる力」は「反省、予測、行動」というプロセスの中で「学習する力」であるとしている。また、その他にも、必要な力として下記のように定義している。

- 新しい価値を創造する力（Creating New Value）：新しい製品やサービス、新しい社会モデルを他者と協力して産み出す力。好奇心を発揮し、他者をオープンに受け入れる心を持つこと
- 緊張とジレンマの調整力（Reconsiling Tensions and Dilemmas）：平等と自由、自立性と地域利益、持続的な変革など様々な競合する需要間のバランスをとる力
- 責任をとる力（Taking Responsibility）：自らの行動の将来の結末を考慮する力、自分の仕事の成果について責任をもって説明できる力、自ら評価できる力。自己効力感、責任感、問題解決能力、適応能力等

さらに、これらの力を育むためのキー・コンピテンシー（行動特性）として、①道具を相互作用的に活用する能力（個人と社会との相互関係）、②異質な人々からなる集団で相互に関わりあう能力（自己と他者との相互関係）、③自律的に行動する能力（個人の自律性と主体性）の 3 つの領域に定義している。三つ目の自律性や主体性については、先端的な教育手法が長年主張してきている特性でもある。モンテッソーリ教育、ドルトン・プラン、フレネ教育、シュタイナー教育、フィンランド式教育どれをとっても子どもの主体性を尊重しており、一つの教育の型を子どもに当てはめる事はしない。一方で日本の教育システムはどうだろうか。私の経験を少し共有させて頂きたい。私はこれまで 100 校以上の学校に足を運んでいるが、毎回休み時間中に子どもと話をするようにしている。その際に、「何のために学校にいくの？」「今日の授業の目的（めあて）は何だったかな？」と聞くようにしている。大袈裟に言っているように聞こえるかもしれないが、実はこの質問をして子どもから明確な答えをもらったことがない。これは大人の世界でいうと、ビジョンがない会社に毎日通い、ゴールを意識せずに一日中会議漬けになっている状態である。中

には「友達と会うため」と応えてくれる子たちもいたが、これはとても素晴らしい事である。ただし、学習指導要領や学校経営目標がこのために教育をしているとは考えにくく、子どもが持っている目的と教育をしている側が掲げている目標にギャップがある事がわかるし、子どもたちの主体性を育めているとは言いにくい。

　それでは、子どもの主体性はどのようにしたら引き出せるのだろうか。難しいのが、主体性は教えるものではなく、体験を通して育んでいくものであるという事だ。目的意識や主体性を育むためには子どもの内発的動機に火をつける必要がある。日本の教育行政も体験を通して子どもたちの主体性を引き出そうと「ゆとり教育」や総合学習を実施してきている。実は、40年程前の中曽根内閣の臨教審の議論を確認しても、当時から詰め込み型の教育に対して危機感や子どもの主体性を育む教育についての議論がなされていた事がわかる。当時、受験競争の過熱によって子どもの負担は大きくなる一方、ストレスを抱えた生徒たちは、校内暴力等の問題を引き起こしていた。忙しすぎる日本の子どもを救うため、学習内容を減らすべきだという論調が強くなり、結果的に当時の文部省も子どもにゆとりを持ってもらう教育政策への転換に動いたのである。2002年度に実施された学習指導要領の改訂では、学校週5日制の導入や、小学校から高校までの教育内容の3割削減していった。削減した分、「総合的な学習の時間」を設け、教科の壁を越えた総合的な学習を基に、子どもが主体的に学ぶ意義を見いだせるように体験学習やテーマ学習を導入した。2020年改訂の新学習指導要領の基本コンセプトである「生きる力」のベースとなる考えは40年前から考えられているのである。しかし、臨教審や文部省内で議論されていた事が現場に浸透していたとは言いづらく、最終的に国際的な学力試験であるPISAの順位が下がる事に対してマスコミが騒ぎ立て、ゆとり教育は失敗とみなされ、脱ゆとり教育路線に方向転換する事となったのは残念な事である。冷静に考えれば、詰め込みを減らし、ゆとりを増やして学習や体験学習を増やしているので、詰め込み型の学力を測る学力試験の順位低下は仕方がない事であるが、今となって嘆いても仕方がない。こういう背景もあり、脱ゆとり教育の流れを踏襲している現在

の学校教育も子どもが探求する時間を十分に確保できない。新学習指導要領でもプログラミング教育や小学校からの英語教育も組み込まれるようになった。何も減らしていないのに、「新しい教育」を追加しているので、広義での詰め込み教育の状態は変わっていないと言えるのではないか。もちろん知識の習得を積極的にカットしましょうという事を主張するつもりはない。知識のインプットがなければ、知識をつなげてアウトプットする事もできないだろう。そこで、私はインプットする知識量を減らさなくても、知識を習得を効率的・効果的に行う事ができると考えている。オンライン教育やテクノロジーを駆使する事で、子どもの探究活動をするための時間を確保する事のみならず、探求の質を高めていく事が可能だと信じている。

5.　オンライン教育の光

　2020年は、新型コロナウィルスが蔓延し、2020年2月27日には安倍晋三首相（当時）が新型コロナウィルスの感染拡大を食い止めるために、全国36,000校の小・中・高・特別支援学校に対して一斉休校要請を出した。多くの自治体が対応する事ができず、当時の文部科学省の調査によると、「同時双方向型のオンライン指導を通じた家庭学習」を実施しているのは5％未満に留まった（回答した1,213自治体のうち60自治体）。冒頭でも申し上げたように、私は今、完全オンラインのインターナショナルスクール Crimson Global Academy（以下 CGA）の日本展開を担当している。CGA は 2020年4月に開校したが、開校は新型コロナウィルスの発生は全く関係なく、3年前から準備していたプロジェクトであり、たまたまコロナウィルスパンデミックと時期が重なった形での開校となった。こういう状況もあり、開校と同時に問い合わせが殺到し、開校して一年して生徒数は300人に達した。2021年の夏には世界中から1,000名の小中高生が学ぶオンラインのインターナショナルスクールになる予定だ。オンライン教育に入学希望者が集っているのは CGA に限ったことではない。日本国内でオンライン教育を手がけている代表的な

例として。N高等学校（以下N高）がある。N高は、2016年4月に開校した通信教育を行うオンライン高校である。KADOKAWAグループが出資し、学校運営にも大きくかかわっており、先進的なオンライン教育を実践している。現在、15,000名以上の生徒が全国で学んでおり、急激に生徒数を伸ばしているオンライン高校である。オンライン教育で自分に合ったペースで効率的に勉強を進め、空いた時間で好きを徹底的に探求する事を推奨している。ボランティア、マイプロジェクト、プログラミング、スポーツ、アートと自分が取り組みたい活動に主体的に取り組む事ができ、自己探求していけるのである。N高で経験できる課外活動も「起業部」「投資部」「政治部」「eスポーツ部」とユニークである。

6. テクノロジーがもたらす教育の可能性の拡張

オンライン教育やテクノロジーを駆使した教育には様々な可能性がある。ここでは、いくつかの活用事例や期待効果について紹介したい。

- 履修主義から習得主義へ— 個別最適化された学習の実現へ

  同じ学習内容であっても、5時間で修得できる生徒もいれば、10時間かかる生徒もいる。しかし、日本では、規定以上の授業を履修すれば内容が修得できていなくても進級していく。じっくりと学習すれば理解できるものも、先に進んでしまう事で学習が止まってしまう事だってある。スピードのみならず、学習特性も一人一人違う。ハーバード大学のハワード・ガードナー教授はこれをマルチプル・インテリジェンス（MI：多重知能）と呼んでいる。旧来型の教育では、その多くは知能を「一つの指標（例えば、IQ）」で測ろうとしたが、ガードナーは「知能は単一ではない、複数ある」と発表したのだ。人によっては論理・数学的知能（論理的なパターンや相互関係、また抽象的な概念に対応できる知能）が強かったり、言語・語学知能（文字や文章を書くなど、言葉を効果的に使いこなす知能）に長けていたり、視覚・空間的知能（空間を認識したり、その

認識を自由に転換させたりする知能）が長けている人もいるのだ。このように一人一人の学びの進度や特性を捉えた上で子どもが学習できる事は理想だが、先生が 3 〜 40 名の生徒を指導している状況では限界があり、到底このように個別最適化された学習環境を実現する事ができない。そこで今後発展が期待されているのがテクノロジーやデータを活用した教育や人工知能を活用した AI 学習である。すでにアタマプラス株式会社などの民間企業が開発している AI 学習システムも多くの教育機関が導入している。学習者がどこで躓いているのかを特定し、その躓きを解消するための個別化された学習計画を基に問題を提示し、躓きを解消するのである。こういった学習プラットフォームの活用が当たり前になれば、学習特性にも適応した指導を可能にする事で学習者の可能性をさらに広げていく事が可能となり、教育の効率と効果を高める事も期待できる。

- 質の高い教育をどこでも受ける事ができる

  近年では、MOOCs の発展を通して、世界中の質の高い授業を誰でもアクセスできるようになっている。MOOCs（Massive Open Online Courses）とはインターネットを通じて世界各国の有名大学の授業を受けることができる、新たな学習プラットフォームの事である。MOOCs の講義はインターネット環境さえあれば視聴でき、時間と場所を選ばない為、受講者は自分の都合に合わせて講義を閲覧できるようになっている。多くの人がアクセスできるため、教育の地域格差の解決にもつながると言われている。MOOCs の代表的なプラットフォームとして下記のものがある：

  Khan Academy: https://www.khanacademy.org/

  EDx: https://www.edx.org/

  Udemy: https://www.udemy.com/

  Coursera: https://www.coursera.org/

  Gresham College: https://www.gresham.ac.uk/

  Future Learn: https://www.futurelearn.com/

  上記は大学レベルの学習ではあるが、高校レベルの学習もオンラインで

アクセスできる。日本国内だとリクルートが提供しているスタディサプリがあり、グローバルコンテンツだと Khan Academy が有名だろう。今後、教師は独自で教育コンテンツを開発していく事に時間を奪われるのではなく、こういったリソースをうまく活用していく事が求められるだろう。

- 反転学習で学習効果を最大化する

日本では今でも多くの授業が講義型で行われている。授業で知識の伝達が行われており、アウトプットの機会がほとんどなく、学習効率と効果が非常に低い。アメリカ国立訓練研究所の「ラーニングピラミッド」の研究によると、講義による学習では内容の定着率がたったの5％にとどまるとされている。他者と議論する事で定着率は50％に上がり、人に説明できるようになってはじめて内容の90％が定着する。新学習指導要領ではアクティブラーニングが導入される予定ではあるが、まだまだ未発達の領域であり、教師がアクティブラーニングを実践できるようになるには時間がかかりそうだ。さらに、現行の学習指導要領でカバーしないといけない学習範囲を守ろうとすると時間が足りない実態もある。この問題を解決するために、上記で紹介した MOOCs や AI 学習システムを活用する事で知識のインプットを事前に効率的に行い、予め学習内容を予習しておくことで実際の授業は100％アウトプットに活用する事もできる。これまでの授業で知識を学んで宿題でアウトプットしていた状況を反転させ、事前にインプットして授業でアウトプットする事で知識の定着率を高める事ができる。また、このプロセスでディスカッションやグループワーク、そしてチームワークも学ぶ事ができるので一石二鳥である。

- 質の高い先生にアクセスすることができる

上記の反転学習メソッドを運用するためにも高度な指導力が求められるが、多くの学校で質の高い先生を確保する事が急務となっている。特に、グローバル人財教育や国際的なカリキュラムの指導を考えれば、日本国内の多くの学校が頭を抱えている。国際バカロレアやAレベルのように国際的なカリキュラムはアウトプット型の教育を軸にカリキュラムが設計

されており、指導する先生にはカリキュラムの深い理解のみならず、生徒のディスカッションをファシリテーションしていく力が求められている。日本では、急速に IB カリキュラムの普及が進んだ事は良い事だが、実態は指導力が伴っていない学校が多く、IB も国際水準から遅れている事を懸念している関係者の声もよく耳にする。世界的に経験を積んだ教員を日本に呼ぼうとしている学校もあるが、日本は生活コストが高く給与水準が低い事や、外国の方が住みにくい実態もあり、なかなか難航している。ここにもオンライン教育の可能性がある。オンライン教育を学校に取り入れる事ができれば、質の高い先生を世界中の教室につなげる事ができ、質の高い先生の「シェア」も可能になるのだ。実際に CGA でも世界中で活躍する先生を採用し、オンラインで世界中の生徒に授業提供を行っている。時差の問題も指摘されるが、先生をニュージーランド・イギリス・アメリカを中心に世界中で採用しているので、24 時間対応できるカリキュラムになっている。もはや、学校が全ての授業を実施しなくてもよくなるのだ。このように世界中のリソースを活用する事で、リアルでしかできない事に集中したり、自分の学校の特色を出すためのカリキュラム開発にリソースを注げるようになるのだ。

- データドリブン教育

ここまで習熟度別の教育、AI 学習、反転学習などの説明をしてきたが、ここで重要になるのがデータの利活用である。データの利活用は、多くの業界の中でも教育業界が特段遅れていると指摘されているが、習熟度別教育や AI 学習を実現しようと思うと学習者のの学習データやログは必須となる。学習者の学習履歴や特性を理解しておくことで、適切なレベルで学んでもらう事ができるし、特性を理解した上でファシリテーションができる。また、学習者へのフィードバックもファクトを基に行う事ができる事も魅力だろう。フィードバックというのは何となくするものではない。内容が適正で具体的であればある程、納得感が増し、効果が高まるのだ。

しかし、このデータを収集するのが本当に大変なのである。個別指導で

授業内で集められる情報は全て蓄積し活用する

あれば、学習者を観察したり理解するのに十分な時間を使う事ができるが、学校の授業内で一人の先生が 30~40 名の生徒を指導している場合、学習状況から特性を把握する事が難しいのだ。

ただ、ここでオンライン教育やテクノロジーを導入する事でこの課題も解決できる。CGA のオンライン授業では全ての情報を逃す事なく捉えている。授業内では PC 上のクイズ機能や小テスト機能をうまく使いながら理解度を把握する事できる。授業内の発言も全て自動文字おこししており、発言内容を分析する事もできる。もちろんこれらの情報を活用する事で生徒評価につなげるのみならず、生徒一人一人の学習特性を把握する事ができる。

- 授業内で集められる情報は全て蓄積し活用する

さらに、パソコン上で目線や顔の動きを捉える事ができ、先生は授業への集中度をタイムリーに捉える事で授業内容を修正したり、特定の生徒に対して質問をする事で上手く全体の授業エンゲージメントを高める事

ができるようになる。データは生徒を評価するためのものというよりは、先生が授業の質を高めていくためのツールなのである。もちろん、データポイントが多い分、生徒や保護者に対して共有できるフィードバックも実りあるものになり、結果的に家庭も積極的に学習をサポートできるようになる。このように、データを活用していく事で多面的な効果が期待できる。

- テクノロジーを駆使し、「好き」を徹底的に探究
これからの時代は好きな事を主体的に、徹底的に探求する経験が大切になる。これまでは、探求する時間を十分に確保できない問題や、探求するためのリソース格差問題もあった。リソースがある家庭や学校は子どもに多様な経験をさせて上げる事ができるかもしれないが、リソースが限られている学校はそうはいかない。こういった時間の問題やリソース格差の問題もテクノロジーやオンライン教育が解消できるかもしれない。30 名の習熟度がバラバラな生徒に対して一斉授業をしていた状態からすると、ここまで挙げている教育手法が教育の効率を劇的に高めるために貢献している事がわかると思う。CGA でも、習熟度別にクラス編成を行い、反転学習を基軸に、テクノロジーを駆使して指導効果を高める事で、同じ 1 時間の授業でも二倍のコンテンツがカバーできるようになっている。もし一日の通学時間に往復 90 分で、学校にいる時間が 6 時間の生徒が CGA に転校すると、7 時間半かけていたものが 3 時間で済むようになるのである。一日だけでも 4 時間半時間が生まれるのである。この 4 時間半で自分の好きな事を探求することができるようになるのだ。さらにオンライン教育のプラットフォームを活用すれば、世界中の教育リソースにアクセスできるようになる。例えば、プログラミングやコンピューターサイエンスを学びたいと思う学生は上記で紹介した EdX でハーバード大学のコンピューターサイエンスの入門講座の「CS50」を無料で受講する事ができれば、アートに取り組みたい学生は絵画教室に、音楽やスポーツに没頭したい生徒は、勉強を犠牲にすることなくその分の練習時間を確保する事ができるのだ。こういった時間の中で子ど

もの主体性は育まれるのではないだろうか。

おわりに：教育の「幕の内弁当化」から「UBER Eats 化」へ

　高度経済成長以降、日本の教育現場が何もしてこなかったわけではない。本稿でも説明したが、中曽根内閣時代の臨教審の議論以降、中央教育審議会での議論を確認しても、前向きな教育改革に関する議論は続いている。2020年からはじまった新学習指導要領でも概念やビジョンを確認すれば、ここでも前向きな改革が確認できる。しかし、蓋を開けてみて各論に目を向けてみると、迷子になってしまう人は少なくないと思う。新学習指導要領の重点施策に、小学校からのプログラミング教育や外国語教育、道徳教育、消費者教育、主権者教育、理数教育の強化、言語能力の育成、伝統や文化に関する教育、特別支援教育と書かれており、もはや何が重点施策なのかがわからない。弁当に例えると、おかずが少しずつ入っている幕の内弁当のようである。作る（教える）側も大変だし、食べている（生徒）側も何を食べているのかが記憶に残らない。時代に適応すべく、増やす内容だけがどうしても議論されてしまい、何を減らすかの議論はほとんどなされないまま、21 世紀版の詰め込み型の教育が誕生したかのようだ。子どもが主体的に探求する「ゆとり」の時間は限られており、主体的な選択をする余地はほとんどない状況である。もはや、学ぶ内容を大人や社会が決めるのではなく、子どもにもう少し委ねてみてはどうだろうか。例えば、子どもが学びたい内容を自らが主体的に選択し、個別最適化された学びを届けていくのもその一つだろう。自分が食べたいものをメニューから探し、店に行かなくてもアプリを通して注文し、食事を自宅に配送してくれる UBER Eats のように、教育の UBER Eats 化を目指すのはどうだろうか。自分で選択する事で主体性も高まるし、テクノロジーを駆使すれば質の高い教育をどこにでも届けられるようになる。元リクルートで東京都杉並区和田中学校で民間人校長先生をされていた藤原和博さんの言葉を借りれば、「積極的不登校」も一つの選択肢になるかもしれない。学

校に行かなくても、テクノロジーを駆使する事で自分に合った最高の教育を当たり前のように受けられる日が来るのは、そう遠くないと思う。たしかに、世界と比較すると教育テクノロジーは海外が先行している事は認めざるを得ない。しかし、私は悲観的になる必要はないと思っている。日本は0から1を創り出すのは不得意でも、1をカイゼンし続けて世界で戦える品質を創り出してきた歴史があり、日本人の特性に合っていると思う。これから日本の教育現場が世界のグッドプラクティスを積極的に取り入れ、教育テクノロジーの質をアップデートし、子どもにこれからの時代を切り拓くために必要な教育のカタチを実現していく事を期待したい。

引用参考文献

伊藤有（2017）『日米格差は 600 万円か？「 プログラミング言語別 年収調査 」の衝撃』ビジネスインサイダージャパン

経済協力開発機構（2018）『Education 2030』

国際連合経済社会局（2019）『World Population Prospects』

国立社会保障・人口問題研究所（2017）『日本の将来推計人口』

文部科学省（2020）『新型コロナウイルス感染症対策のための学校の臨時休業に関連した公立学校における学習指導等の取組状況について』

Howard E Gardner（2016）Multiple Intelligences: New Horizons in Theory and Practice.Basic Books

Kåre Letrud（2012）A rebuttal of NTL Institute's learning pyramid. Lillehammer University

Carl Benedikt Frey and Michael A. Osborne（2013）The future of employment: How susceptible are jobs to computerisation?

第6章

アメリカの教育のデジタル
トランスフォーメーション

その進展、コロナ禍のインパクト、教育の再編成

ホーン川嶋瑤子

授業風景

杉原レナ撮影

はじめに

　教育はまさにデジタルトランスフォーメーション（digital transformation, DX）のさなかにあるが、人材育成組織として DX の推進力でもある。アメリカはエドテック先進国と言われてきた（educational technology 近年は教育で使われているデジタル・テクノロジーを指す）。2019 年末から 20 年初めには、過去 10 年間のエドテックの経験の評価、問題の分析、そして 20 年代に向けての課題が論じられていた。まさにその 3 月にコロナ禍の拡大によって突然 K-12（キンダーから高校まで）から大学までの教育の多くがオンラインに移行し、教育は著しい混乱に陥った。この 1 年間は教育のデジタル化を一層進めると同時に、他方ではデジタル化が学校にもたらしたさまざまな困難や、社会経済的不平等問題を露出させ、さらに大学の変化、MOOCs や生涯教育の拡大と再編成等、教育界は未曽有の変化と挑戦の年となった。

　以下で、1. アメリカでのデジタル革命と教育、2. コロナ禍でのオンライン教育、3. 教育のデジタル化が生んだ諸問題、4. 大学のデジタル化、MOOCs、生涯教育の拡大について論じる。

1. デジタル革命と教育

　教育テクノロジーの発展を軸にして教育における DX がどのように進展してきたか見てみよう[1]。

（1）エドテックの発展

　アメリカでは伝統的に教育は地域の責任（学校区、学校、教師、親）という地方分権的考え方が強かったが、1970 年代後半、日本の台頭もありアメリカの経済的技術的覇権の揺らぎの中で、教育改革の必要、国際的競争力強化に

必要な理数工系人材育成が重点化された。80年に教育省が「健康・教育・厚生省」から独立して設置され、連邦政府が教育改革推進に乗り出した。80年代はデスクトップ・パーソナル・コンピュータの時代となり（1977にマックII登場）、ビデオ、ゲーム、OS、アプリケーション・ソフトが発達した。学校にはコンピュータ・ラボが設置されたが、まだ授業での広い活用ではなかった。

　90年代はIT革新の時代。email、www（91）が登場し、インターネット、コンピュータ同士をコネクトする技術が進んだ。アル・ゴア副大統領は91年、インターネット・テレコミュニケーション・ネットワーク推進を助成。PCのハード、ソフトの革新（Microsoft Windows, 95）が進み、Yahoo（95）、Netscape（95), Google（98）のサーチエンジン（検索）、Amazon（95）、任天堂（96）やソニー・プレイステーション（95）等が続々と設立された。エドテックの分野では、LMS（Learning Management System）が登場し（Blackboard等）、学校はテクノロジーを補助的に利用し始めたが、まだ教室ではなく、コンピュータ・ラボでの使用であった。

　2000年代はMacBook（06）、iPhone（07）、iPad（10）が登場し、ポータブルテクノロジー、スマートデバイスの普及、コネクタビリティ革新の時代となった。また、教育的リソース作成の民主化、普及、共有の動きが出た。Creative Commons（01）、Creative Commons Licenses（02）が設立され、知の無料使用、オープン・ライセンスされた知の無料使用許可制度ができた。Wikipedia（01）が、共同参加的編集と無料共有の民主的ウェブページとして発展した。マサチューセッツ工科大学（MIT）は01年、同大の1800コースの授業内容を開放し、インタネットでの無料アクセスと使用者の希望に合うように編成することを認めるOpenCourseWare initiativeを発表した。

　Open Educational Resources（OER, 02）も広がった。OERは、教育、学習、研究用リソースで、作者や出版社の許可によりオープン・ライセンスされたもの、あるいはパブリック・ドメインにありコピーライトがないもの（例えば政府公表資料）であり、無料で自由にアクセス、利用、応用、変更、シェアを許可するものだ。MIT Media Labが作ったScratch（07）は無料のプログラミング／コーディング・アプリだ。教育用のソフト、デジタル教科書、eBook、ビデオ、ジャーナル、その他多様なコレクションができた（Merlot、Oasis、

OER Commons、MIT OpenCourseWare 等々)。オープン・テキストブック、オンライン・コース、ビデオ、オーディオ、プレゼンテーション・スライド、授業シラバスやアウトライン、クイズや学生に出す課題、等多数のタイプがある。OER の拡大によって、学校は多様な教育的リソースへの無料のアクセスと、学校のニーズに合うような自由な再構成が可能になった。

情報発信の民主化、機会拡大の時代となった。Blog(03)によって誰でもウェブ上で情報発信できる。LinkedIn (03)、Facebook (04)、Twitter (06) 等のソーシャルメディア (SM) が発展、YouTube (05) によって誰でも動画を制作して流布できる。教育での活用は、放送から動画ビデオへと移行した。カーン・アカデミー (06) が無料でオンライン・コースを提供し始めた。Amazon Kindle (07) やタブレットで、豊富なリーディング教材を提供するデジタル・リーディング・サービスが普及していく。

LMS (leaning Management System)、CMS (Course Management System) 等のプラットフォームは、90 年代に登場したが、2000 年代には、LMS デザインが学校のニーズに合うように改善され、教育でのエドテック活用を著しく広げることに貢献した。Blackboard (97) の Blackboard Learn、Moodle (02)、Instructure (08) &Canvas (09)、Schoology (09) 等。オープンソース LMS は、他の色々な教育用アプリや記録用アプリ、教師訓練アプリ等まで、学校が必要とする多様なデジタル・ツールの取入れ、統合を可能にした。授業の管理、学習者の登録・参加・スケジュール、課題の提示と生徒からの提出、評価、記録、セキュリティ等の機能も含まれている。教育におけるテクノロジーのシームレス・インテグレーションが進み、ティーチング、ラーニングに変化を生み、また、一斉講義授業に代わる個別最適学習も可能となった (後述)。

(2) 学校のデジタル化の推進

2010 年代に学校のデジタル化を推進したのは、公立学校のデジタルのインフラ整備とカリキュラム化、多様な ICT ツールの発展だ。

①デジタルインフラ整備、カリキュラム、「1人1台」端末

オバマ大統領は2009年に「コネクト・アメリカ」プランを発表し、学校、家庭、ビジネス、地域をコネクトするネットワーク・インフラ充実の政策化で、K-12の公立学校の教室での高速インタネットアクセスは、10年には20％、13年もまだ30％だったが、15年に77％、17年に98％を達成した。家庭でのインターネット使用は、人種、教育、収入、地域による大きな格差があり、「コネクト・ホーム」で、企業と連携しその解消に取り組んだ。「コネクト教育」では、政府とIT企業、NPO、オンライン教育提供事業、出版社等が協力して、デバイス、デジタル教材提供、教師へのトレーニング等を広げた。

多くの州で10年から「コモンコア州基準」が実施された。これはK-12の学年ごとに習得すべき学習内容についての州カリキュラムであるが、学校でのICT導入による学校管理とデジタルスキル学習のカリキュラム化を進め、連邦政府はその推進を助成したため、学校にICT活用が広がった。14年には州の小中学校の標準テストのデジタル化が始まり、翌年には過半数の州が採用し、学校のICT導入を促進した。テクノロジーが学校にも、家庭にも浸透した。

iPhone（07）の後、iPad（10）が登場し、学校にも入っていった。Chromebook（12）が150ドル程の低価格になると、学校に急速に普及した。コンピュータ・ラボに置かれていたデスクトップやラップトップが教室に入り、生徒が個人のデバイスとして持つ「1人1台」の時代になった。学校のカリキュラム、授業での使用が進み、多様なアプリが開発された。

②エドテック産業の成長

教育的リソースは、それまでは教科書出版社、教育関連企業が支配していたが、教育のデジタル化は、IT企業の教育分野進出と支配を進めた。グーグル等のIT大企業の参入と並行して、エドテックのスタートアップが投資を得て成長し、エドテック産業の興隆、プロダクトの開発が加速した。エドテックは新しい高成長産業となった。特に20年春からコロナ禍でオンライン学習が中心となり、エドテックへの投資の拡大という追い風を得て、ユニ

コーン（評価額 10 億ドル以上の企業）も出ている。

Holon によると、20 年 11 月時点でのアメリカのユニコーンは、Udemy、Coursera、Udacity のムーク 3 社（後述）、Duolingo（11 設立：言語学習アプリ）、Course Hero（06 設立：本、論文、学習資料、ビデオ等オンライン学習用プラットフォーム）、Quizlet（05 設立：使用者が制作する学習用 Q&A カード）、Guild Education（15 設立：UpSkilling は労働者の訓練・再訓練教育プログラム）、Age of Learning（2-8 歳向けの学習サプリ、ゲームによる学習サプリ）、Varsity Tutors（オンライン 1 対 1 チューター、小グループ学習、自習プログラム、コース提供）。グローバル・マーケットの創出、グローバルな競争となり、中国、インドの躍進が目覚ましい。

③教育で使われる多様なアプリ、ツール

いくつかを挙げよう。

Scratch（07：MIT Media Lab 制作の無料プログラミング / コーディングアプリ）、Class Dojo（11：教室をコミュニティにする、生徒をグループ化できる；生徒は学習したものに写真、ビデオ、ストーリーを追加できる；親とも結びつける。）、Desmos（11：数学学習アプリ）、Clever（12：学習アプリ、デジタルリソースを一つにまとめたプラットフォーム）、Nearpod（12：インタラクティブ、コラボラティブ、エンゲージング、ディスカッション、VR、シミュレーション、ゲーム使用で参加者の意欲をかき立てる；教師による評価可能）、Tynker（12：子供向けプログラミング / コーディングアプリ）、Kahoot!（13：ゲーム利用の学習アプリ）、Newsela（13：分野別の学習アプリ、リソース、エンゲージメント、探求重視）、Quizizz（15：ゲーム化された学習アプリ、エンゲージメント、即時のフィードバック）、Epic（14：K-12 向けの本、ビデオ等のデジタル・ライブラリー）、Seesaw（13：多くの学校で使われているアプリ；教師と生徒がクラスでの学習を記録し写真やビデオや絵等を追加して各自のジャーナルを作成できる；クラスでの生徒のエンゲージメント、コネクション重視；教師は生徒の学習の進歩を把握できる；家族も生徒の学習を知ることができ、生徒、教師、家族を結び付けた学習ループを作る）、Flipgrid（14：ビデオディスカッション用無料アプリ）、Minecraft（11：ビデオゲーム利用の学習アプリ）、等々。ハンディがある生徒の学習を助けるハードやソフトも開発された（JAWS and Braille keyboard 等）。

　これらのアプリが特に強調している点は、エンゲージメント、インタラクション、コラボレーション、グループ学習、コネクション、ディスカッション、コミュニティ形成、フィードバック、学習評価等だ。単なるドリル的アプリとは違う。また、ゲーム利用の学習アプリが増えているが、学習の動機付けと自発性尊重、多数参加可能、参加者間の相互インタラクションを通した社会性重視の学習であることを強調している。これらはアプリ開発企業の説明文ではあるが、今日のティーチング＆ラーニングで重視されていることを反映していると言える。

　インタラクティブな eBooks もあり、3D モデル、ビデオ等の多様な学習ツールが組み込まれているものも登場している。スマートボード / インタラクティブ・ホワイトボードは、大きいスクリーンに写真、ビデオ、ドキュメント等を載せられる。書き込み可能、生徒とシェアでき、生徒は授業外でもアクセスでき、参加やエンゲージメントの道具になる。

サーチエンジン（検索）　　探索トピックのキーワードを入れると、膨大な情報の中から、関連する有益情報を探し出し、ランク付けして示す便利なツールとして活用されている（後述データ収集の項を参照）。グーグルが 9 割以上のシェアを確保している。

ビデオ・コンフェランス（会議）　　1990 年代に発達したが、Skype（03）、Go-ToMeeting（04）、Zoom（11）、Microsoft Teams（17），Google Hangouts（13）& Meet（17）等の登場で、学校に入っていった。コロナ禍でオンライン授業になると、使用は爆発的に増加した。クラスでの同時双方参加のコミュニケーション、フィードバック、ディスカッション、協働学習、プレゼンテーション、情報シェア等多機能をもつ。遠隔地とも繋がり、他学校との交流、ミュージアムや文化的教育的リソース利用（バーチャル・フィールドトリップ）、海外との異文化交流等も可能となり、不可欠の教育的ツールとなった。

クラウド・コンピューティング・テクノロジー　　クラウド・テクノロジー

は記録やデータ保存に革命をもたらした。クラウド・サービスは多様化し、サーバー、データベース、ネットワーク、ソフトウェア、アナリティックス、インテリジェンス等に広がる。この10年間で教育は急速度でクラウド使用に移行している。Microsoft's Azure cloud、Microsoft Office 365 Education、Amazon Web Services（AWS）、G Suite for Education（コラボ用 Docs, Slides, Sheets, Drive, Jamboard、コミュニケーション用 email, chat, and video（Meet）、クラスルーム用 Classroom, Assignments, Forms、スケジュール用 Keep, Calendar、学校管理用 Admin（Google Docs, Calendar, Sheets, Drive, Gmail, Slides, Hangouts, Google Classroom）、Blackboard Classroom 等、すべてクラウドになっている。

　LMSもクラウド上に移行し、ダウンロード不必要でアクセスが簡単になり、授業管理を効率化する。授業プランのシェア、授業への登録や課題のトラック（追跡）、教育リソースへのアクセス、ライブ＆動画レクチャー、ライブのディスカッションやコラボ、バーチュアルラボ、評価までが簡単となる。モバイルデバイスでも使え、時間的場所的制約がないアクセスが可能であり、オンライン学習を容易にする。多様なコンピューティング・パワーと教育アプリの「サービスの購入」によって、インフラコストの節約と効率的運用になる。また最新のソフトウェア・バージョンを利用できる（software as a service, SaaS）。生徒の情報、学習記録、保存、共有の効率化となり、いつでもアクセスでき、場所をとらない。データは自動的にエンクリプトされるのでより安全な保存であり、学習者のプライバシーも保護される。

（3）ティーチング、ラーニングの変化

　1人1台端末、多様なデジタルメディアと教育的リソースのシームレス・インテグレーションがティーチング＆ラーニングを大きく変えつつある[2]。

①アプリの多機能

　学習におけるコラボ／協働、インタラクション、コミュニケーション、さらには、創造力、クリティカル思考育成まで可能であると強調する。教師による講義の暗記学習中心ではなく、生徒による探求、研究、発表やシェアを

容易にする。コロナ禍でのオンライン学習においては一層オンラインコミュニティ形成が重要となった。教室での対面授業に代わるライブ同時双方型の授業では、教師と生徒、生徒同士がよりコネクト、インタラクト、コラボレート、アイディアや学習作業や成果のシェア、チャットが必須であった。

　LMSには、コミュニティ形成を容易にする教育的メリットもある。親もLMSを通して、子供の学習状況や学校の状況を知り、子供の教育や学校への関心と参加を促し、学校・教師・親・生徒のコミュニティ感や教育上のリソースになる「学習ループ」の形成を図る。他方で、成績をいつもチェックすることになり、ストレス上昇になるという声もある。

②「個別最適学習（Personalized learning）」

　アプリを使った個別最適学習が近年注目されている。生徒の学び方はそれぞれ異なるから、教室での一斉学習に代わって、一人ひとりの強さ、スキル、ニーズ、興味に応じた学習を目指すものだ。個別最適学習とは何か、いろいろな考え方、モデル、実践の試みがある。生徒に学習の目標と結果を自ら管理させ、エンゲージメントを高め、エンパワーするという考え方である。今のところ、アダプティブ・ソフトによって、それぞれの生徒はスキルレベルに合った内容、スピードで学習し、教師は生徒の学習状況をリアルタイム（現在進行形）で把握してフィードバックを与え必要なサポートをすることによって、生徒のアチーブメントを向上させるという考え方が多い。しかし、生徒のアカデミック学習だけでなく、生徒のより広い全体的成長に合った学習プランを立てるというモデルもある。とはいえ、個別学習実践の成果についての研究は、ポジティブな結果からはっきりしない結果まであるようだ。同じ教室にいる生徒たちが、アプリを使ってそれぞれの内容とペースで学習することは実際には容易でないし、スクリーンタイムの増加、一人学習時間が多くなるという問題も指摘されている。

　しかし、個別最適学習は、これからのティーチング＆ラーニング改革の重要なツールでありうると認識されている。2020年代の「教育ルネサンス」をもたらすとも期待されている。多大なデータの収集と分析に基づき、学校全

体の大きなティーチング＆ラーニング改革のツールとなるという声もある。コロナ禍が学習の遅れを引き起こしたが、特に不利な生徒たちに一層の遅れが生じており、キャッチアップする方法として個別最適学習に言及されることが多い[3]。

ところで、個別最適学習を可能にするテクノロジーが Learning Analytics であり、2011 年の国際会議で、「学習者と学習環境を理解し最適化する目的で、学習者とコンテクストについてのデータを測定、収集、分析すること」と定義された。「生徒の学習活動からデータをとり、データサイエンスと AI による分析を用いて、エビデンスに基づいた評価をして、ティーチング、ラーニングを向上させる。」つまり、人間による判断ではなく、機械学習、アルゴリズムがデータから学習者個人のプロファイルを作り、能力や学習パターン等に基づいて、学習者の最適な学習内容や方法を示す。収集するデータの蓄積が多いほど、分析、予測も正確になる。しかし、ビッグデータ収集、プライバシー、アルゴリズムのブラックボックス問題、データにおけるバイアス侵入や、個人の行動についての間違った予測のリスク等のエシックス（倫理）問題が懸念されている (Society for Learning Analytics Research, SoLAR)。さらに、学習者のデータが流出したり商品化されるリスクがある、また、個人の長期にわたるデータが収集されうるという様々な問題がある。

例えば、Curriculum Associates が開発した個別最適化学習ソフト、i-Ready Assessment (Diagnostic, Standards Mastery, Tools for Instruction)、i-Ready Learning は、評価デザイン研究と膨大なデータによる有効なエビデンスをもとに、一人ひとりの生徒の学習の達成レベルと理解のギャップを分析し、どのようなインストラクションを与えるのが適しているかのインサイトを教師に与える；生徒の適切なグループ化による学習も提示する；クラス全体、グループ、各生徒の個別学習についての判断材料とインストラクション・ツールを提供するとうたっている。一部の学区では採用されているようだ。

③教師の役割はどう変わるのか？

今の段階では、多くの教師は、ファシリテーター役割よりも、レクチャー

等の伝統的ティーチング役割を好むという調査結果だ。急速なデジタル化の進展の中で、デジタル化を取り入れた教師もいる一方で、サポートもなく置き去りにされてきたと感じる教師、やめていく教師も少なくない。教師のための Professional Development として、デジタル・スキル訓練、生涯学習が重要になる。

　とはいえ、アプリをいかに上手に使うかが先行してしまうと、教師・生徒のインタラクションやサポート、人間的成長の後押し等、デジタルメディアではカバーできない部分が軽視されてしまう。教師が担う重要な役割を論じることは重要だ。知人の教師は、「例えば、resilience（困難をのり越えていく力）はアプリでは教えられない、教師こそが教えられる」と語った。

　パロアルト市立小学校のキンダー生だった M ちゃんは 20 年 3 月からオンライン授業になり、ビデオ授業と自習に疲れ午後はぐったり。8 月に 1 年生になった。ハイブリッドとオンラインの選択があったが、オンライン継続を選択、朝 8:30 から午後 2:30 までライブ授業。その後も一人っ子なので、友達とのチャットやゲームで 1 日 8 時間近いバーチュアル生活となった。21年冬学期になってハイブリッドに変更し、週 2 日通学で教室授業、自宅日は朝 1 時間のライブとビデオ・自習の混合となった。「学校から生き生きとして帰り、家でもハッピーで元気一杯、学習の向上がめざましい。子供にとって学校での先生、友達との接触がいかに大切であるか、その違いに驚く。6時間連続ライブより、混合の方が、かなりラクだと感じる。自分で時間をコントロールできる部分が大きいからではないか」と母親は語る。

　生徒の「エイジェンシー / 能動的主体性」（ホーン川嶋『アメリカの社会変革』p.189)[4] をいかに育てるか？も教師にとって重要な課題だろう。アプリにのせられただけの学習では、アチーブメントは向上するかもしれないが、実際には受動的学習に終わることもありうる。能動的主体性を育むような方法でのデジタルメディアの使用が必要だろう。

2. コロナ禍でのオンライン教育

(1) オンライン化で生じた混乱と諸問題

　カリフォルニア州ではコロナ禍で 20 年 3 月中旬に突然学校を閉鎖しオンライン教育に移行したが、著しく混乱した。テクニカル問題だけでなく、教育委員会、教育長、組合と教師、親、生徒と多様な見解の相違や対立が出た。アメリカの教育制度は基本的に地方分権だ。カリフォルニアの K-12 教育は、州が大枠を示し、具体的決定は各学区 (School District) に任せているので、学区間の差がある。学区は市からは独立した組織だが、多くの学区は市内の学校すべてを管轄している（しかし、複数市にまたがる学区とか、小中だけの学区、数市の高校だけの学区もある）。学区の教育委員会 (Board of Education、委員は公選が多い) が教育政策を決め、教育長 (Superintendent、教育委員会が任命) が教育行政責任者だ。しかし、校長にかなりの決定権を認めており、さらに学校内でも教科については各教師による裁量が大きい。したがって、学区、学校、教師による違いが出る。

　地域による住民の人種・親の教育・所得構成の差が学区、学校の教育格差として出る。すでに全小中高校でデバイスは 1 人 1 台、基本的ソフトは入っていたが、授業で ICT をどの程度どのように使うかは、学区、学校、最終的には教師の選択であり大きな差があった。オンライン化にあたって州はガイドラインを出し、具体的には学区の決定となったのだが、未曽有の状況の中で混迷した。

①デジタル・デバイスやアクセスの格差、社会的経済的不平等

　オンライン化の最大の障碍になったのは、家庭でのデジタル環境、生活環境の格差だ。カリフォルニアでも、20％の生徒が家庭にデバイスと高速インタネット・アクセスがなかった。特に低所得層家庭の 50％はデバイスがない、40％はアクセスがない状況だった。そこで、IT やインタネット企業の協力を要請し、Chromebooks や iPads 等を生徒に貸し出し、家庭でのアクセスを

整備した。シリコンバレーの学校の中でも、学校閉鎖の数日後に開始したところもあるが、1ヵ月以上遅れたところもあった。

　しかし、問題はそれだけではなかった。生徒が複数いる場合は、家庭に1台では不十分で、生徒1人1台が必要。小さい子は親の助けが必要だが、デジタルスキルが不十分でテクニカルなサポートができない親もいる。親の仕事と子供の教育の両立の困難。単親家庭の困難。英語がわからない外国人家庭の困難。狭い家に大勢いて自習できない環境。コロナで親が失業して困窮等でオンライン授業に全然参加しない、教師がコンタクト取れない生徒も出た。特に、貧困家庭、黒人・ヒスパニック家庭、英語がわからない家庭には著しい不利となった。社会的経済的格差による教育格差は突然のオンライン化で一層拡大した（digital divide）。対面でないとできない要支援教育は事実上停止してしまった。

②教師のデジタルスキル、労働契約

　デジタル教材を積極的に使用していたか否かで、オンライン化への学校の対応力に差が出た。テク支援員を増員し、テクノロジー使用に不慣れの教師のためには（「デジタルの先生」に対し「紙の先生」もいた）、学区内でのトレーニング、教師同士の協力、アプリ開発企業によるWebinarでの使い方説明と支援サービス、多数の教育関連組織によるWebinar勉強会、教師間のサポートや情報交換のSMサイト等、多くの機会が提供された。テクニカル・サポート・システムが導入されたが、教師はデジタル教育のトラブル解決に時間を取られるというようなことが頻繁に生じた。

　学区と教員組合は、オンライン教育での教師の労働条件（労働時間、授業時間、ビデオ授業・ライブ授業等）について交渉した。両者の関係が良好な地域と対立的でもめた地域があったが、ライブ授業をするか否かはしばしば争点となった。教師自身小さい子がいる場合の過重負担の問題もあり、労働時間を4時間上限にしたところが多い。長時間労働でオンライン化に対応した教師もいたが、全米平均で学習内容は通常の半分、学習時間は3時間に減ったという調査報告もあった。

③オンライン授業

不平等問題への懸念と教師の負担軽減のため、州は、通常のカリキュラムにそった授業はしなくてよいと指示した。新しい内容の学習が減り、復習が多くなり、学習時間は減少、成績評価も ABC 評価はせず、Credit/No credit のみとする学区が多かった。シリコンバレーの K-12 教育は、コロナ前の授業にできるだけ近いライブ授業を提供した学校があった一方で、ライブの授業はほとんどなく、自習中心という学校まで大きな差が出た。

(2) 事例研究

まずシリコンバレーの小学校の日本人教師 2 人による事例研究を紹介したい。2 人とも以前からデジタルツールを取り入れた授業をしていたので、コロナ禍での完全オンライン授業でも、これまでの経験を活かしたデジタル・ペダゴジーを実践した優れた事例であると思う。続いて、日本の中学校教師による日本の状況についての報告、最後にシリコンバレーの小中高の日本人生徒数人と親からの提供情報のまとめを紹介する。

【事例研究 1】 杉原レナ：サンノゼ市立ファーナム小学校

上智大学国際教養学部卒業、カリフォルニア州立大学サンノゼ校で教員免許取得、教育学修士課程修了。2012 年よりサンノゼ市立ファーナム小学校に勤務。
1 年生と 2 年生の担任、Google 認定教育者、Seesaw アンバサダー。 Twitter@LenaSugihara

(1) ファーナム小学校のエドテック背景
キンダーと 1 年生は iPad、2 年生以上は Chromebook を使用。G Suite for Education を使い、キンダーからグーグルのアカウントがある。出席と個人情報は Power School、試験結果や成績は Illuminate に保存。Seesaw で教師が学校での子供の様子を写真や動画で投稿すると、親は携帯で閲覧できる。教科書はデジタル化されている。読解力の向上のため Epic, Imagine Learning を使用。デジタルシティズンシップの授業ではオンライン上の安全性、信憑性、責任のある言動等を教える。

表6-1　英語圏でよく使われているデジタルツール

LMS	動画編集／作成	プレゼンテーション	画面録画動画作成	共同作業
Seesaw Google Classroom	Adobe Spark Edpuzzle iMovie QuickTime Player	Google Slides Pear Deck Nearpod	Loom Screencastify Quicktime	Google Docs Google Slides Jamboard Padlet
ログイン	インフォーマルアセスメント	ポートフォリオ	情報収集	デジタルホワイトボード
Clever	Flipgrid Google Forms Kahoot! Quizizz	Google Sites Blogger	Instagram Twitter YouTube	Canvas Google Drawings
読解力	算数	理科	社会	プログラミング
Epic Imagine Learning ReadWorks Raz-Kids	Khan Academy Prodigy	Mystery Science	Google Earth Google My Maps	ScratchJr Scratch Micro:bit

　以前から授業に STEM を取り入れていた。例えば、Google My Maps を用いて各生徒が自分達の街のお気に入りの場所をピン留めし、写真を追加、特長を書き込み、街の模型を作成した。その上で、2人組でロボットをコーディングし、目的地に向かって街を運転。生徒がワクワクしながらクリエイティブな考えを出し合い、問題解決をする経験ができた。

(2) コロナ禍対応

　20年3月からオンライン授業に移行。低学年は Seesaw、高学年は Google Classroom を使用。私は授業動画を作成、YouTube 動画も使用した。Seesaw で動画配信し、課題を出した。1週間分のスケジュールと課題を親にメールで送信。週に1度は Google Meet でマインドフルネスを重視したミーティングをライブで開いた。すべての課題をデジタルに変更。世界地理の勉強では、生徒は行きたい場所を調べ、自分の音声つきの Google Slides（**図6-1**）を作った。私がそのスライドと Google Earth のツアーを組み合わせ、世界旅行の動画を作成した。

　新学期の8月からは学区の方針が変わり、毎日 Zoom でのライブ授業が必須になった。練習を経て、子供達がひとりで Zoom の授業に参加、スクリーンシェア、

チャットで教師と会話、Jamboard を使い意見をライブで書き伝えられるように
なった。低学年の場合、子供がテクノロジーを使いこなすことは簡単ではないが、
教師や親の助けがあれば、Flipgrid での動画作成、Google Slides の音声入りのスラ
イド作成も可能であった。

　オンライン授業で、いくつかのポジティブな発見があった。
　①ディスタンスラーニングでできることは沢山ある　　低学年の子供がアプリ
でいつでも先生にメッセージを送り、繋がれるという安心感ができた。遠方にい
る専門家、NASA 等を Zoom に招待したり、AR を使用した。動く 3D の動物を
自分のペースで観察し、理解を深めることができた。
　②課題の難易度や内容を生徒に合わせて変えられる　　Seesaw は生徒のレベル
に応じて課題を調節できるため、個人の勉強プランを他の生徒に知られることな
く作成できた。これは子供達の精神面を支えるツールの 1 つにもなった。不安を
抱えている生徒には課題を減らし、「草花の写真撮り」「レゴで物作り」等の課題
を出すことで、子供の気持ちに寄り添うことができた。
　③テクノロジーと非テクノロジーの融合が低学年の子供には有効　　1 日中
Zoom の授業では子供達は心身ともに疲弊する。ハンズオンラーニングが勉強の
助けになった。インドのディワリというお祭りの学習では、カラフルな紙、ハサ
ミ、のり等でランプを作る課題にし、完成したランプの写真を Seesaw に投稿さ
せた。集中力を長く持続させることが難しい低学年の子供には、テクノロジーと
非テクノロジーの融合が精神的安定と長期的記憶に繋がる。

　一方でオンラインでは困難な点もあった。
　①毎日スクリーン越しの授業だと集中しづらい　　教室での授業と家から参加
するのでは、臨場感が異なる。毎日長時間の Zoom、テクノロジーの使い過ぎで
オンライン学習に飽きてしまう。やってみたい！と思うような楽しい授業を計画
し、気持ちを掴まないと子供の心が離れてしまう。
　②社会性を身につけることが困難　　学校の利点は子供同士で時間を過ごし、
友達と遊び、プロジェクトを協力しながら完成させることにより、将来社会で活
躍するスキルを磨ける。オンライン上でグループワークや話すことは可能だが、
実際は 1 人ぼっちで周りの状況が読み取りにくい為、精神的に負担がかかる。勉
強だけでなく子供の心を支える授業が重要になった。
　③格差の広がり　　家庭事情が様々なため、勉強をフォローアップできる家
庭、できない家庭がある。既にあった格差がより広がっている。

　テクノロジーを使うことにより、できることは確実に増えた。教室での授業に
戻ったら、エドテックの強みとテクノロジーでカバーできない部分を組み合わせ

て授業を進めたい。テクノロジーをどう使い、生徒と信頼関係を築き、理解を深め、感動を届けられるかは、教師が学びをどう「デザイン」するかに委ねられている。

THERE ARE LOTS OF ANIMALS AT THE SYDNEY ZOO.

I saw koalas, dingos,echidnas, murray cod, kangaroos and little blue penguins.

Murray Cod are usually 3 feet long. The longest one was 6 feet long.

Flat Jackson saw a kangaroo and wombat.

Fairy blue penguins are the smallest penguins.

図 6-1　1 年生がオーストラリアについて作ったスライド

【事例研究 2】　田中淳子：サンフランシスコ市立クラレンドン小学校

　滋賀県の公立小学校教員として勤務後に渡米し、University of San Francisco 英語教授法修士、カリフォルニア州教員免許を取得。2000 年以来、サンフランシスコ市立クラレンドン小学校に勤務、現在 4 年生の担任。同大学国際・多文化教育学部教育博士課程に在学、3 人の子育て中。

(1) クラレンドン小学校のエドテックの歴史
　1990 年代後半に教師が PBL の一環としてエドテックを活用し始め、PTA の資金を元にパソコン室の設置とエドテック専任の教師の雇用が実現した。2010 年頃からコモンコア学習内容基準が導入され、2015 年にコンピュータ適応型標準テストが始まった。これに伴い、市教委によるエドテック環境整備が進められ、情報システム Synergy で児童の出席管理や通信簿、Illuminate で学力評価のデータ入力が義務付けられた。同校では、3 年生以上は 1 人 1 台 Chromebook が使用可

能となった。（低学年はパソコン室を利用、またはカートに入れて共有）

　コロナ禍前は、エドテック専任教師による週1回の授業のほか、担任が自由に行ってきた。下学年は、Clever Badge でログインを簡単にして、音声、画像、動画が使える Seesaw、読解力を培う RazKids、授業参加型の Kahoot!、Typing Club でタイプ練習、実際にロボットを使う Bee Bop Emulator でコーディングの経験等。高学年では、市教委が各児童に設定した Google アカウントを使って、Google Classroom で課題にアクセス、Google Docs で作文と添削、Google Slide でグループ発表、Google Form で評価やアンケートを行った。また、Padlet や Kidblog で意見交換できるコミュニティ作り、Newsela で時事問題を取り上げた説明文読解の練習、Khan Academy や Mangahigh のゲームで算数の練習、Amplify のシミュレーションアプリで理科の実験では再現できない事象の学習、Hour of Code、Candy Quest や Scratch などでコーディングの学習をしてきた。

　教育格差は以前から問題視されてきたが、特にエドテックの分野は、家庭の社会経済的格差や人種差別による影響が大きい。そこで私は、個人学習になりがちなエドテックを集団で学び合える活動にする。経験のある児童とない児童をペアにして教え合う協力体制にし、私が慣れていないプログラムについては、知識のある児童と模範例を作ることでリーダーシップの育成も図る。例えば、Scratch を使った人権問題についてのメッセージ作りは、人権意識を高めるという目標に向かって、多様な背景を持つ児童一人ひとりの知識や経験を活かした話し合いや共同作業をした。さらに、いじめや個人情報の窃盗などの社会問題に対応するためのデジタル・シチズンシップ教育は、チャット機能、KidBlog のアバター、コメントなどのツールを使って、自分をどのように表現するのか考えさせた。

(2) コロナ禍対応

　2020年3月コロナ禍で学校閉鎖になり、教師は毎日の課題の計画と教材を提供することになった。私は、クラスの児童や保護者の混乱状況を見て、必須ではなかった Zoom のライブ授業をした。孤独を感じたり、ビデオやゲームで授業に集中できなかったりした児童のため、毎日少人数授業を行ったところ、コミュニティとしての絆が深まった。従来の教科書を使う授業に比べ、理科の Mystery Doug や Brain Pop のビデオ教材は面白いが、一部の活発な児童を除き、あとの児童は受け身の学習に終わっていたので、得た情報をグループで発表する課題を取り入れた。意欲的に安心して学べるように、コロナ禍で明るみに出た社会問題を扱った詩、移民経験をした家族のオーラルヒストリーなど、児童が関心のあるテーマを選択できるようにした。学習目標とその過程は Google Doc の週予定で具体的に示し、模範例を Jamboard や Google Slide で作成、それをもとにしたテンプレートをグループごとにシェアした結果、私も、児童間でも進行具合が把握でき、共同作業が容易になった。最終日の学習発表会には、Zoom で保護者や遠方の祖父

母も招き、子ども達の学習成果が披露できた。

　8月の新学年からは、1日3回の Zoom の全体授業に加え、個人、少人数授業を実施し、時間割は複雑なので Google Calendar で管理。また、スクリーン越しに児童の状況を理解することは難しいので、E メール、Google Classroom の掲示板、Zoom のチャット機能などでコミュニケーションの幅を増やしている。

　授業は、人権、社会問題をテーマに、個人、グループ発表が中心だ。参加型の Nearpod の授業では、歴史小説の主題を通して人間として大切なことを考えたり、iMovie や Keynote で人権活動家のクラス劇ビデオ作成を通して、観る人の人権意識を高める方法について話し合った。また、IXL、Seesaw、Google Form での評価は結論に至った経過が見えないことも多いので、その都度児童と話し合ったが、私への信頼度が高まり、学ぶ姿勢もより前向きになるという効果もあった。

　エドテックのおかげで、様々なデジタルツールでの発表や表現方法が多様化し、子ども達は自分の個性を生かすことができるようになった。一方で、集団の児童間の学びから培われる社会情動的能力や人権意識は、個別のコンピューター適応型学習やゲームでは置き換えられない価値がある。そういった意味で、顔が見えて話し合える Zoom はこれからも貴重なツールとなるだろう。

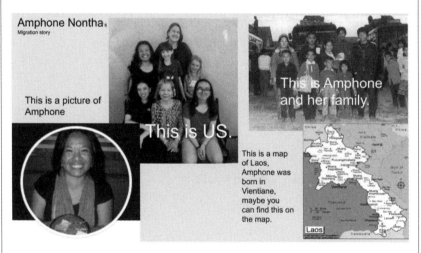

図6-2　児童が作成したオーラルヒストリーから学ぶ移民の歴史学習発表より

児童と保護者の同意を得て掲載

【日本のエドテックの状況】 小勝さやか：茨城県公立中学校英語教師

(1) ICT 環境

　公立小中校の ICT 環境は未だ Wi-Fi が整備されていない学校も多く、教師がパワーポイントやデジタル教科書を操作し、生徒がデバイスに触れる機会は多くない状況がある。

　また教師の中には Kahoot! や Quizlet などの教育ツールを知っている者もいるが、実際には生徒が端末を持っていなかったり、学校に Wi-Fi がなかったりするために活用できない場合もある。

　もちろん各学校や私立高校においては、1人1台のパソコンを使った授業が行われているところもある。特に高校ではコロナ禍をきっかけとし、ベネッセの提供する Classi をはじめ、オンラインの教育プラットフォームや校務支援システムを利用する学校が増え、オンライン授業や課題の送受信を行った事例もある。

(2) コロナ禍において

　茨城県ではコロナ禍の休校期間中に、学習の機会の確保のため、県の教育委員会により、YouTube の「いばらきオンラインスタディ」が立ち上がった。協力者として選出された教員が授業動画を作成している。YouTube であるため、双方向的な情報のやりとりができるわけではなく、教師によるレクチャー式の動画や、教師が出演せずにパワーポイント画面を使用した説明的な動画になっているものが多いのは課題点である。

　また勤務校では、休校期間中の学習支援策として、生徒が分からないところを質問できるようメールによる学習支援を行った。しかし、利用者は5人のみに留まった。

(3) 新型コロナウイルスと GIGA スクール構想

　当初国の施策で 2023 年までに1人1台の端末 ICT 環境を整備することになっていたが、新型コロナウイルス等感染症の流行を鑑み、2021 年3月末までに進めることとなった。この1年で Wi-Fi 環境も一気に整備され始め、ICT 環境が整っていくような移行期である。

　私の勤務する地区では Chromebook が配布され、Google の教育ツールである G Suite for Education で Google Classroom 等を用いた教育支援が可能となる。Chromebook を用いる理由としては、クラウド上で個人のファイル等の情報を管理していくため、端末本体に保存しなくてよく、盗難や紛失の際のリスクが軽減される。また、OS が自動更新になるためウイルス対策が少なくて良いというのも理由になっているようである。

　茨城県では、新型コロナウイルス等感染症への対策として、教員向けの研修が ZOOM でのオンライン研修となってきている。しかし、まだまだ課題もある。Wi-Fi が学校で整備されていないことに加え、教務用パソコンには Web カメラがついていないものも多く、自宅の自分のパソコンや学校のコンピュータ室の生徒用のパソコンからアクセスしている様子があった。

【シリコンバレーの小中高校数校での春学期オンライン教育の経験：日本人生徒数人＆親からの提供情報まとめ】

(1) ライブ授業中心の学区、課題の自習中心の学区

　アップル社があるクパティーノ市の公立高校は優秀校の評価高い高校だが、通常の教室授業に近い形のオンライン授業を提供。毎日 Zoom ライブの 90 分授業が午前 1 回、午後 1 回。Zoom でグループ・ワークもできた。1 日 2 ～ 3 時間ほど課題を自習し、教師から提出される資料と自分で調査して課題をこなす。中学校も Zoom とか Google Meet でライブ授業があった。体育とバンドだけは、練習の動画を取って Google Classroom を通して提出。1 週間 7 科目をこなした。

　対照的に、スタンフォード大学隣接のパロアルト市の公立学校は、全米でもトップクラスにランクされているが、与えられた課題の自習中心だった。ライブ授業はキンダーで週 1 回 30 分、小学校では毎朝 30 分の授業と課題説明の後は自習で課題を提出。中・高はライブ授業なく、教師の授業ビデオ、YouTube 教材、デジタル教科書、アプリソフト、Khan Academy 教材等を生徒は見たい時に見る。課題の自習は 1 科目で約 3 時間、週 7 クラス取ると 1 日 4 ～ 5 時間の勉強。課題について調査しやすいように、Chromebook にいろいろ検索アプリが入っている。週 1 回教師のライブのオフィスアワー。

(2) 教室での対面授業と、オンライン教育との比較

　①良くなかったこと

　Zoom 授業が分かりにくい。30 分のライブ授業は短かすぎる。授業がわからない時教室ではすぐ先生や友達に聞けるが、オンラインではそのままになってしまう。先生とのコミュニケーションが取りにくい。

　先生が Zoom に不慣れで Chat 機能を使いこなせない、先生の家での雑音が入る。

　クラスの生徒のスピーカーの質が悪くて雑音が入り、授業の進行の妨げになることがあった。

　学習内容は減った。学習動機が低下（自習がほとんど、成績評価が Pass か Fail だとやる気が出ない）。

　勉強が好きな子は適応できるが、嫌いな子やオンラインが苦手な子にはとても大変。宿題が多すぎる。

　長時間のスクリーンタイムで、子供の目や体への悪影響の懸念（目の筋肉の痙攣や頭痛が出た）。

　学校に行って友達に会いたい。先生、クラスメートと一緒になれるライブがもう少しあった方がよい。

　仲の良い数名の友達と話すだけなので、人間関係の面では失うものが多い。子供たちの身体的、心理的影響が心配。

　デジタルスキルは、小学校ではあまり学ばなくてもいいのではないかと感じた。

　低学年児が画面で学習できるのは、1 日 60 分が限度。ライブよりも、ビデオ形式は助かる。

　小学校低学年のオンライン授業は、ビデオ接続や課題の手伝いをする親の負担が大きい。

　②良かったこと

　早起きしなくてよかった（始業時間が遅い）。自由時間が増えた。

　色々なテクノロジーの使い方を学ぶのが大変だったが、使いこなせるようになった。YouTube で色々面白い物を見つけた。

　自習することを学んだことはよい。

　自分のペースで勉強できる点はよい（遅い生徒を待つことなく次の課題に取り組めるし、自分には早すぎるのもストレス）。

　普段忙しくてできない趣味活動をする時間的ゆとりが持てた。

（3）秋の新学期の教育、評価

　春学期は、程度の差はあれ、学習格差拡大、音信不通の生徒の存在、教育内容の質的低下と縮小、学習動機の低下、子供の不安定やストレス、特別支援教育の停止状態等となった。秋学期が 8 月中下旬に開始したが、夏の準備を経てスムーズに開始した学区もあったが、混乱が続いたまま始業したところもあった。（私立学校は多くが教室授業を行った。小学校低学年児童の間にはホームスクーリングが増えた。）

　混乱の背景にはいろいろな問題があった。まず、大統領選挙前の政治的混乱と対立がコロナ禍対策、教育政策を政治化した。トランプは、親の職場復

帰、経済回復の観点から学校オープンにプレッシャーかけたが、政治的対立は学区レベルにも反映された。また、感染リスク、感染対策とコスト（PCR検査、マスク、6フィート維持、健康チェック、消毒、換気装置、感染出た時の対策とトレーシング等）、子供の学習の遅れや心身の健康懸念をめぐって様々な対立が生じた。選択肢は、①オンラインのみ、②ハイブリッド、③教室授業だったが、結局、感染が再増加したため、多くの学区で①か②となり、親に選択させた。オンラインの場合の「ライブ授業、ビデオ授業、自習時間の割合」が大きな争点となった。親はライブ授業の増加を求め、組合はライブは教師の負担が大きいという理由で制限を要求したが、一定割合ライブにするように決めたところが多い。

　秋学期の授業は、全国的には、リモート学習60％、ハイブリッド20％、教室授業20％と推定されている。春学期に比べるとはるかにデバイス、Wi-Fi、ティーチングは改善された。しかし、中高校生調査では、学習動機や学習意欲、エンゲージメントの低下、欠席増加、授業は退屈、学習内容を理解できないという回答が増えた（EdWeek Research Center survey）。

　McKinsey & Co, 2020年12月調査は、コロナ禍での教育の混乱で鬱、不安が増加したが、さらに、学習・達成のロスも著しく大きいと報告している。数学の遅れが特に大きく、春学期は（新しいことを学習しなかった学校が多い）、通常の学年レベルの学習達成の67％と低く、3ヵ月分の学習の遅れに相当する。人種別に見ると、白人は1〜3ヵ月の遅れだが、黒人＆ヒスパニックは3〜5ヵ月もの遅れ。20年3月〜21年6月までの数学の遅れは、今のままでは5〜9ヵ月の遅れ（マイノリティは6〜12ヵ月、白人は4〜8ヵ月の遅れ）が生じうると推定している。不利な家庭状況にある子供にとって学習を支える学校の閉鎖からくるハンディは大きく、最大の学習ロスをもって教育から脱落する可能性が高いと分析している。

　エドテックは教育機会の拡大、平等化に貢献するとうたわれてきたが、コロナ禍でのオンライン教育で生じたことはまさに逆であった。社会にある人種的不平等、経済社会文化的不平等を如実に露出させ、既存の教育格差を一層拡大させた。

オンライン学習の長期化による子供の学習の遅れ、ストレス蓄積の懸念は高い。21 年 1 月 20 日に登場したバイデン新政権は、学校をオープンし対面授業の再開を押している。サンフランシスコ市立学校では、教員組合は教師のワクチン接種前の教室授業に反対しているおり、1 年近くリモートだけだが、市内の私立学校はほとんどオープンしハイブリッドで授業している。さまざまなアプリが機能アップし、教師のデジタルスキルは向上したが、デジタル教育ではカバーできない部分がある。教師と生徒、生徒同士の人間的ふれあいや教師による生徒のサポートがいかに大切であるか、生徒のラーニングおよびウェルビーイングにとっても学校がいかに重要な場所であるか改めて認識を深める機会となった。

3. 教育のデジタル化が生んだ諸問題

(1)スクリーンタイムの増加、心身の健康への影響

教育のデジタル化でスクリーンタイムは上昇した。特にモバイルデバイスの長時間使用のマイナス面が問題になっている。注意力の短さ、散漫、授業中に授業と関係ないことに使用、生徒達の会話のトピックがスマホ経由の情報関連に限定される、ソーシャルスキル育成チャンスの欠如、ゲーム、ビデオ、SM 使用のアディクション等が懸念されている。

スクリーンタイムの長時間化は心身の健全さ (Well-being) にマイナスだと子供の発育の専門家は警鐘をならしてきたが、コロナ禍のオンライン教育でスクリーンタイムは著しく上昇し、小学校低学年でも 4 時間のライブ授業と課題自習、ゲームや SM も加え、8-12 歳児は 4 〜 6 時間、13 歳以上では 9 時間にも上る (アメリカ子供青少年心理学会調査)。アメリカ小児科学会の最近のガイドラインは、0-2 歳は脳の発育に重要な時期なのでビデオチャット以外は避ける；2-5 歳児には、質の高いプログラムを 1 時間だけ；6 歳以上にも時間制限を勧めている。アメリカ心理学会も、スクリーンタイム増加は、不安、鬱、ストレス、孤独感等のメンタルヘルス問題増加の一因となっている

から、デバイスから離れて色々な活動をする時間を作るべきだと勧めている（EdSource, 2020.11.23）[5]。

　これまでスクリーン使用で子供の脳の中で何が起こるか知ることはできなかったが、近年色々な研究が行われている。NIH（国立衛生研究所）からの300億ドルの助成金で始まった「青少年の脳の認知発達（Adolescent Brain Cognitive Development）研究プロジェクト」は、9、10歳の子供1.2万人の脳の発達と健康を10年間以上追跡する多機関参加の長期研究だ。スクリーン使用、ドラッグ使用、睡眠パターン、スポーツやアート活動等の環境的、社会的、遺伝的、その他のバイオロジカル要因が青少年の脳の発達、認知能力、メンタルヘルス、その他に与える影響を追究する。1年に1、2回のインタビュー、行動評価、健康診断、さらに脳のスキャンによるイメージ撮影。18年にはそれを使った研究発表がいくつか出ている。2時間以上のスクリーン使用は言語と思考力テストの点数を低下させるという発表もある。4,500人の脳スキャンの結果は、スマホやビデオゲームを1日7時間する子供の一部にはクリティカル思考や論理的思考と関係する大脳皮質の萎縮が見られるという。

　1960年代からの4つの大規模青少年調査を調べた研究は、95年以降生まれのティーン（最初のスマホ使用世代。iPhoneが07年に登場し普及）に、行動やメンタルヘルスに明確な変化が見られ、飲酒、セックス、孤独、鬱等が急上昇したと示した（Jean Twenge, SDSU）。

　スマホでインスタグラム使用中の18歳の女子学生の脳をMIRで撮影（鏡を使ってスクリーンが見えるように工夫）、脳のどこが活発化しているか調べた研究は、欲望、快感にかかわるドーパミンの分泌が増え、もっと使い続けたい欲望を刺激されることを示した（Kara Bagot, UCSD）（以上Anderson Cooper, CBS, 2018.12.9）

　ハーバード大学医学部小児科および社会的・行動科学教授マイケル・リッチを中心に、「デジタルでの成長」が研究されている。3000-5000人対象に10年間、デジタルメディアの肉体的、精神的、認知的、社会的健全さへのインパクトを見る国際研究だ。人の脳は常に神経経路を作り、使用が少ないものは縮小するが、デジタルメディアはそのプロセスにかかわっている。良い

睡眠は脳の発達に重要だが、ブルーライトはメラトニン分泌を抑制し睡眠パターンに影響、情報の処理・記憶に作用する REM 睡眠不足になる。また、過度のゲーム、SM その他のオンライン活動は、学校と家庭での日々の活動と健康に影響する。若者はオンラインとオフラインの間をシームレスに移動し、自己コントロール・システムが十分発達してないので、ゲームや SM に組み込まれている報酬システムにのり、適当なところで止めるのが難しい（ハーバードニュース 2019.6.19）。

アプリ開発企業にとって、利用者の長時間利用が利益になるので、ライト、色や音による報奨を与える等子供を長時間使用させるテクニックを使い、アディクトするようにデザインしているとグーグル元職員は語っている。

スマホ・アディクションは鬱や孤独、孤立感を生んでいるが、短期的影響に加え、長期的な影響の解明はこれからだ。子供のスクリーン使用時間の制限（アプリもある）；スポーツや音楽等、画面から離れた時間を作る；他の子供、親との時間を持つ；スクリーンを離れた時間の過ごし方を話し合う、等が重要な対策となると指摘されている。

（2）「社会的情動的学習」（SEL）の取入れ

オンライン教育の長期化で、生徒の間に人とのつながりの減少、孤独、精神的不安定、トラウマが広がり、SEL（Social Emotional Learning）の重要性がより一層認識されている。SEL はコロナ前から学校に取り入れられていたものだが、生徒が社会的情動的スキルを習得することは、学校での成功、社会生活での成功の助けになり、「生きていく上で重要な力」になるという考え方に立つ。「生きていく上で重要な力」とは、自己意識、自信、自己管理スキル、問題解決能力、困難を乗り越えていく力／復活力、挑戦力、社会的意識、健全な人間関係、信頼関係、帰属感、独立的だが周囲に対してもケアリング、共感（empathy）、等である。これらの習得で、学習プロセスにおけるポジティブな人間関係と情動的コネクション／つながりの重要性、責任あるデシジョンメイキング、学校と人生に必要なスキルの発展を助け、自己実現し責任ある大人に成長する手助けになる（6seconds.org その他）。

　カリフォルニアでは州として SEL の学校への取り入れを推進し、オンライン教育の間、社会的情動的なサポートをどうするか、ウェブサイトも提供している。学区によっては、教師、親のためのトレーニングを提供している。

（3）デジタル・シチズンシップ、デジタル・リテラシー、インフォメーション・リテラシー

①カリキュラム化

　教育におけるデジタル化の進展、さらに社会の DX の進行する中で、生徒は、授業でデジタル・スキルとともにテクノロジーの適切な利用方法や倫理を学ぶことが必要不可欠となった。デジタル・シチズンシップ、デジタル・リテラシー、インフォメーション・リテラシーがカリキュラムの中に入った。適切な情報入手方法、情報過多の中で情報源のチェックや正しい情報とフェイクニュースの識別、責任あるインタネット使用マナー、コピーライト順守等を身につけることの重要性を学ぶ。

　学区は生徒にデバイスとアクセスを貸しており、教室だけでなく、高校生はバックパックに入れて家に持ち帰っていた。オンラインとなって、すべての生徒が家庭でデバイスとアクセスを持つように配慮された。学校での問題は、かつては喫煙や飲酒、ドラッグ、武器持ち込み、妊娠、ドロップアウト等であったが、デジタル化は様々な新しい問題を生んでおり、細かい使用ルールが作成されている。

②テクノロジーの責任ある使用についてのポリシー

　中・高校が学年初めに生徒にデバイス貸与、学区のネットワークへのアクセスを与える時に、「生徒によるテクノロジーの責任ある使用についてのポリシーと違反の場合の処罰」の文書（あるいは校則）を渡し、生徒、親が同意書に署名することによって、法的拘束力を持つ。

テクノロジーの責任ある使用について

　学区は、フィルターをかけて不適切な内容へのアクセスの排除に努めるが、完全防止は不可能である、したがって、インターネットやシステムを通って入ってくるものについて、学区と職員の責任とはしない」という免責条項が書かれている。デバイスの破損や喪失は使用する生徒の責任であり、親は責任を負う。

　学区は、生徒のデバイス使用にルール違反があったと思われる場合は、生徒の同意なくして、生徒が学校のネットワークを使用して作成したすべてのファイルやデータ、コミュニケーションの内容をチェックし点検する権利を留保する。警察あるいは適切な第三者に、メッセージを開示する権利を留保する。デバイスが個人所有のものであっても、学区のネットワークにコネクトする場合は適用される。生徒がオンラインで何を見ているかを見ることができるトラッキング・アプリもある。

・デバイス使用についての責任や様々な禁止行為

　名前やパスワード等の個人情報の秘密維持。他者のプライバシー尊重。学校でのデバイスとネットワークは学習目的であり、学校に関連する内容のみ制作し保存する。コピーライトの順守。

　禁止行為には、授業中のゲーム・SMS・Texting、生徒所有のスマホの教室での使用、授業の妨害になる場合は没収（親に返却）、勝手にソフトを入れる、承認されていないファイルや内容をダウンロード、学区のシステムやリソースへのハッキング、デバイスやデータの変更・侵入・ウィルス入れる、学区のインターネット・フィルター方法や制限をバイパスすること等。さらに、デバイスを使っての差別、いじめ、ハラスメント、盗作、破壊、ヘイトスピーチ、中傷、わいせつな内容や表現、恐喝、暴力、悪ふざけ、違法なものへのアクセスあるいは配布の禁止。

　他の生徒や教職員の書面による同意なくして、勝手に写真、記録、ビデオをとることの禁止。18歳未満の生徒の場合は、本人だけでなく親の同意も必要。学校で撮影した、あるいは学校関連の活動で撮影した写真、ビデオをSNS、ブログ等に掲載することは禁止。

・違反行為に対する罰則

　生徒のデバイス使用やアクセスは、権利ではなく、特典であり、不適切な使用があった場合は、使用停止。個人のデバイスも学校での使用禁止。生徒およ

> び親に対する戒告、テクノロジーの責任ある利用についてのセッションへの参
> 加要求、深刻な違反の場合には停学、退学もありうる。サイバーいじめ、ハッ
> キング、その他許容できない違反の場合は、直ちに、あるいは24時間以内に学
> 校の担当者に連絡する。警察が呼ばれることもありうる。損害賠償の民事責任、
> 刑事上の起訴もありうる。

　高校生がスマホで、テクスト・メッセージ、SMS, チャット、email 等で性
的写真を送ることがかなりの頻度で生じている（セックスティング）。18歳未
満の未成年者のヌード写真やわいせつ・性的行為の写真の制作、所有、流布
は児童ポルノとなる。18歳以上の者が制作、所有、流布すると重犯罪になり、
罰金、収監、性犯罪者リストへの登録（一生消えない）と重い罪になる。18歳
未満も起訴されうる。18歳未満の生徒が自撮りヌード写真をクラスメート
に送る、受信した生徒がデバイスの中に保存しておく、他のクラスメートに
流す、写真をいじめやハラスメントに使う、等、学校は警察に通報しなけれ
ばならない。

（4）データ収集、プライバシー問題

①データ使用の透明性とプライバシー保護の問題に関する法制度

　Family Educational Rights and Privacy Act（FERPA, 74）は、学校に対し、保存さ
れている生徒の個人情報と教育記録の保護を要求する連邦法だ。親は子供
の情報の閲覧権と修正要求権を持つ。学校が第三者に生徒の情報を提供す
る場合には、親の同意を必要とする。例外として同意なくして情報提供で
きる場合があり（学費援助関連、未成年犯罪の司法関連、健康・安全の緊急事情等）、
親に通知し、親は情報の非提出を要求できる等。Protection of Pupils Rights
Amendment（PPRA, 78）は、生徒と親の政治的信念、精神的問題、性的行動、宗教、
等に関連する情報の保護にかかわる。

　Children's Online Privacy Protection Act（COPPA, 98）は、オンラインサービス、
商業的ウェブサイト、アプリ提供企業が、13歳未満の子供のデータ収集や
マーケティングすることを規制する法である。企業には「プライバシー・ポ
リシー」を要求する。情報入手が生じる場合は親の同意、学校での使用の場

合は学校が同意する。Children's Internet Protection Act（CIPA, 2000）は、インターネット上のわいせつ、児童ポルノ、有害な内容からの生徒の保護を目的とする。

　コロナ禍で突然オンライン化し、学区は緊急に様々なアプリを入手して使い始めたため、プライバシー保護関連の多くの問題が生じた。州がソフトのクリアリングハウスを作り、学区はそこに登録されたものを使用するというシステムを作っているところもある。生徒の個人情報の流出問題も生じた（Electronic Frontier Foundation）。

②ライブ授業では生徒にカメラとスピーカーのオンを要求するか、選択か？

　州ではなく、学区の決定とされ、多くの学校では、生徒のインタラクションとエンゲージメントのためカメラオンを要求している。家のプライバシーのためオンしたくない生徒もいるので、選択としている学校もある。カメラオフだと、生徒が何をしているか教師はわからない。小学校上級生になると、カメラオンでも、先生に見えないように勉強をさぼることも覚える。ビデオオンにすると顔写真・ビデオが記録されるが、生徒情報として保護され部外者への提示は禁止されるべきなのか否か？デバイスの貸出しで、リモート監視カメラや位置情報、ブラウジング・データの追跡とか、多様なテクノロジーが生徒のプライバシーを侵害しうる。プライバシー侵害はますます重要な問題となっているが、上記 FERPA はオンライン教育を想定して書かれていないため、グレー領域である。

③デジタルメディアによる利用者のデータ収集

　グーグル検索は検索記録が収集され、アルゴリズムで情報提示の順番に反映される。宣伝にも使用されている。YouTube 動画の探索も同様だ。生徒の学習記録だけでなく行動趣向を含む多くの情報がクラウド上に保存され、個人のプロファイルをたどれる。多くの学習アプリもリアルタイムのデータ収集と分析をしている。ビッグデータがイノベーションのインサイトを提供する。しかし、プライバシー侵害ともなりかねないし、透明性を欠いている。

　アルゴリズム・リテラシーをインフォメーション・リテラシーの一部とし

て取り入れるべきだという声もある。大学生と教授対象の調査は、グーグル
や YouTube や Facebook が利用者から膨大なデータを収集し、情報提供を操
作しており、学生はフィルターにかけられた情報を読んでいることを認識し
ているが、巨大な IT 企業の前に無力であり、せいぜい自分の個人情報を操
作する位の手段で対抗している。教育においても LMS やアプリがデジタル
データを収集しており、アルゴリズムが大規模なトラッキング・デバイスに
なっており、どのように機能しているか等を学ぶことは重要であると提言し
ている（NGO による Project Information Literacy, 20.1.15）。

（5）オンライン・チーティング／カンニング

　テストのオンライン化でカンニングも増加し、大学は対応に苦慮し、中高
の標準テストでも同様の事が生じている。20 年 5 月に最初のオンライン高
校生用全国一斉テストが監督なしで実施されたが、グーグル検索利用がテ
スト時間中に跳ね上がった。テスト中にググったり友人同士が解答をテキ
スティングするカンニングを抑えるオンライン監視会社も登場している。生
徒にはカメラオンを要求し、監視会社がチェックするというカメラモニター、
オンライン試験監督、AI で学生のコンピュータでの作動をチェックする等
の対策も導入されている。テスト時間の短縮、プロジェクトや論文やプレゼ
ンにするとかの対策もある。近年はエッセー作成や受験の代行サービス会社
も増えていたが、オンライン化はチーティングを一層拡大させ、「チーティ
ング契約」企業が繁盛。オンライン学位の増加で、授業からテスト、論文
書きまでの代行サービス会社、さらには AI 作成の論文と次々に新手が登場。
それに対応して、盗作発見その他多様なチーティング防止・発見ソフトも開
発されている（SF Gate, 20.11.3）。

（6）サイバーセキュリティ

　学校でのハッキングはテクノロジー使用と共に発生したが、オンライン
教育となって増加し、授業中断（Zoom bomb 等）、生徒や職員の個人情報や
Email 流出・窃盗、金銭要求（システム回復やデータ返還の代償）等が発生。4 分

の1は間違い操作によるが、半分は意図的侵害であり、その半数は生徒による。職員やサイバー犯罪者によるケースもある。学校は、貴重なデータが保存されているだけでなく、学区その他多数の組織とつながっているため、サイバー攻撃の対象にされやすい。

　中高校では、サイバーセキュリティ・カリキュラムを提供。国家安全省のサイバーセキュリティ教育支援プログラムは、民間組織 Cyber.org に委託して、「サイバーセキュリティ、STEM、コンピュータ・サイエンスの K-12 用カリキュラム」の開発、教職員の訓練、生徒のサイバー学習、コーディング・プログラミング学習、さらにサイバー分野のキャリアへの関心を高め、将来のこの分野のエンジニア育成にもつなげる。現在 24 万人の需要があるほど人材不測の分野だ。大学、MOOCs でのサイバーセキュリティ・エンジニアリングや関連法学コース、学位も増えている。K-12 Cybersecurity 法 (2019)、情報収集と流布のクリアリングハウス、モニタリング整備の努力がされている。

4.　大学のデジタル化、MOOCs、生涯教育の拡大

　高等教育は DX の主要な場でありデジタル化は着実に進行していたのであるが、コロナ禍は単にオンライン教育への移行にとどまらず、高等教育全体を再編成の波にのみ込んでいる。伝統的大学の変化、MOOCs、生涯教育の拡大を軸にして見ていこう。

(1) コロナ禍が大学に与えた打撃

　カリフォルニア州内の大学は 3 月半ばから大学閉鎖しオンラインに移行したが、全米の多くの大学が対面、オンライン、ハイブリッドの選択を迫られた。オンラインをほとんど取り入れていなかった大学は、インフラ整備からトレーニング、さらにデバイスとアクセスがない学生への貸与が必要だった。しかし、コロナ禍が大学に与えた打撃はそれだけではなかった。

①大学の財政問題

入学生数減による授業料収入減（特に高い授業料を全額負担する海外留学生の減少は大きな痛手）；寮・食事サービス、大学対抗スポーツ収入、ブックストア販売収入等の減少；基本財産の資産価値や収入縮小、連邦や州からの研究助成金等の縮小；不況による寄付収入減少等。大学は採用停止や一時解雇、給与凍結、海外プログラム他各種プログラム削減、旅行停止、予算削減で対応した。長い歴史をもつ小さなリベラルアーツ大学の相当数が閉鎖した。

②学生への打撃

アメリカの伝統的大学では寮教育（Residential education）が学部教育の重要な一環を担っている。学寮はソーシャル・スキルやリーダーシップ育成、ネットワーク、スポーツや音楽や各種活動の拠点だ。スタンフォードでは学部生寮が突然閉鎖され学生の多くが親元に帰り、オンライン授業となったので、貴重な寮教育を経験する機会を失った。学部生寮は、2～4人による部屋の共有だけでなく、トイレ・シャワーを階で共有するので、感染が出たらとめるのは困難だ。大学院生寮は各ユニットが独立しているので閉鎖されなかったが、授業はオンライン。研究も大きく制限された。スタンフォードの学生調査でビジネススクールの学生の不満が一番大きかったと言われたが、対面授業による学習の喪失だけでなく、ビジネスリーダー達を呼んでの各種セミナーやレセプションでの対面交流、学生同士のネットワークが卒業後の資産になるわけで、その機会の喪失が大きな損失だからだ。

秋に大学進学の学生は、合格した大学に入学しオンライン授業を取る、授業料の安い大学・コミュニティカレッジ・オンライン大学等に入学する、入学延期し1年とか半年のギャップタイムを取るという選択を迫られた。入学延期は次年度の入学枠に食い込むので、通常は制限をかけている大学が多いが、ハーバード20％、MIT8％と報道された（Boston Globe）。留学生は全米で約100万人いるが、トランプ政権が、オンライン授業は自国で学習できるから留学生ビザは発行しないと指令したため、留学生の多くが自国からの受講になった。ライブ授業は留学生の場合時差調整の困難さもある。留学生は大

学院に多く、学部には少ないのだが、学部で20％ほどに達する大学もある。多くの大学は、学部の国際化のため、また授業料全額負担が多い留学生を増やしてきた。

　1920/21年度秋学期になって大学をオープンしようとする動きは強かったが、学生がキャンパスに戻るや感染クラスターが発生、2,000人以上感染とか寮生の25％が感染という状況も生じ、再閉鎖やら学長辞職が生じたりした。春学期になって、スタンフォードは感染が少なかったので、3&4年生の学生寮居住を認めたが、授業はまだほとんどオンラインだった。卒業式は、大学によってオンライン、ハイブリッドが多かったが、スタンフォードは6月半ばに対面式で開催された。

③受験制度は変わるか

　春学期のオンライン化で高校の成績はグレードなしが多く、標準テスト（SATやACT）とAPの春の実施はキャンセルや回数減となった。実施団体カレッジボードは、自宅でのオンライン・テストを実施したが、1回目はカンニングからテクニカルまで多くの問題が生じた。標準テストに対しては以前から、「富裕層の生徒は塾や家庭教師を雇い、点数を上げることが可能であり、点数が親の収入を反映し、低所得層、ブラックやヒスパニックに不公平である」と批判が向けられていた。提出を要求しない、選択制、しなくても不利扱いしないとする大学が増えていたのであるが、コロナ禍はその動きを加速するかもしれない。カリフォルニア大学は、廃止の方向に動き、独自のテストを開発すると発表した。

（2）大学のオンライン教育の拡大、MOOCs参入

①大学の教育のオンライン化

　大学のオンライン教育はコロナ禍前に拡大していた。国立教育統計センター（NCES）は2012年から学位授与大学の学部生のオンライン授業履修状況の統計を出している。12〜18年の変化を見ると、「オンライン授業なし」は76→66％、「オンラインのみ」は　4→14％、「少なくとも1つ」は20％と

同じだった。高卒以降教育全体では、「オンラインのみ」が31％に達している。高卒後教育、生涯教育のオンライン化が進行していたことを示している。

　対面授業中心だった伝統的大学もオンライン授業やプログラムを拡大させてきた。特に公立大の一部はオンラインに力を入れ、18年に何らかのオンライン授業をとった学生の割合は、アリゾナ大では、ノースカロライナ大、フロリダ州立大では50％を超える。カリフォルニアはオンライン学習者が最も多く、全米オンライン学習者の10％を占める。18年に115番目のコミュニティ・カレッジとして全部オンラインのCalbrightを設立した。スキル不足の25〜34歳層が働きながらスキルやキャリアアップすることを押す。

②大学のオンライン学位プログラムの拡大

　大学は近年オンライン学位プログラムの提供を増やしている。ジョージア工科大は13年にユダシティー（MOOC、後述）と提携して、最初のオンライン・コンピュータサイエンスMAプログラムを創設した。15年にはイリノイ大学、その後フロリダ大、オハイオ州立大、オレゴン州立大、アリゾナ大、パーデュー大等の公立大、私立大もサザンニューハンプシャー、南カリフォルニア大、カーネギーメロン等々増えている。学位も伝統的学位と同じ価値となっている。学生は就労者が多く年齢は高い。授業料は公立大の場合は色々だが、教室授業中心より安く、州内学生と州外で異なる場合が多い。

　Ivy League（東部の古いエリート8大学）は教室授業中心であり、オンラインだけの学位プログラムはなかったが、オンライン・コース（授業）提供は増やしてきた。19年にペンシルヴァニア大が初めてオンライン学士号プログラムを開設した。就労者、通常の学生年齢より高い層のため、フレキシブルなカリキュラムの職業とアカデミック融合のプログラムだ。オンラインの修士号やプロフェッショナル学位も増えつつある。ハーバードはまだオンラインだけの学位プログラムは提供してないが、オンラインと教室授業を組合わせた（blended）MBAプログラムはある。またオンラインの履修証コースやエクステンション・スクールがある。

　スタンフォードでは、以前から教室授業をビデオ記録し、欠席した学生や

満員で溢れた人気授業を後で見れるような体制をとってきた。2011年から無料のオンライン授業を提供し始めた。スタンフォード・オンライン、あるいはムークだ。教授たちにとっては、より多くの人々に学習機会を提供するという社会貢献であるし、コースウェアの蓄積は、スタンフォードの学生の教材としても使用されうる。近年は、無料の履修証取得になるプロフェッショナル・デベロップメント・コースに加えて、有料でのパートタイムあるいはフルタイムのMAプログラムも提供している。ビデオではなくライブ授業なので授業料は高い。

UC Berkeley Extension というように、多くの大学が継続教育、生涯教育を拡大している。

一方、私立営利オンライン大学では、7～9万人の登録学部生がいる大手(Phoenix：76年創立、Capella and Strayer、Ashford：アリゾナ大が購入、DeVry、Northeastern等々)から、小規模大学まである。一部には誇大宣伝で学生募集、教育の質の低さ、低い卒業率(10％以下～25％)、学位の価値が低い等のネガティブな評価もあったが、コロナ禍で学生数を増やしている。

オンライン教育拡大の理由は、①就労者、非伝統的学生層の間の教育需要の増加、②就労者を想定した弾力的カリキュラム、③デジタルツールの改善で、エンゲージメント、インタラクション、コラボレーションやディスカッション、フィードバック、サポート等が充実し教育の質が向上、④オンライン教育のペダゴジー（教育方法）の改善、⑤オンラインの便利さ、時間的地理的弾力性、自分のペースで学べる、非同時とライブとの組合わせ、⑥学習効果や学生の満足度が高いという幾つかの調査結果、⑦学位はオンラインでも対面式と同等の価値、⑧テクノロジー使用の学習になる、等色々の利点がある。短所としては、やはりインストラクター、学生間の直接対面式でのコンタクトのなさ、少なさであろう。

坪井ひろみさんは、シリコンバレーでフルタイムで働きながらアリゾナ州立大教育学大学院オンラインMAプログラムで学ぶ2年目の学生だ。24の教育学MAプログラムがあり、半分がオンライン。専攻しているCurriculum and

Instruction の約 75 人（3 クラス x 25 人）の学生はほとんどが教育関係の仕事を
している。MA 取得までのオンライン授業料は州内外学生一律 $19,300、教室
授業の場合は州内 $21,000、州外 $40,720 だが、プログラム単位数により差が
ある。MA 取得には 10 科目 30 単位（1 科目 3 単位で、各学期 2 科目 6 単位とる。
各科目は 7、8 週）。

　Canvas 上の指示に従いオンライン授業を進める。ビデオ授業やリーディン
グ、プレゼンテーションなど教材に工夫はあるが、ライブはない。毎週月曜
に新レッスンがスタート、書き込み式ディスカッション課題（アサインメント）
を木曜に提出、全員で共有され、2 人にコメントを書き、2 人からコメント
をもらう。もう一つの課題レポートは日曜日に教授宛に提出。最終週に各科
目のシグニチャーアサイメントエッセイを提出。教授に質問をメールすれば、
48 〜 72 時間以内に返事が来る。学生による授業評価制度があるので、教授は
迅速に適切に対応する。学生にはサクセス・コーチがつき卒業まで面倒を見る。
電話で 2 週に 1 度話し、精神的サポートをしてもらっている。テクニカルサポー
ト・リソースもある。オンラインチュータリングサービスがあり、レポート
の英文チェックもしてくれる。さらに、週 7 日 24 時間体制の Help center with
live chat もあり、学生サポート制度が非常に充実している。全体としてよくで
きたプログラムであり満足している。唯一物足りない部分は、ライブの交流
がない点だと語る。

　オンラインのライブかビデオ授業かそれぞれ長所短所がある。同時双方向
型（synchronous）では、参加者がバーチュアルに顔を合わせて、エンゲージメ
ント、小グループ化や協働学習、議論や発表を入れやすいし、教師は生徒の
反応や状況を把握しやすい。一方、録画利用のオンデマンド式（asynchronous）
は、いつでもどこでも繰り返し見れる長所がある。また非ライブでのコラボ・
ツールとして、書込みによる非同時ディスカッション等インタラクティブな
展開が可能である。時間をかけて考えて書くのでより深い思考になるし、引っ
込み思案の生徒も参加しやすい。ライブの場合、参加者の存在を感じコミュ
ニティ感を高めるが、発言の多い生徒と黙っている生徒の差がでる。どちら
が絶対的によいというのではなく、教育効果の高いベストの組み合わせがよ
いということだろう。

（3）MOOCs の登場と拡大

MOOCs（Massive Open Online Courses、ムーク）は、参加者数に制限がなく多数参加可能、試験等の資格審査がなく誰にもオープン、オンラインでのコース提供である。New York Times は 2012 年を「MOOCs の年」と呼んだ。スタンフォード・オンラインが 2011 年に無料公開コースの試みとして提供した「AI 入門」に世界各地から 16 万人が参加。この経験が、教育の民主化を目的とした Udacity（ユダシティ）の設立となった（Sebastian Thrun, David Stavens）。Coursera（コーセラ）も 12 年、スタンフォードの 2 人のコンピュータ・サイエンス教授（Daphne Koller & Andrew Ng）が自分たちの授業をオンラインで無料公開したところ多数の受講生があり、オンライン化の力を認識して設立したものだ。同年 edX がハーバードと MIT 共同で設立され、大学レベルのコースの提供を始めた。Udacity、Coursera、edX の誕生でムークが大きな注目を集めた。

実はムークはその前に始まっている。Lynda（1995 創立、買収により 17 年から LinkedIn Learning。LinkedIn は 16 年マイクロソフトが買収）、Alison（07 アイルランド）、Khan Academy（08 創立、非営利、学習ビデオを制作し無料提供）、Udemy（09 設立）。イギリスの Open University は 50 年の歴史をもつ遠隔教育のパイオニアだが、数大学と提携して 12 年に創立した FutureLearn は大手ムークに成長した。

2020 年は「MOOCs の第 2 年」となった。コロナ禍の追い風に乗り大手 MOOCs の利用者数は激増した。Class Central（11 年設立、ムーク情報提供と登録サービス企業）によると、2012 ～ 20 年で、世界の学習者数は 200 万人から 1.8 億人に、大学パートナー数 40 から 95 となった。コロナ禍がいかに学習者を激増させたか、コーセラは 19 年 4,500 万人→ 20 年 7,600 万人、edX が 2,400 万人→ 3,500 万人という数字が語っている[6]。

ところで、コーセラ、ユダシティ、edX 等のムークはコースをオンラインにのせて提供するプラットフォームであり、コースは自家制作ではなく、ほとんどが大学のコースである。有名大学（スタンフォード、MIT, ハーバード、UC 等）の教授の授業を中心にして質の高さを保障している。近年マイクロソフトやグーグル等の IT 企業との提携によるコースウェア制作も増えている。

対照的に、ユデミーは、コース制作者に制限はなく、ユデミーの審査を通れば、誰でもそのマーケットプレイスにのせてコース提供できる。質の保証は受講生の評価による。4,000 万人の利用者、5.7 万人のインストラクター、13 万コース提供、1 億ドルの収入をあげている。

（4）MOOCs の変遷、生涯教育

ムークは「第 1 年」から「第 2 年」に至るまでスムーズな拡大をしたわけではない。まず、ムークへの落胆があった。MIT の研究者 2 人が、edX の 2012 ～ 18 年間の総登録者 563 万人のデータを分析した結果をサイエンス誌に発表した記事は、甚だショッキングなものだった。第 1 に、履修完了率の低さ（半数は一度もクラスに入らない；最初の 2 週間でのドロップアウト率が特に高い；完了率推定 15％）；登録者数の減少；継続率は 6 年間改善していない (6-10％)；履修証に市場的価値がない。第 2 に、登録者の大半が教育の機会のある富裕国の学生であり、教育機会の少ない地域や社会層の学生はわずか 1.4％だった。伝統的高等教育の破壊的転換、質の高い高等教育を世界のどこにでも提供するという教育の機会の拡大、民主化をうたって登場したムークだが、その後の展開は全く期待外れだったのだ (Reich and Valiente, Science, 2019.1.11)[7]。

①履修完了率、継続率を上げる努力、プログラムの多様化

一部を有料化（無料だと損失感なく簡単にドロップアウトする；受講は無料だが履修証取得は有料というのも多い）、コースをより厳選；自習式のもあるが、TA 等を加えサポートを充実；オンデマンド式（授業に入らないケースが増える）でなく学習時間に条件付け；ライブ学習と非同時的学習の組み合わせ、仕事と関連したアサインメントを出す等々。ユダシティもコーセラもユデミーも営利企業である。MIT とハーバード運営の edX は今も非営利、履修証は少額有料。

短期で履修証を得られるプログラム、ナノディグリー・プログラム、ディグリー（学位）プログラム、プロフェッショナル修士号プログラムにまで拡大している。マイクロ・クレデンシャル（スキルアップ、履修証提供、アカデミッ

ク学位への単位となる）というのもある。コース内容は、先端技術から実用的なスキル、ビジネス関連まで多様だ。プログラミング、データサイエンス、AI、機械学習、アナリティックス、サイバーセキュリティ、クラウド・コンピューティング、自動システム、ビジネス関連のマーケッティング、アカウンティング、法律関係等々。ユデミーは、企業の労働者向けの職場ですぐ使えるより実用的スキル関連から、一般教養的なもの、趣味のものまであらゆる分野のコースを提供している。

　プログラミング、ウェブ作成、ソフト開発等実用的教育プログラム中心の地域的オンライン大学もある。オンラインは地理的制約が少ないので、全国あるいは世界市場を対象にできるが、実際には、居住地近隣のオンライン教育を選ぶ傾向が強い。大学キャンパスを利用できるとか、シェアオフィスのような所に地域的キャンパスを作り、学生たちが集まり、アカデミック・サポートやカウンセリングサービスを得られる拠点を提供しているところもある。オンライン授業と対面経験をブレンドし学習継続を支援する。

　ブート・キャンプは、ムークとは違うが、主としてプログラミングやサーバーセキュリティ等の労働者需要の高い分野のコースで、2、3ヵ月ほどの短期集中コースを提供している。コロナ禍前はキャンプ（会場）に集まっての実践的授業が中心だった。授業料は多様だが、しばしば企業と提携し、卒業後の就業保証をしたり、授業料は就業後の給与からの後払い方式とかいろいろなオファーをしている。

②企業との提携：職業訓練、再教育、職員研修やスキルアップ事業の拡大

　一時はムークの評価の低下、将来性を疑問視する声もあった中で、職業関連のスキル習得、再訓練、スキルアップ事業を拡大し成功している。大手 IT 企業（Amazon、Google、Facebook、IBM 等）と提携して、コース内容の制作、インストラクターやメンターを得て、労働者の実用的なスキルアップとなるテクノロジー関連コース提供。また大企業と契約して職員研修分野も拡大し利用者を著しく増加させている。コーセラ、ユダシティ、ユデミーはユニコーン入りしている。

③大学との提携の拡大

　もともとムークの多くのコースウェアは大学の授業だ。ムークを通して、大学がもつコースを提供していると言える。近年、伝統的大学がオンライン学位プログラムを拡大していることは上で述べたが、大学がより広い学習者にリーチできるオンラインで、働く学習者や年齢の高い学習者層を対象に教育の機会を提供している。さらに、直接ムーク、つまり無料で誰にもオープンしているオンライン・コース提供も行っている。

　オンライン・コース提供に慣れていない大学が、ディグリー・プログラムを創設するにあたってムークと提携する場合も多い。大学に必要なサービスを売る営利企業 OPM（Online program managers）が発展した。オンラインでの提供に必要なテクノロジー・インフラ整備から、マーケティングによる学生募集、カリキュラム開発とコースデザイン、学生の入学から履修・継続サポートまでカバーする。大学にとってコストや管理事務の削減とノウハウを得る。前からある OPM 企業に加え、コーセラ、ユダシティ等も大学提携によって OPM サービスに参入している。

　さらに、コーセラはそのコースウェア・ライブラリーへのアクセスを大学に売るビジネスを拡大しようとしている。大学がコロナ禍で突然のオンライン化への対応に苦労していた 3 月から、すべての大学に、学生によるコーセラのコースウェア・ライブラリの無料使用を認めた。多数の大学がサインアップし、一部の大学は、単位履修の授業の一部にコーセラのコースを取り入れた。無料提供は 9 月末で終了したが、限定的な無料提供を認めると共に、有料サービスを開始した。コースを授業で使えるように改善し、教授が内容を大学の授業に合うように修正したり拡大できるようなツールを提供している。一部の大学はそこに便利さを見て、その利用の方向に動いている。コースウェア・ライブラリーへのアクセスを提供し、大学はライセンスを払って利用できる（Jeffrey R. Young, Edsurge, 2020.10.15）。

　知やテクノロジーの革新を牽引する人材を養成する必要がある。革新のスピードについていき、スキルをアップデートしていくことが必須となり、生涯

学習の需要が高まっている。大学もそれに適応して変化しているが、ムークはより適応力がありスピードをもって柔軟に対応している。長寿化社会では、教養的・趣味的学習も需要が高い。高等教育は、生涯教育を含めて、大きな再編成が始まっている。

おわりに

　教育の DX を推し進めるデジタルメディアの進歩は著しい。コロナ禍でのオンライン化で DX は短期間に一層進んだ。学校管理事務から連絡、出欠、学習記録や保存をし、ビデオコンファレンスやアプリの機能向上で、ライブ授業でグループ学習やコラボレーション、インタラクション、ディスカッションも可能だ。生徒の学習状況を自動的同時進行的に把握し、フィードバックや採点もする。教育的リソースは無尽蔵にあり容易に活用できる。世界中のリソースにアクセスできる。生徒のデジタルスキル向上は目覚ましくデジタルツールを自由に使いこなして学習する。しかし、デジタルは教師と生徒が対面しての教室授業を代替しない。オンラインの長期化が生徒の学習の遅れやストレスを生んでいる。またデジタル化は社会的経済的格差 (digital divide) を鮮明に出した。これからいかにロスをキャッチアップするか、特に不利な生徒たちのサポートが喫緊の課題となっている。

　コロナが終息したときどうなるか？コロナ前の状況に戻ることはあるまい。教室授業の長所を生かし、そこにいかにうまくデジタルを使うか、教師のテクノロジーリテラシー、デジタルスキル向上とエンパワーメントが不可欠となる。教育の現場ではこれまでも PBL とか、blended Learning（伝統的ティーチングとデジタル・ティーチングのミックスした授業）、flipped teaching（生徒は事前に教材を読み、授業ではディスカッションやプレゼン中心にし、生徒のエンゲージメントを図る）、personalized learning（個別最適化学習）等色々な理論と実践がされてきた。デジタル教育のペダゴジー（教育方法）の理論と実践の蓄積が必要だろう。

高卒以降の教育は職場とより直結している。DX がもたらしている産業構造の変化は、仕事のスキルアップ訓練が重要である。さらに長寿化も生涯教育・継続教育の重要性を拡大している。伝統的大学も、MOOCs その他の高卒以降教育も大きな変化と再編成の中にある。

注

1　Chronicle of Higher Education は 1966 年創刊と古いが、2000 年頃からテクノロジーが教育現場に入り DX が始まると、多数の教育関連のウェブニューズ & リサーチ情報誌が創刊された。コロナ禍が教育をヒットすると、New York Times を初め一般の新聞紙、地域紙も多数の取材記事を掲載した。本章は、これら多数の記事を情報源として使用。Edsurge,　Educause, Edsources, EducationWeek（K-12）, Inside Higher Education, Education Element, eSchool News, Chalkbeat（American Education News）, Education Dive 等々。

2　Betsy Corcoran et al., "A Decade in Review: Reflections on 10 Years in Education Technology," EdSurge（2019.12.31）. J-PAL Evidence Review, "Will Technology Transform Education for the Better?" Cambridge, MA: Abdul Latif Jameel Poverty Action Lab（2019）. Alex Weitzel, "Decade In Review: The Development of EdTech," Coursekey（2019.12.9）.

3　Benjamin Herold, "What Is Personalized Learning?" Education Week（2019.11）. Robyn Howton, "Turn your classroom into a personalized learning environment," International Society for Technology in Education（ISTE）（2019.9. 28）.

4　ホーン川嶋瑤子（2018）『アメリカの社会変革：人種・移民・ジェンダー・LGBT』ちくま新書

5　Karen D'Souza, "Distance learning stokes fears of excessive screen time," EdSource（2020.11.23）.

6　Dhawal Shah, "The Second Year of The MOOC,"（2020.12.23）; "By The Numbers: The MOOCs annual report," Class Central.

7　Justin Reich et al., "The MOOC Pivot," Science（2019.1.11）. Jeffrey R. Young, "Will the Pandemic Lead More Colleges to Offer Credit for MOOCs?" Edsurge（2020.10.15）.

第7章

DX化する大学の授業

COVID-19 の高等教育への影響

牧　兼充

授業風景

はじめに

　中国武漢市を震源とする新型コロナウィルスは、世界の大学をその存在意義の根幹から揺さぶるようになった。大学教員である筆者は、大きく分けて以下の三点の理由により、COVID-19 の大学への影響について、外部に話す機会を多く得ることになった。一点目は、現在早稲田大学ビジネススクール准教授と、カリフォルニア大学サンディエゴ校ビジネススクール客員准教授として、日米両国の授業を担当していることである。二国の授業を経験することにより、日米を比較する観点から両大学の対応について論じて欲しい、というものである。二点目は、筆者の研究テーマが、"スター・サイエンティスト"というパフォーマンスの高い研究者を含めた、大学とエコシステムの研究であることだ。そもそも大学のマネジメントが研究対象の一部であり、大学のあり方についての造詣を持つ。そして三点目は、IT ツールを活用した授業を実施する先駆者としての役割である。筆者はもともと IT ツールの活用に長けていたこともあり、COVID-19 パンデミック以前から IT ツールを活用し、オンライン授業を実施してきた。IT を活用した授業のベスト・プラクティスを常に模索し、新しい試みを実現し続けてきた。

　本稿では、筆者のビジネススクールでの体験をもとに、COVID-19 の大学への影響と未来をまとめてみたいと思う。

1．COVID-19 のプロフェッショナル・スクールへの影響

　COVID-19 は、大学の存在意義を根幹から揺さぶった。筆者の在籍する早稲田大学ビジネススクールは、大学の多様な学部の中でも社会人を中心とした教育を担っており、特に社会的情勢の変動を受けやすい。それは受験倍率、合格者プロフィールの属性分布などに大きく影響する。

　早稲田大学ビジネススクールの場合、研究科長のリーダーシップがあったため、早い段階で春学期はオンライン授業を中心に実施する旨のアナウンスが行われた。多くの教員は必ずしもオンライン授業の経験があったわけではなかったが、緊急事態宣言の状況下で、他の選択肢があったわけではないので、意思決定についての混乱はなく移行することができた。

　授業のオンライン化といった場合には、大きく分けて二つの形態がある。Zoom などを活用した時間を共有する「同期型授業」と、YouTube などを含めた動画配信サービスを利用した「非同期型授業」である。初期段階においては、教員のスキルによってどちらか、場合によっては両方を選択していった。後述するが、授業の内容によって「同期型授業」と「非同期型授業」は、使い分けが重要であることがベスト・プラクティスの共有により明らかになっていく。

　COVID-19 による大学の授業のオンライン化は、慣れない対応を教員に強いたために、授業の質が低下した部分は否めない。一方で、この状況が新たな機会を生んでいる部分もある。まず、新しい学生層を発掘したことである。今までであれば、突然地方勤務になった学生、育児で在宅を強いられていた学生などが、オンライン授業であれば今まで以上に多くの科目を履修することが可能となる。新しい学生層を発掘することで、履修者の多様性が高まり、特にビジネススクールのようなディスカッション主体の授業においては、議論が多角的になって質自体が向上することが見込まれる。また、授業の多くが録画されるようになったので、「見逃し配信」が容易になった。これにより、多忙な社会人にもより効果的に学ぶ機会を提供するようになる。これは特に、復習の必要な授業であればあるほど、学習効果があがったと考えられる。

　その他にも、緊急事態宣言期間中は学生は通常よりも時間的余裕があったなどの要因も考えられるが、グループワークの質は通常よりも高かった。グループワークは今まで、対面前提で日程調整が難しかったが、自宅からオンラインで参加できるようになり、高い頻度で集まることができたと推測される。また、オンラインで平日の夜に行なっていた教員のオフィスアワーには、多くの学生が参加した。

　以上の経験から、オンライン授業は、適切に設計すれば対面授業より学習

図 7-1　ハーバード大学教育大学院の新たな学生募集ページ

(筆者により撮影——ハーバード教育大学院サイトより)

効果は高まる、という感触を得た。

　先に触れたが、授業がオンライン化することで今までより多様な人材がプログラムに参加することが可能となる。更に、クラス受講者の多様性があがることが、授業の質を向上させることにつながる。このことにもっとも先駆的に取り組んだのは、ハーバード大学教育大学院であると考えられる。同大学院は、2020 年から 2021 年の授業のオンライン化をいち早く決定した。そしてボストンに在住するという制約のために受験を諦めていた潜在的な学生層にも参加を促すため、入学試験をもう一ラウンド実施することを決定し、新たな人材の取り込みを図った。

2.　オンライン授業の有効性

　筆者がオンライン授業を開始するにあたって最初に拘ったのは、「オンラ

イン授業の効果」を示す科学的なエビデンスはあるか、ということであった。大学のオンライン授業の評価を行うために、ある科目について、学生をランダムに介入群と統制群に分け、オンライン授業と対面授業の効果の差を検証する、というような学術研究は当然存在しているであろうと思った。そのようなエビデンスがあれば、1 回目の授業においてその検証結果を学生に提示し、学生がオンライン授業の有効性に納得した形で授業にコミットできるので、とても有益であると考えられた。しかしながらそのような論文は見つからなかった。

　唯一「オンライン上でのコンピュータの授業の学習効果に関する研究」 "Achievement Predictors for a Computer-Applications Module Delivered Online" という論文が見つかった。この論文は、ハーバード・ビジネス・スクール出版局 (HPSP) が COVID-19 対応のために提供している各種オンライン授業のマニュアルの中に、ひっそりと紹介されていたものである。

　ここでは、「そもそもオンライン授業は効果があるのか？」というリサーチ・クエスチョンを探索している。具体的には、米国大学のコンピュータ・サイエンスの授業を事例として、この授業の履修学生の 50% を対面（通常）授業、残りの 50% をオンライン授業にランダムに割り振った。そして、この二つのグループの、期末試験の成績を比較した。加えて、「オンライン授業に向いている人と、向いていない人の属性の違いはあるのか？」を探索するために、教室とオンラインの両学習環境において、学生へのアンケートを実施し、オンライン学習の有効性の検証、満足度の測定、遠隔学習に成功／失敗した学生の特徴を明らかにした。

　表 7–1「対面・オンライン授業の記述統計量」は、統制群と介入群の比較を行なっている。それぞれのグループのサイズは 48 人と 45 人とほぼ同数である。統計的有意差は見られないものの、平均値、中央値ともに、オンラインの方が対面授業よりも高い。最頻値もオンラインでは 100 点である。一方で、最小値はオンライン授業の方が低い。

　この表の内容を図にしたものが、**図 7–2**「対面・オンライン授業の成績の分布」である。オンライン授業の方が成績上位者に偏りが見られることが分

表7-1 対面・オンライン授業の記述統計量

統計量	統制群（対面）	介入群（オンライン）
サンプル数	48	45
平均値	75	77
標準偏差	（15.9）	（20.4）
中央値	76	83
最頻値	64	100
最小値	41	22
最大値	100	100

（論文より転載。翻訳は筆者による。）

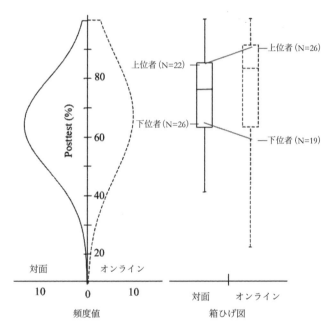

図7-2 対面・オンライン授業の成績の分布

（論文より転載。翻訳は筆者による。）

かる。この試験の結果やアンケートから分かることは、(1) 能力や意欲の高い学生は、オンライン授業の方がよりパフォーマンスが高い、(2) オンライン授業が嫌いな学生は、パフォーマンスが低い、の2点であった。これは、オンライン授業は適切に設計すれば授業のクオリティを向上させられことを示唆しており、特に能力の高い学生、意欲の高い学生に向いている手法であることが分かる。

3. 世界の大学のオンライン授業化で、授業における教員の本質的な役割が変わった

　COVID-19の影響で大学の授業のオンライン化を体験するようになり、大学の授業の価値が根本から問われ直していると言える。今までの授業は、いわば深く考えないまま「同じ場所」で「同じ時間」に受けるものであった。それが、「同じ場所」という制約がなくなった途端に、オンラインで同期型授業ができるとしても、「同じ時間」に行うことの価値、「同期型授業」の必要性が問われるようになった。

　例えば、レクチャー形式の一方通行の授業であれば、オンデマンド授業の方が、学生にとっては時間を有効活用することができる。もう少し言えば、オンデマンドの授業であれば、学生は1.2倍速で視聴することができるので、同期型授業よりも、効率的に授業を受けることができる。従って、「同期型授業」はインタラクティブな授業設計がマストとなり、そこが教員の能力の出しどころとなる。

　もう少し深掘りしていくと、オンライン授業は結局ビデオ経由であるので、ビデオで一方的に話すのであれば、世界で一番話すがのうまい教員のビデオを活用した方が良い。そうなってくると、教員個々人が自分自身でコンテンツを作り上げるというよりも、世界中にちらばる、世界で先端のコンテンツを集めるキュレーターとしての役割がより重要となってくる。

　もう1点、教員の役割として重要になるのが「コーチング」である。オン

表7-2　オンライン・コラボレーション・ツール一覧

・Zoom	・SurveyMonkey
・Slack	・Lucidchart
・Smaply	・Invision *
・Slido	・Googles Forms
・Mural *	・Figma
・Typeform *	・Miro
・UXPressia	・Typeform *
・Asana *	・Airtable *

＊中国では利用できないサービス
オンライン上のいくつかの情報をもとに筆者作成

ライン授業は対面授業に比べて、学生のモチベーション維持が難しい。90
分などの授業を集中して受けることの集中力の問題もあるが、15回の授業
を継続して参加し続けることの難しさもある。教員は今まで以上に、授業に
おけるラーニング・コミュニティを創生して、受講者同士が相互に学び合う
場を作ることが求められる。これは従来の教員が求められていた能力とは異
なり、教員のスキル向上のためのファカルティ・デベロップメントが必要と
なる。教員の役割には、受講生のコーチング・メンタリングが新たに加わり
つつあるのである。

　授業をインタラクティブな場に設計することを考え始めると、今までの対
面の授業以上に、新たなツールの活用が必要となる。世界の大学で昨今使わ
れているオンライン・コラボレーション・ツールの一覧を**表7-2**「オンライン・
コラボレーション・ツール一覧」にまとめた。なお、＊で示されているのは
中国では使えないツールである。授業自体に世界から多様な人材が参加する
ようになっているので、このような国際対応も必須になっている。世界のプ
ロフェッショナル・スクールでは、既に授業で多様なツールを活用している。
Post COVID-19のコラボレーションの手法は「今」学ぶべき大事なスキルと言
える。

　授業準備のために活用するツールも大きく変わりつつある。例えば、授業
を行う際には、パワーポイント、講師の顔、ホワイトボードなどを、シーム

図 7-3　ATEM Mini Pro

レスに切り替える必要がある。そのようなことに対応するためには、ATEM Mini Pro などの PC に接続可能なスイッチャー（**図 7-3**）が主流となっており、自宅用に購入している教員は少なくないはずである。その他にも、ビデオ映像を活用する機会が飛躍的に増えたので、映像編集ツールを使いこなす教員も多くなった。IT ツールを活用した授業展開は、教員の必須スキルの一つともなっている。

4.　オンライン授業で新たにできるようになったこと

　筆者は、COVID-19 の前から Zoom を含む IT を活用した授業を実践してきた。そのような経験もあったので、COVID-19 の影響が日本でも見られ出した 2 月末から、2020 年度の授業はオンラインで対応することになる可能性があると思い、準備を始めた。具体的には大学の研究室をスタジオ化し、研究室からオンラインで配信する準備を整えた。

　特にビジネススクールの授業のオンライン化にあたって大きな役割を果たしたのは、ハーバード・ビジネス・スクール出版局（HBSP）の存在であった。2020 年 2 月末の時点では中国を中心とするアジアの一部の地域の感染拡大が見られており、その地域の大学がオンライン授業をスタートした、とい

うタイミングであった。HBSP は、オンライン授業のマニュアルなどを同社のウェブページにおいて公開し、また 3 月上旬には、アジアの大学関係者をターゲットにオンライン授業のやり方に関するウェビナーを実施した。筆者もこのウェビナーを受講し、オンライン授業の構成などを考えた。振り返ると、2020 年 2 月 27 日の時点ですでに、4 月以降の授業がオンラインになるであろうことを想定し、授業の構成、機材の準備などをスタートしていた。

このウェビナーの数日後には、米国でも感染拡大が見られるようになり、米国の大学の多くはオンライン授業に切り替えられた。その時点では、日本は感染拡大が一定規模に抑えられていたこともあり、最終的に 3 月末の時点で、オンライン授業に切り替える決定をする大学が増えていった。

このように、かなり余裕を持ってオンラインを前提とした授業を準備していたこともあり、さまざまな試みをすることができた。

（1）オンデマンド授業と同期型授業の併用

ビジネススクールの授業をオンライン化することを想定すると、Zoom を活用してディスカッションの場をオンライン化することがもっともシンプルな方法であった。しかしながら、授業の内容によっては、ディスカッションの前に解説をするケースがあり、また内容が高度な場合、学生が繰り返し閲覧できる形式の方が良いと考えた。そこで授業内容の一部を切り出し、大学の収録スタジオを利用して、オンデマンド教材を作成した。

結果的に、学生が繰り返しオンデマンドを閲覧するようになり、授業内容の理解が深まり、授業全体のディスカッションの質が向上することになった。これは、授業がオンライン化することによって質が向上した好事例と言えるであろう。

（2）多彩なゲスト

オンライン授業で大きく変わった一番の便益の一つは、多彩なゲストの招聘が容易になったことである。授業で COIVD-19 感染症の議論を行う際に、政府の高官に執務室から参加していただく、といったことを行うことができ

た。また今までであれば、ゲストで招聘する際には 90 分程度の講演をいた
だくことが一般的であったが、移動を伴わなくなったため、例えば 20 分程
度のショート・プレゼンテーションなどを依頼することも可能となった。

（3）オフィスアワー

　オンライン前提であれば、オフィスアワーに訪問するための移動時間が不
要になり、参加のためのコストが下がる。他のオンライン授業が終わった平
日の夜にオフィスアワーを設置したところ、多数の学生が利用するようにな
り、結果的に授業全体の質が向上することとなった。

（4）プレゼンテーションのビデオ提出

　今までレポート提出は文章形式が多かった。またプレゼンテーションは対
面が原則であった。しかし、授業のオンライン化により、学生のリテラシー
があがり、誰もが音声を含めた動画を撮影することが容易になった。そこで、
レポートの提出もビデオ形式とした。ビデオ形式にすることにより、今まで
よりも多様な表現手段をとることができるようになった。なお、採点の際も
ビデオは 1.2 倍速で閲覧見ることができるため、対面のプレゼンテーション
よりも効率的に時間を活用することができる。

（5）インクルーシブな授業

　聴覚障がいの学生が授業を履修していた。授業の理念である“Equity, Diver-
sity, and Inclusion”を基本とし、大学の“Leave no one behind.”を行動指針とし
ながら、授業設計を行った。聴覚障がい者が利用するツールとして UD Talk
が普及しており、この UD Talk を Zoom の授業で活用すべく、統合化を試み
た（図 7-4 参照）。UD Talk は、音声認識エンジンの結果を表示するためのツー
ルであるが、音声認識の精度は決して高くない。そこで、大学の障がい学生
支援室のサポートのもと、学生のボランティアスタッフに授業に参加しても
らい、誤字を修正していく体制とした。
　この体制にはまだまだ課題はあるものの、ビジネススクールの授業におい

図7-4　UD Talkを利用した画面

（筆者撮影）

て、障がいのある学生がより多く参加できる体制を整えることができた。障がいのある学生が授業に参加する体制をサポートすることは、その学生へのサポートという意味もあるが、それ以上に「多様なバックグラウンドを持つ学生の議論の場をつくることが履修者全体の学びの質の向上につながる」という観点から極めて有効である。

（6）自動翻訳

UD Talkを利用して、聴覚障がい者が文字を読むことで授業に参加ができるのであるとすれば、機械翻訳のツールと組み合わせることで外国語の講演の翻訳を表示させ、リアルタイムでの多言語の議論も実現可能なはずである。筆者の授業でお招きした米国大学助教授の講演の同時翻訳を試みた（**図7-5**参照）。

結論から言うと、音声認識及び機械翻訳の精度が決して高くないので、実用化にはもう少し時間かかる。しかしながら、ある程度英語が分かる学生の補助ツールとしては極めて有効に機能した。

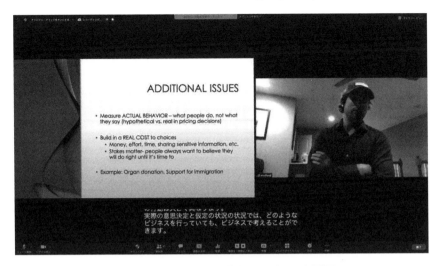

図7-5　授業における自動翻訳を活用した画面

（筆者撮影）

（7）ハローウィンの仮装

　蛇足ではあるが筆者の授業は毎年ハローウィンは仮装をして行っている。2020年はオンライン授業であったため、仮装も電子的に行った。Snap Camera などのツールを活用すると、仮装を容易に行うことができるため、対面

図7-6　ハローウィンの仮装

（筆者撮影）

授業以上に多くの学生が仮装に参加した。なお筆者の仮装（図7-6参照）は、学生がやや怖く感じたためか、この回の学生の発言が通常より少なかった。

---

5. 授業のオンライン化：日米比較

　筆者は早稲田大学ビジネススクールに加えて、夏学期にはカリフォルニア大学サンディエゴ校において、学部生を対象とした授業を担当している。COVID-19 の中で、日米の両方の授業を担当する経験は、両大学の対応の比較を可能とした。その違いについて、述べてみたいと思う。

　日米の授業設計において最も大きな差が見られたのは、学生の所在地の多様性である。米国の大学は世界中から学生が集まる。米国の大学は、世界から集まる留学生が入国できていないので、世界中に学生が分散しており、時差の問題が大きい。一方で、日本の大学は国内の学生比率が高く、海外からの留学も時差の影響が少ないアジア圏が多い。従って、時差が深刻でも個別対応でどうにかなる。米国の大学は、そもそも授業時間を設定しても、その時間に全員が集まることは不可能であり、授業設計の段階で、同期・非同期の両方の参加を前提としなくてはならない。一言でオンラインといっても、米国の大学では特に同期型の授業のコストがかなり高い。

　この前提で、成績の付け方は極めて困難である。米国の大学としては、なるべく学生のことを考えて、同期型授業を実施して欲しいが、時差の関係で参加できない学生が成績の不利にならないように、と通達される。米国の大学では、成績評価が学生にとってセンシティブなので、この対応はそれなりに困難である。一方で、日本の大学は、学生がそこまで成績にセンシティブではないので、授業設計に柔軟性がある。

　授業を行うにあたっては、ティーチング・アシスタント（TA）の存在は重要である。特に Zoom を活用したオンラインの同期型授業は、教員一人で全ての操作をすることは難しく、TA の存在が授業の質に直結する。米国の大学では、事務局に相談すると、Zoom 経験のある TA を事務局が用意してく

れた。日本の大学ではそもそもTA制度がないところが多い。早稲田大学の
ビジネススクールは、TA制度は存在するが、自分で探すことが前提でなか
なか見つからない、また教員自身もTAとのチーム・ティーチングに慣れて
いない、といった課題が見られた。

　オンライン化にあたって、大学がルールの明確化をすることは極めて重要
である。フェアな成績付けとも関連するが、期末試験をどのように行うかの
ルールを整備することは大学のマネジメントの役割である。米国の大学では、
期末試験のやり方、カンニングの定義を決めて、全教員にいち早くアナウン
スを行うなどの対応が見られた。一方で日本の大学では、教員個人任せになっ
ていた。

　授業のオンライン化への移行にも日米で大きな差が見られた。そもそも米
国では、Learning Management System（LMS）の活用がCOVID-19以前から充実
している。その使い方のチュートリアルを教員に提供しており、学内でもファ
カルティ・デベロップメントの一貫としてサポートが充実している。日本の
大学でもLMSは普及しつつあり、チュートリアルなども提供され始めてい
るが、基本は教員個人任せの側面が大きい。

　教材の著作権も今回のオンライン化では大きな課題であった。授業の教
材をどのように配布するか、といった準備には差が見られた。米国では、
COVID-19以前からオンラインで教材を配布する仕組みが整っていた。教材
のオンライン配布にあたるライセンスが明確であり、著作権処理を行って教
材をパッケージ化するなどのサービスを提供する企業も存在していた。一方
日本では、教育利用の範囲でコピーして物理的に配布することが基本であり、
オンライン化にあたっては大きなネックとなった。

　なお、日米両方の授業で、共通した学生の授業評価の変化も見られた。筆
者の場合、授業評価の点数自体は特段下がらなかったが、自由記述欄に学生
からのコメントで対面授業より辛辣なコメントが増えたように感じられる。
これはおそらく、実際に対面で授業を受けていないために教員と学生のラ
ポールが形成されていないことも一因にあるように考えられる。

米国学生からのコメントで多かったのは、成績のフェアネスについてであった。オンライン授業になり、学生の状況が多様で、様々な例外を作らないといけない中で、教員のフェアネスに関するリーダーシップが試されるようになっている。一方日本の学生から多かったのは、教員が特定の学生と距離が近く見えるなど、疎外感に関する指摘であった。オンライン授業においては、対面で接していない分、インクルーシブな授業としてのあり方の重要性を検討していく必要がある。

6. まとめ：大学の授業のDX化へ向けた新たなチャレンジ

COVID-19による大学のオンライン化は、第一フェーズが完了したと言える。色々な課題は残しつつも、各大学のオンライン化の体制は整った。一方で、以下のような課題が明らかになった。

（1）オンライン授業の有効性に関する学術的な検証

オンライン授業を担当するにあたって、筆者が感じたのは、オンライン授業の有効性に関するアカデミアにおける研究の蓄積の少なさであった。ランダム化を前提とした科学的実験によるオンライン授業の効果測定などは、もっと行われるべきである。少なくとも大学教員が学生に対して、オンライン授業の有効性を示すエビデンスを提示することは、必須であると考えられる。その他にも、学生のダイバーシティ、LMSの活用、授業時のカメラのオン・オフの教育効果への有効性など、授業を行うにあたりエビデンスベースの議論をしたいトピックがたくさんある。テクノロジーと教育をテーマとしている研究者に期待したい。

（2）大学のトップ・マネジメントの育成（危機管理を中心に）

COVID-19からオンライン化への対応にあたっては、大学のトップマネジメントの危機対応力が大きくクローズアップされた。オンライン化への意思

決定のプロセス、学生・教職員を中心としたステークホルダへの説明責任、感染症対策など、大きな差が見られた。大学も社会環境に応じたレジリエンスが重要であると考えると、特に日本において大学の経営人材の育成がマストである。トップの明確なメッセージなしでは、現場の教員に混乱が増える一方である。

（3）大学のオンライン化をサポートするためのエコシステムの形成

　大学教員がオンライン授業を行うにあたっては、その授業のオンライン化をサポートしていくためのエコシステムが重要である。このエコシステムは、大学内のサポート体制、外部のスタートアップなど両方を含む。大学内のエコシステムとしては、授業設計においての相談の窓口（学務・IT の両面から）、オンデマンド教材を撮影するためのスタジオ、教材ビデオの編集スタッフなどである。学外のエコシステムとしては、授業のオンライン化をサポートするサービスを提供するスタートアップの存在である。授業のオンライン化にあたっては、多くのツールは、遠隔会議システム、企業のオンライン・プロモーション・サービスなどを援用する形で利用した。一方で教育における特殊なニーズが多々あり、そういったニーズを埋めるようなスタートアップがより増えて欲しいと思う。EdTech と呼ばれる分野のスタートアップが増えて、また大学の教員と直接の交流が増えるようになって欲しい。

　もう少し広げると、大学間の横連携を促進するエコシステムが重要である。例えば、教員の共通の悩みなどをシェアする仕組み、Faculty Development は大学間で連携して行っていくことが考えられる。もう少し言えば、授業で教材にするビデオなどは、同一科目、もしくは近接科目の教員同士がシェアすることで、授業の準備の負担が下がるはずである。その究極の姿は、大学間の授業のコードシェア化であると考えられる。今まで大学ごとに同一科目を提供していた理由は、地理的な制約であった。その制約がなくなれば、授業のコーシェアを行うことで、大学のコストの削減を図ることができるはずである。

（4）授業のオンライン化からハイブリッド化の体制へ向けて

　大学の授業のオンライン化ができた後に、どの大学も抱える課題は授業の対面とオンラインのハイブリッド化である。大学の授業において「ハイブリッド」という言葉は現在二つの意味で使われている。一つは、例えばある週には全員対面で集まり、その次の週は全員オンラインで参加する、というような形式の授業を指す。二つ目は、一つの授業において、対面で参加している学生とオンラインで参加している学生が混在しているケースである。前者はコース全体の設計の課題であり、既にオンライン授業のノウハウも蓄積されつつあるので、大きな問題にはならない。問題は後者である。ちなみに後者は最近「ハイフレックス型」とも呼ばれる。

　ある一つの授業において、対面とオンラインの参加者が両方いるケースは、通常のオンライン授業以上に難しい。その難しさとは、教員のファシリテーションによる部分と、教室の設備による部分がある。ファリシテーションとしては、ディスカッションを設計するにあたって、どうしても対面の学生を優先してしまいがちで、オンライン参加者の存在を忘れてしまい、疎外感を作り出してしまう。教室における笑い声や板書など、教室の臨場感がオンラインでは十分に伝わらないことが多い。ハイブリッドを前提とした教室の設備はとても難しい。教室のどの位置にスライドやオンライン受講者のビデオ一覧を表示するか、カメラやマイクをどのように設置するかなどの課題が山積みである。特に難しいのはマイクである。一方通行の授業であれば教員が一人マイクを持っていれば良いのだが、ディスカッション形式となると発言する学生にその都度マイクをまわさなければ、オンラインで参加している学生にその内容を届けることができない。COVID-19下では、教室におけるソーシャル・ディスタンスも重要で、マイクをまわすだけでも、大きな手間と時間がかかる。筆者はYamahaの複数地点に設置できるマイクを利用することにより、遠隔授業の対応をしているが、中期的には、教室の固定設備としてハイブリッド対応のマイクの設置が必要となるであろう。大学には、このようなIT設備や音響設備に詳しく、なおかつ教授法に詳しい人材はなかなか

少なく、人材不足もこの準備を遅らせる要因となっている。

（5）キャンパスによる対面のコミュニケーションの復活へ向けて

　大学の本来の役割は、対面のコミュニケーションにより、教育・研究を推進することである。従ってこのCOVID-19の状況下においても、少しでも早い段階での対面授業の復活が望まれている。

　その中でカリフォルニア大学サンディエゴ校の取り組みは注目に値する。従来よりレジデンシャル・キャンパスに滞在している学生が少なくないのだが、キャンパスに滞在している学生・教職員には、2週間に一度のPCR検査を義務付けた。更に学生・教職員が気軽にPCR検査を受けられるように、キャンパス内数カ所にPCR配布用自販機を設置、という徹底ぶりである。オンライン授業が確立した後は、いかに対面でのコミュニケーションを復活させるか、大学間の競争になっている。

（6）まとめ

　COVID-19の到来により、大学は授業のオンライン化を余儀なくされた。その中で、色々な課題が明らかになりつつある。

　大学の役割が根本的に見直されている。世界最古の大学であるボローニャ大学は、学生のギルドであった（図7-7参照）。学生たちは、下宿の値下げ交渉や、教授に対して「講義を休むな」「ちゃんと授業で解説をしろ」と要求していた。Professor-CenteredではなくStudent-centeredな仕組みが大学の原型であった。

　COVID-19の大学への最大の影響は、その大学の役割を問い直していることである。"Uberized"という言葉がある。自動車シェアリング・サービスの"Uber"のような、ディスラプティブなビジネスを展開し既存の産業を破壊する現象のことを指す。"Uberized"されやすい業種の特徴としては、「規制に守られている」、「長い間変化がない」、「顧客から不満を保たれている」といったことがあげられ、大学という産業はこの条件にピッタリあてはまる。COVID-19の影響は、大学という産業が"Uberized"されるかどうかの大きなリフレクションポイントである。学ぼうとすれば、オンラインで優れた授業

図 7-7 「ボローニャ大学の授業の様子」

(Wikipedia より転載)

がたくさん存在する。大学の学費は(特に米国では)、提供している価値に対して高額すぎる。大学のブランドや学位を授与するという役割は引き続き差別化要因であるとは考えられるが、例えば GAFA が大学ビジネスに参入することも十分想定され、そのときに大学の強みは何かを改めて問われることになる。COVID-19 は、大学が本来社会から求められていた役割を取り戻す良いきっかけとなることを願う。

　2020 年は、多くの大学関係者にとって忘れられない 1 年間となった。COVID-19 は大きく大学業界を変えた。筆者個人は、そんな年に授業を担当したからこそ、2020 年にしかできない授業をやりたいと思った。オンライン授業になったら、対面授業を超えるオンライン授業のコンテンツを考えれば良い。COVID-19 のインパクトは、科学・技術の重要性を実感させた。COVID-19 をケース教材そのものにもできる。今ほど、身の回りに学びの教材があふれている瞬間はない。与えられた環境に文句・不満をいうのではなく、その環境を強みにして次のステップに踏み出したい。そんな思いで、2020 年の授業を担当した。COVID-19 は、大学が大きく変化するためにとても良いチャンスであった。

第 8 章

帰国子女の実態と
国際バカロレア教育の展望

飯田麻衣

筆者提供

はじめに

「帰国子女」—この言葉を聞くと、どのようなイメージを思い浮かべるだろうか？「英語が上手」「異文化交流が得意」「自分の意思をはっきりと主張できる」といったイメージがあるかもしれないが、それらは氷山の一角でしかない。本章では、帰国子女の実態を伝えると共に、彼らが日本社会でどのように捉えられ、どのような支援が必要とされているのかを考察する。主にSNS を活用して帰国子女自身の声を集め、彼らのパーソナルストーリーに着目した。帰国子女の体験は十人十色であるため、その多様性を強調するという目的で、一人ひとりの言葉をできる限りそのまま伝えたい。また、教育現場や家庭の視点も踏まえながら、帰国子女にどのような支援が求められているかを考察する。最後に、帰国後の教育選択肢の一つとして、国内に広がりつつある国際バカロレア (以下、IB) について記述する。

1. 帰国子女とは、誰のことか

帰国子女とは、一般的に、保護者の海外赴任などの理由により国外での 1年以上の長期滞在生活を経て帰国した人のことを指し、本章でも同様の定義を使う。本節では、まず統計から見た帰国子女の現状と、国の支援の動きについて紹介する。次に、筆者が帰国子女を対象に実施したアンケートの結果をもとに、本人たちの心情や帰国子女に対する考えを考察していきたい。

(1) 毎年 1 万人以上の子女が帰国

高度経済成長以降、日系企業の海外進出が盛んになると同時に、帰国子女の存在は増していった。帰国子女の数は 1980 年代から 1990 年代にかけてピークを迎え、1992 年には年間 14,000 人近くが海外から帰国していた。その後

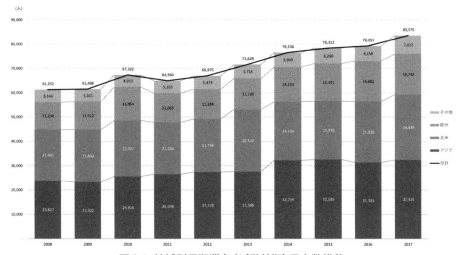

図 8-1　地域別長期滞在者（学齢期）子女数推移

出典）外務省領事局政策課 (2018)『海外在留邦人数調査統計』を参考に筆者作成

は減少したものの、現在も毎年 1 万人以上もの児童が日本へ帰国している。

　また、海外に暮らす学齢期の子ども（海外子女）の数は実は年々増えている。2008 年には 61,252 人いた海外子女数は、2017 年には 82,571 人へと伸びている（**図 8-1**）。彼らが帰国することになれば、帰国子女の数も今後さらに増えるだろう。

　日本政府はこのような海外在住経験を持つ子どもに対し、どのような支援を提供しているのだろうか。長年帰国子女教育の研究を続ける佐藤郡衛によると、海外子女の教育が問題として上がるようになったのは 1960 年前後、高度経済成長で日系企業の海外進出が拡大した頃である。当時は海外赴任する家族の子どもに対する教育の整備が不十分だったため、国民が徐々に国に責任と対応を迫り始めた[1]。1975 年の文藝春秋に、新聞記者の北代淳二が文部大臣宛に「年間 3000 人の帰国子女のことを考えてください」という記事を執筆、海外で生活する子どもを「棄民」と表現し、国に彼らの救済の必要性を訴えた[2]。

　1970 年代以降、ようやく海外に暮らす子どもの教育支援が整備され、日本人学校や補習授業校に日本から教師を派遣し、卒業生に日本国内の高校へ

の入学資格を付与することになった。日本は経済成長を遂げ、教育の国際化
も重要になり、1980年代からは海外で教育を受けた帰国子女への注目が高
まる。文部科学省は都道府県教育委員会等に対し、1993年8月6日付の『帰
国子女教育の充実方策について（通知）』にて、帰国児童生徒への教育におけ
る①生活適応指導、②日本語指導、③学習適応指導、④特性の伸長及び活用
に関する指導について、それぞれ充実するよう通知した。

　このように、帰国子女に対する支援の必要性は以前より指摘されているも
のの、実際に各学校現場で積極的に支援が行われているとは言い難い。上記
1993年の文科省の通知に対する進捗を2015年に調査したところ、調査した
帰国子女が在籍する101校（57小学校、44中学校）のうち37校が帰国子女の特
性に配慮した教育の取組を実施していると答えた。しかし、その取組の内容
の多くは外国人生徒も対象に含み（帰国子女のみを対象とする取組は24.3%）、主
に日本語指導を目的とするものであった。また、帰国子女の特性に配慮した
教育の取組を実施していないと答えた残り64校は、実施しない理由として、
帰国子女の日本語能力などの実態から「特に取組の必要性がないため」とす
る。同調査では、文部科学省が帰国子女教育に関わる実態の詳細を把握して
いないことを指摘し（帰国子女・外国人生徒の割合や、取組の実施目的等）、帰国
子女教育の取組に係る情報の共有化と教育のあり方について具体的な検討が
必要だと勧告する。この勧告に対する改善措置状況が2017年8月31日に発
表され、「情報の共有化」は図られたものの、実施された取組は主に日本語
指導が必要な児童生徒への支援であった。日本語が通じない生徒が増えてお
り、日本語指導は現場のニーズが高い喫緊の課題であるため致し方ないが、
帰国子女への支援事業の優先順位は高くはない。詳細は後述するが、そもそ
も帰国子女を受け持った経験のある教師の数が限られているため、支援の重
要性や対応の仕方を理解している学校が不足していることも、この優先順位
に影響していると考えられる。

（2）一般的なイメージより意外と複雑な存在

　社会でグローバル人材の重要性が唱えられるようになって久しいが、今で

は帰国子女の貢献が求められる職業も多くあり、社会からの期待は大きい。しかし、一見輝かしい彼らの印象とは裏腹に、帰国子女本人が抱える不安や苦悩は世間一般に気付かれにくい。

筆者が2019年に帰国子女122名を対象に実施したアンケートでは、回答者の約8割が帰国時に「逆カルチャーショック[3]」を経験していた。さらに、46.8%が、「帰国子女であることに対して周りからバカにされたり、妬まれたり、嫌味を言われたことはあるか？」という設問に対し、「はい」と回答した。実に半分近くの帰国子女が、周囲から自身が帰国子女であることに対し否定的な反応を受けていたのである。

彼らのアイデンティティ認識に関しても質問したところ、約8割が自分のことを他の日本人と比べて「少し違う」と感じていた。また、全体の7割弱が「一般の日本人とは違う」と周囲から思われているように感じると答えた。回答者の大半が、自身が帰国子女である事実に対して肯定的に捉えているにもかかわらず、周囲から「帰国子女」と認識されることに対しては否定的のようである（図8-2）。

こうしたことから、多くの帰国子女が実は複雑な心理を抱き、帰国時の違和感や日本社会への適応など、一般には想像し難い経験をしていることが見て取れる。次節からは、インタビューで得られた個々の帰国子女たちの実体

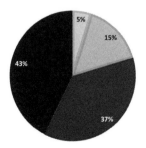

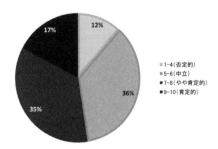

図 8-2　帰国子女としての自身の肯定感および周囲からの認識に対する 10 段階評価

出典）筆者のアンケートより作成

験を交えながら、その実態を多角的に紹介したい。

2. 帰国子女は十人十色

　帰国子女との接点がなければ、帰国子女が経験する事柄を想像し、理解することは難しい。まずは筆者自身が帰国した時の逆カルチャーショックや日本の学校での経験と、他の世代との共通点を示す。次に、帰国子女ごとの特徴をもとにアイデンティティを類型化する。

（1）筆者の経験：逆カルチャーショックといじめ・不登校

　「アメリカ人だからできないんでしょ！」

　2002年夏、筆者はそれまで6年半過ごしたアメリカ[4]を離れ、母国の日本（大阪府）に帰国した。慣れ親しんだアメリカという国と現地の友達と別れるのは悲しかったが、日本に帰ることに強い抵抗はなかった。1年ほど前から帰国の話を親から聞かされていた上、日本には毎年一時帰国していたため、どのような生活を送るか想像できたからだ。その上、私は日本が大好きだった。アメリカで通っていた現地の小学校でも、日本を代表して母国の文化や言葉をクラスメイトに紹介しており、自分の出身国を誇りに思っていた。アメリカの現地校でも十分溶け込めていて、友達もたくさん作っていた私は、日本での学校生活も全く問題ないと信じていた。

　しかし、いざ帰国すると、その生活は想像していたものと大きく異なった。まず直面したのは「逆カルチャーショック」だ。アメリカにいた頃、筆者は現地の友達と同じく長く伸ばした髪の毛に、シンプルなTシャツとジーンズだった。唯一の黒髪の持ち主として、周りのクラスメイトから憧れられた。授業中、先生は「こまめに水分補給を」と言ってデスクの上に水筒を置き、トイレを我慢せず行くことを推奨した。一方、日本の学校では全く異なる環境だった。まず、周りの子の髪型や服装の雰囲気が、自分とは大きく違った。女の子は綺麗にレイヤーの入った髪型で、シンプルとは打って変わってカラ

フルな星柄やハート柄の服を着ていた。すでに「アメリカからの帰国子女」として浮いていた筆者はルックスでさらに浮き、思春期の筆者は周囲との差が気になり居心地が悪かった。また、授業中、水を飲むこと、トイレに行くことは禁止だと先生、そして他の生徒にまで注意された。日本での学校生活は、これまで自分が慣れていたものとは全く別物で、当時の私は新しい環境、常識、基準に適応するのに精一杯だった。

　それだけではない。日本が大好きな私は、誰よりも日本について理解している自信があったが、そのような心の持ちようは周りの生徒から見ると関係なかった。どうやら私の言動は明らかに「日本人離れ」していたようだ。クラスには、他に私のような帰国子女がいなかったため、余計に私の「ちょっと違うところ」が目立ってしまったのである。

　次第に、何をやっても私は「アメリカ人」と呼ばれるようになった。給食時間に起きた出来事を今でも鮮明に覚えている。ある日、ガラスの牛乳瓶を渡された私は、その瓶を見て途方に暮れてしまった。開け方がわからなかったのだ。私がアメリカで通っていた学校のカフェテリアの牛乳は、ガラス瓶ではなく紙パックだった。しかし、目の前にある牛乳瓶は、不思議な紙の蓋が上についているだけで、取手もない。周りの子どもたちを真似しようと注意深く観察していたが、みんな慣れた様子で瞬時に外してしまうため、私はなかなかコツを掴めずにいた。周りが当たり前のようにできることを自分ができないことに、私は恥ずかしさを覚えた。一か八かで紙の蓋を開けようと、指を押し込んだ結果、牛乳があたり一面に吹きこぼれてしまい、周囲は大爆笑。「アメリカ人だから」と、私は笑いの的になってしまった。

　ひとつの失敗でさえ「アメリカ人だから」と片付けられてしまうことが、私にとっては屈辱であり、悔しかった。なぜなら私は他の誰よりも「日本人」であると堅く信じていたからだ。

　アメリカの現地校での生活と、日本の公立学校での生活。外国にもかかわらず周囲にうまく溶け込めていた自分と、母国にもかかわらず場違いに感じる自分。そのギャップに戸惑い、徐々に私は登校ができなくなっていった。異変に気付いた親は、ちょうど最寄りのインターナショナルスクールで空き

を見つけてくれた。そして私は入学試験を経て、翌月転校することになったのである。幸い、転校先では調子が元に戻り、私は改めて楽しい学校生活を送ることができた。

　以上で述べたような筆者の体験はごく一例であり、必ずしも帰国子女全員に、逆カルチャーショックやいじめ、クラスに馴染めないといった経験があるわけではない。また、公立学校よりインターナショナルスクールに通うことを推奨しているわけでもない。しかし、このような子どもの帰国後の苦労は意外と知られておらず、学校現場や家庭でも、帰国後精神的負担が高まった子どもにどう対応すべきかわからない場合も多いのではないだろうか。

（2）時代を超えて共通する課題

　筆者の上記の体験が 2019 年夏に NHK に取材されて以来、多くの帰国子女から感想を頂いた。その感想は実に幅広い世代から寄せられ、筆者が経験した逆カルチャーショック、クラスに馴染めない違和感、そして不登校は、時代を超えて共通する課題なのだと思い知らされた。実際、1980 年代にも同様の状況が記録されている。大沢周子著『たったひとつの青い空ー海外帰国子女は現代の棄て児かー』(1986 年) では、帰国子女の子どもがクラスで浮いてしまう、英語教師に口語英語を直される、周りから「鼻につく」「気に障る」などといじめられるといった例が記録されている。1980 年代の話であるが、筆者が帰国した 2000 年代初期の記憶と重なり、さらに 20 年経った現在、筆者のアンケートに寄せられた A さんの以下のコメントからもそうした実態が読み取れる。

　　「帰国子女入試のある日本の中高一貫校に通い、勉強の環境は整っていたが、周りの純ジャパ[5]の生徒の理解が少ないこともあった。教室で友達と英語で喋ったら『陰口を言っているに違いない』と思われて信頼されず、部活では先輩と仲良くしすぎて同期から 1 年ほど無視された時期もあった。」

　回答当時 22 歳だった A さんは海外滞在歴 8 年で、2009 年に中学生の頃に帰国。筆者より 7 年後の帰国だが、周りの生徒に無視されるという排他的な経験をしている。帰国子女の受け入れ体制があり、学習環境が拡充されている学校であっても、帰国後の居心地の悪さや適応の課題は少なからず生じると言えよう。

（3）帰国子女のアイデンティティ

　帰国子女のアイデンティティは非常に複雑であるが、いくつか傾向が見られる。「帰属意識は日本か、日本以外か」「帰国子女であることを公表するか否か」の 2 つの軸に分け、さらに大きく次の 3 つに類型化した（**図 8-3**）。

　まず、一つ目の分類として日本への帰属意識が強い「日本人としての帰国子女」がいる（図の①）。彼らは自身を日本人と認識している。その対比の、

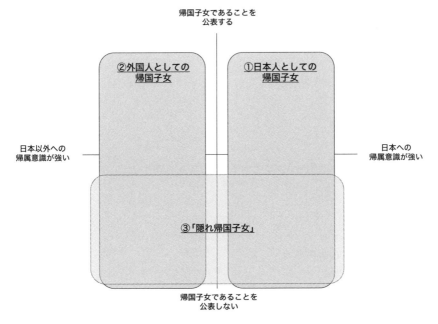

図 8-3 帰国子女の類型化

出典）筆者作成

日本以外への帰属意識が強い「外国人としての帰国子女」は、自身が滞在した国や文化に対して帰属意識を感じている（図の②）。また、自身が帰国子女であることを周囲に伝える人と、あえて公表しない人にも違いが見られる。後者は「隠れ帰国子女」と呼ばれ（図の③）、何かしら帰国子女として見られることを否定的に捉える、または自身が帰国子女であることに後ろめたさを感じることが後述のインタビューから伺える。

　なお、上記の分類には当てはまらず、特定の国や文化より複数の国や文化の融合、またはいずれにも属さない独自の文化を持つ「サード・カルチャー・キッズ（Third Culture Kids, TCK）」も存在する。

①日本人としての帰国子女

　日本人としての帰国子女は、日本への帰属意識を抱き、自身のアイデンティティの基盤に「日本人」としての自己認識がある。筆者もこの分類に属すると感じるが、海外に住んでいた頃から自身が「日本を代表している」気分で、帰国後も「日本への関心と理解は周囲に負けない」と思うほど、日本人としての自分を誇りに思っていた。

　滞在した外国には帰属意識がなく、日本にのみ帰属意識がある帰国子女には、日本語能力がそのアイデンティティ形成に強く結びついている。吉田（2003）の研究によると、日本語の4技能（読む、聞く、書く、話す）全てが日本人としてのアイデンティティ形成に影響している。その中でも特に「読む」「書く」能力とは強い相関関係が認められた。これらのことから、総合的な日本語能力を習得した帰国子女の方が、日本への帰属意識を抱き、日本人としてのアイデンティティを持ちやすくなると考えられる。

②外国人としての帰国子女

　一方、日本以外の国や文化への帰属意識もある帰国子女のアイデンティティ形成には、日本語以外の言語能力の影響が見られる。特に言語の4技能のうち、「聞く」「話す」といったコミュニケーション能力が外国人としてのアイデンティティに強く影響している。吉田の研究では、海外渡航時の年齢

より現地での滞在年数の方がアイデンティティ形成に相関が見られ、その中でも外国人の友人が多い帰国子女ほど、外国語でのコミュニケーションの機会が増えるため、外国人としてのアイデンティティを持ちやすい傾向が見られた。

　また、たとえ習得した外国語能力が帰国後薄れても、「外国人としての帰国子女」というアイデンティティも比例して薄れるわけではない。筆者のアンケートに寄せられた次の B さんのコメントでは、英語の「話す」コミュニケーション能力が失われた今でも、滞在した国への帰属意識は残っているという。

　「英語圏の現地校で生活しましたが、今現在、ほとんど喋れない。偏見も怖い。帰国後、いじめられてから、かなり努力して、日本人になろうとしたが、未だにどこかが違う。日本語は喋れるようになったが、日本語のニュアンスの違いや、日本人的感覚に戸惑ってしまう自分がいる。（中略）生活をした国は、私にとって故郷のように感じる。今、もし英語が不自由なく喋れていたなら、またその国へ戻りたいと思う。」

③隠れ帰国子女

　帰国子女の中にも、自分が帰国子女であることを隠して「普通の」日本人として生活しようとする「隠れ帰国子女（または隠れ帰国）」もいる。彼らはなるべく自身が帰国子女であることがわからないよう、外見や言動を意識的にコントロールする。

　今回、筆者のアンケートで、この「隠れ帰国子女」に関して多くの反響が得られた。C さんからは、次のような声が寄せられた。

　「私は帰国子女であることをあまり公表しない。日本に帰ってきてから、自分がどれほど周りと溶け込めているかに気を配りながら過ごしてきた。今でも、仲良くなった子に帰国子女であることを明かすと、『ぽくないね！』と言われることが多くあり、その言葉に満足している自分がいる。

自分は間違いなく帰国子女なのに、帰国子女として認識されたくないっ
てすごく変だとは自分でも思うが、『ぽくない』と聞くと安心する。(中略)
帰国子女であることを知られると、『自分の感じ方・考え方』が『帰国子
女だから』『海外経験があるから』に縮められてしまって、『個人』がきち
んと伝わらない気がする。」

　実際、このような声は他でもよく見られる。Ｄさん(インタビュー当時28歳)
は、幼少期の8年間を米国で過ごした。現地では日本人学校に通っていたた
め、英語は習得していない。帰国後、Ｄさんはある友達の保護者に「(英語が
話せない)ハズレの帰国子女」と言われ、大変悔しい思いをした。

　　「私は見た目も日本人で、海外経験があるけど英語が話せない。8年ア
メリカに住んでいたことを話すとかなり英語ができると思われてしまう
が、その期待に応えられないから『帰国子女』であることを隠すように
なったのかもしれない。隠したくて意識的に隠していたわけではなく、
『帰国子女のようにはなれない』と感じるようになったから、次第に海
外経験の話をしなくなった。(中略)英語が話せないと『帰国子女』として
は日本の社会では認められない。私は『隠れ帰国子女』かもしれないが、
『隠れ帰国子女』としてのアイデンティティに違和感を感じることもあっ
た。心の中ではどのカテゴリーにもフィットしないのに。[6]」

　このように、社会が求める「帰国子女」というステレオタイプとのギャッ
プに苦しんだり、そのステレオタイプを元に周囲から評価されることに抵抗
を感じ、次第にそのアイデンティティを隠して日々を過ごすようになる帰国
子女も存在する。

④サード・カルチャー・キッズ (TCK)

　図8-3のいずれにも当てはまらないアイデンティティ意識を持つ帰国子女
もいる。どこの国にも帰属意識を持たない、または複数の国や文化の融合

に対し帰属意識を持つ「サード・カルチャー・キッズ」(Third Culture Kids; TCK)
と呼ばれる人だ。TCK という単語は元々 1950 年代にアメリカの社会学者の
ルース・ウシームが提唱し、1999 年に出版されたデビッド・ポロックとルー
ス＝ヴァン・リーケン著『サード・カルチャー・キッズ』(Third Culture Kids:
Growing Up Among Worlds) により世界中に広まった。

　TCK であることは特定の場所や文化に固執せず、独自の価値観を生み出
して世界中で生きていける強みにもなるため、肯定的に捉えられる。ただし、
アイデンティティについて悩み苦しむこともある。筆者のアンケートに寄せ
られた E さんのコメントは、まさにその苦悩を表している。

> 「私はレッテルを貼られることがとても嫌いだ。それは中学時代に日本
> に帰ってきて、中学校で『帰国子女 (外国人？)』というレッテルを貼られ
> かけたことが遠因になっていると思う。中学校の頃はそれに対して『日
> 本人の典型像」みたいなものを求めあがいたが、高校に入り、それは自
> 分で自分に別のレッテルではあってもレッテル貼りをしていることは変
> わらないことに気付いた。以降、『日本人らしさ』について考えること
> もなくなった。他人が私のことを『日本人』らしいと思おうと思うまいと、
> より極端に言えば、私の国籍などには関係なく、私は私であると考える
> ようになった。」

　TCK の中には幼少期から何度も引越しを経験するなど、安定して継続的
な人間関係を構築しづらい状況におかれる子どももいる。彼らの置かれた状
況も多種多様であるため本章では言及しきれないが、彼らの苦労については
また深く考察されるべきだ。

3.　学校や家庭に求められる対応

　帰国子女が帰国後スムーズに日本社会に適応するには、その子の周りの環

境、つまり学校や家庭でのサポートが欠かせない。本節では、学校現場と家庭双方が帰国子女に対し支援できることを模索するため、まず学校現場の現状を説明した上で、筆者がインタビューした現役教師の声を紹介する。次に、家庭が帰国子女に対し果たせる役割について考察する。本節で紹介する、教師に対する保護者の相談内容から、海外滞在中の保護者が抱く不安が理解できるだろう。また、帰国後、家庭では子どものために心理面でのサポートの提供が重要であることにも言及したい。

（1）教育現場の声

　帰国子女の増加に伴い、日本の学校では帰国子女特別入試枠や一時帰国時の体験入学を設けるなど、受入の枠組みは徐々に拡充されている。また、日本語の指導や授業内容の補習などの学習支援も整備されつつある。一方で、帰国子女自身が必要と感じている日本と海外の違いの理解、日本的な価値観や習慣の習得、逆カルチャーショック対応などの「文化的支援」は、前述の支援と比較すると、現在十分とは言えない。齋藤（2015）の研究では、この「文化的支援」が最も帰国子女に必要と認識されているにもかかわらず、教師はその必要性をそれほど感じておらず、両者の意識に大きな差が見られる。これには、帰国子女に関する教師自身の知識や経験量にも影響している。齋藤の調査で「文化的支援」に積極的な教師は、実際に帰国子女を受け持った経験が多い人であった。一方、学校現場においては帰国子女の指導経験を持つ教師の数が限られており、文化的支援の必要性の理解と浸透には高いハードルがある。齋藤は、こうした現状を踏まえ、帰国子女の実態に関する知識を普及させ、教師に彼らのニーズを理解してもらうことが大事だという。

　こうした支援の必要性は、筆者のアンケートに寄せられたコメントでも表れていた。Ｆさんは、アメリカから帰国後、よく「アメリカではこうなんだよ」と発言することが多く、アメリカの基準を周囲に無意識に押し付けていたという。それに対し担任の教師が早い段階で「『アメリカでは』というフレーズを使わないように」と注意したおかげで、本人はその発言を連呼していたことに気づき、以後そうした発言を控えるようになった。「もし誰にも注意さ

れずそのまま学校生活を続けていたら、いじめられていたかもしれない」と本人は振り返る[7]。このように、自分の発言が日本ではどのように受け止められるかという考えは、その日本的な価値観に触れたことのない帰国子女にとって想像にも浮かばないことであるため、教師が率先して伝えてあげることも重要だ。こうした小さな積み重ねにより、帰国子女は日本と海外の文化的違いに気づき、理解を深めていくことができる。

　文化的支援および帰国子女への理解の必要性に関して、筆者がインタビューした現役教師（A先生）も同じ意見を持っている。公立小学校で教え、過去に香港の日本人学校でも教鞭を取った経験のあるA先生は、日本の学校はまだ帰国子女に対する理解が大幅に不足していると述べている。教員側も研修などで多様性についての知識自体は学ぶものの、実際に帰国子女を受け持った経験がないため、想像が働かず、どうしても十分な対応ができない。その根底にあるのは、変化を拒み、なるべく安全な道を選びたがる思考だとA先生は言う。例えば生徒の服装や校則などすでに決まったことを正とし、たとえ生徒が「なんで体育の授業では冬場でもハーフパンツじゃないといけないの？」などと質問をしても、「決まっていることだから」としか応じることができない。これは多くの場合、伝統を重視する保護者からの要望によるわけではなく、ただ単に「変化を許容しない」保守的な思考が学校組織内に根付いてしまっているからだとA先生は指摘する。すべての学校の状況が同じとは言えないが、決められた規則が絶対であるという思考を許す学校の組織文化がある。そのような思考の硬直が帰国子女をはじめとする多種多様な子どものニーズに耳を傾けなくしているのかもしれない。

　一方、近年の帰国子女のさらなる多様化は、帰国子女の指導経験が不足しがちで、すでに過剰な業務負担や時間外労働で疲弊している学校現場にとって新たな課題となる。毎年多くの帰国子女を受け入れていると言う私立中高一貫校のB先生は、ここ数年で入学する帰国子女の言語状況が変わってきていると考察する。以前は英語と日本語の二言語を話す子どもが大半だったが、今は中国語や韓国語などの他の言語も話すマルチリンガルの子も珍しくなくなった。これは2000年代以降、日本企業がアジアにシフトし、アジア

地域に住む子どもが増えたことに起因すると言える。一方で、どの言語も第一言語とは言えない中途半端な言語レベルの帰国子女もいる。学校は英語教育に力を入れており、英検準一級以上の英語力を持った教師数を増やす努力はしているものの[8]、その他の言語の支援まで手が回らないのが実情だ。

　また、帰国子女の成育歴や家庭環境にも多様化が見られる。従来は親の勤務に伴い海外に移った事例が多かったものの、現在は海外で生まれ育ち日本でほとんど生活をしたことのない子どもや、国際結婚した夫婦の子どもも増えている[9]。このように多様化する帰国子女のニーズへの柔軟な対応が求められる一方、すでに通常の業務に疲弊している教師にはさらなる負荷となるため、教師のリソースやケイパビリティという限界も考慮しなければならない。

（2）家庭が果たせる役割

　帰国子女を持つ家庭でも、子どもの帰国準備の対応に不安を感じる保護者は少なくない。多くの帰国子女は親の仕事の都合で海外に住むことになり、どこかのタイミングで海外滞在期間が終わる。帰国のタイミングは人によってバラバラだが、受験等で学校が切り替わる時に帰国する子は多い。2018年には中学在学中の帰国者 2,481 人のうち 1,072 人（43%）が中学入学のタイミング、高校在学中の帰国者 1,889 人のうち 1,212 人（64%）が高校入学のタイミングでの帰国である[10]。いつかの帰国を見据えて、家庭では子どものその後の進学先や、帰国に向けた言語や学力の維持に必死である。

　子どもが中学や高校受験のタイミングで帰国する場合、または日本の中でも赴任前とは違う地域に帰国する場合、海外から学校選びための情報収集をする必要が生じる。だが、家庭だけで全ての選択肢を把握するには限界がある。そのため、保護者は子どもが通う日本人学校や補習授業校の教師、または現地に進出している日本の塾に情報を求める。前述の A 先生も、香港の日本人学校に勤務中、保護者から帰国後の受験に関する相談を多く受けたという。学校選びにおいては、赴任先の国や地域の間での情報格差が顕著だ。日本人駐在者が多いシンガポール、北京、上海、アメリカなどでは、日系大

手の塾も進出していて受験情報を得やすいが、日本人が少ない地域だと日本国内の情報が全く入らないため、教師は対応に困ることが多い。赴任先の地域によって家庭の不安レベルも大きく異なるであろう。

　帰国後も親の不安は尽きない。帰国子女が多く通う私立中高一貫校のB先生は、特に言語に関する相談が多いと話す。海外にいた頃と比べて外国語に触れたり学んだりする機会が減るため、その外国語をどう維持し、大学受験やその後の社会人生活で武器として使えるようにするか。帰国後、母国語にしては不十分な日本語レベルをどのように上げ、学校の授業に追いつけるようにするか。こういった相談が寄せられる。多くの保護者は自身の子どもが帰国後どのように言語を維持・向上させ、学校の成績を伸ばせるかについて、漠然とした不安を抱えているという。

　筆者のアンケートにも、実際に子どもの言語力向上・維持の心配をしていた保護者についてのコメントが寄せられた。その内容には、どの言語もネイティブレベルには至らない「ダブル・リミテッド[11]」という課題が表されている。どの言語も年齢相応のレベルにない状態であり、そのまま子どもが成長すると認知発達の課題も浮上するため、保護者が心配に思うのも無理はない。

　　「自分の母親はとても言語に関する心配をしていました。言語は思考の範囲を決めるというのは自分も感じていて、自分は日本語能力には全く問題はないですが、同時期に滞在先（メキシコシティ）に長くいた子どもは日本語およびスペイン語どちらもネイティブレベルとは言えないダブル・リミテッドになってしまっており、その精神年齢にその現状との相関が見られたとのことでした。」

　では、家庭ではどのようにして帰国子女をサポートできるのだろうか。帰国子女や海外移住者の診療を続けてきた池袋心療内科メディカルオーククリニックの小川原純子院長は、「自分らしくいられる居場所をつくってあげること」が重要だという[12]。帰国後、新しい学校や生活環境に早く適応しよう

と必死に努力し、その過程で精神的に不安定になってしまう帰国子女は多い。クリニック来院者の中には適応障害や摂食障害により投薬が必要となるケースや、不登校、自傷行為などを経験している子もいる。筆者のアンケートで約8割の帰国子女が逆カルチャーショックを経験したと答えているように、皆何かしら帰国時に精神的負担を感じており、心の拠り所を見つけるのに困っているのかもしれない。

　帰国後の課題として、学校や家庭から言語や学習レベルなどが挙げられることが多い一方、帰国子女本人たちは、最も注目されづらい「文化的支援」を望んでいる。前述した齋藤の研究とも共通するが、子どもたちが帰国後スムーズに新しい環境に適応するには、学校が本人に日本と海外の違いや日本での価値観・習慣を教え、家庭は本人が安心して自分らしくいられるような、また、不安やストレスを吐き出し気持ちを整理できるような場を用意すること、この両者の役割が重要だと言えよう。

4. 国際バカロレアの普及

　近年、「グローバル人材」というキーワードの台頭のおかげで、帰国子女にとって帰国後の教育の選択肢が広がりつつある。日本政府も特に「グローバル人材」の育成に政策的に力を入れている[13]。そのグローバル人材育成の枠組みの中、近年急速に広がりを見せている新たな教育プログラムがある。国際バカロレア(IB)だ。IB教育は、海外で教育を受けた帰国子女にとって、一貫した質の高い教育を受けられ、さらに大学入学資格ともなるため、帰国後の教育選択肢として非常に魅力的である。よって、その機会が全国に広まることは彼らにとって朗報だ。本章では、IBの背景とプログラム概要、日本への導入経緯を説明した後に、IBの今後の展望と課題を考察する。

(1) 国際バカロレアの背景と概要

　IBとは1968年にジュネーブで設立された国際バカロレア機構(IBO)より

表 8-1　IBDP のカリキュラム

分類	名		科目例
グループ	1: 言語と文学 (母国語)		言語 A：文学、文学と演劇
	2: 言語習得 (外国語)		言語 B、初級語学、古典語学
	3: 個人と社会		経済、地理、歴史
	4: 理科		生物、化学、物理
	5: 数学		数学 SL、数学 HL
	6: 芸術		音楽、美術
コア	1: 課題論文 (EE: Extended Essay)		-
	2: 知の理論 (TOK: Theory of Knowledge)		-
	3: 創造性・活動・奉仕 (CAS: Creativity, Activity, Service)		-

出典) 文部科学省 IB 教育推進コンソーシアムのホームページより筆者作成

始まり、「多様な文化の理解と尊重の精神を通じて、より良い、より平和な世界を築くことに貢献する、探究心、知識、思いやりに富んだ若者の育成を目的」としている。初等教育プログラム (PYP)、中等教育プログラム (MYP)、ディプロマプログラム (DP) を通じて 3 歳から 19 歳までの児童生徒を対象とした一貫教育を確立し、子どもたちが世界中のどこにいても共通して高い質の教育が受けられ、大学への入学資格として国際的に認められることを目的に作られた。

　以下で特にディプロマプログラム (IBDP) を取り上げる。IBDP は 16 歳から 19 歳を対象とし、大学入学資格として国を超え世界で認められている。カリキュラムは 2 年間で、**表 8-1** にある 6 つのグループ (教科) 及び「コア」と呼ばれる 3 つの必修要件から構成されている。6 つのグループのうち、3 〜 4 科目を上級レベル (HL、各 240 時間)、その他を標準レベル (SL、各 150 時間) として学習する。

　IBDP の資格を取得するには、上記のカリキュラムを全て履修し、外部評価 (IBDP の最終試験、IBO が評価) 及び内部評価を通じて、45 点満点中 24 点以上を取得する必要がある。世界には他にも大学入学資格として認められている教育プログラムはあるが、IBDP は負荷が高いことで学生の間で (履修中のストレスや大変さという意味で) よく知られている[14]。

（2）日本への導入

　日本では 1979 年に IBDP が国内の大学への出願資格として認められたが、当時はまだ主にインターナショナルスクール出身者が該当者であった。日本の高等学校の卒業資格が得られる一条校（学校教育法第 1 条に規定されている学校）ではないインターナショナルスクールに通う帰国子女が、大学出願時に「帰国生徒特別選抜」の受験資格として活用できるようになったのである。2010 年代に入り、グローバル人材育成の必要性が唱えられるようになったことを受け、日本政府は 2013 年の『日本再興戦略』で、国内の IB 導入校を当時の 27 校から「2018 年までに 200 校」にすることを目指すと発表した。しかし、2016 年にその目標が「2020 年までに 200 校以上」へと修正されたものの、2020 年 6 月末時点、その数は 83 校（一条校では 44 校）にとどまっている。

　日本での IB の広まりは、帰国子女にとって歓迎すべき教育環境整備だ。帰国子女の中には、親の仕事の関係で国を転々とする人もいる。また、前述したとおり、帰国子女は帰国後新しい学校環境だけでなく、日本の価値観や習慣にも適応しなければならず、精神的負担に耐えられず適応障害を引き起こしてしまう場合もある。IB のように世界共通の教育プログラムの導入が進めば、適応におけるハードルが従来よりも下がる、高度な教育を受けて大学入学資格を取得できるなど、帰国子女に、ひいては周囲や社会にもメリットが生まれるだろう。

（3）普及に向けた今後の課題

　一方、日本での IB 導入における課題もいくつか残る。佐藤（2019）は次の課題を挙げる。まず、従来の学校教育との整合性だ。これまで主にインターナショナルスクールといった、義務教育とは異なる教育機関で IB が実施されていたため、従来の学校教育とは別枠で考えられていた。一条校への IB 教育を導入する場合、IB 教育は通常日本の学校指導要領に則った学校教育とは大きく異なるため、そのまま導入を試みると学校教育の二重構造となる。従来の学校教育との整合性を取らなければ、全国的な導入のハードルは高い

ままだ。

　次なる課題としては、IB 教員養成の難しさが挙げられる。IB 教員養成を行う大学は年々増加している。しかし、IB 自体が従来の学校教育と異なるため、IB を教える教員に求められるスキルも違ってくる。そのため、既存の教職員免許制度や教員養成全体の枠組みとの連動性が図りづらい。また、IB 教員の養成に必要な実習も難しさはある。まだ日本の IB 導入校が限られていることもあり、国内での実習先は不足している。海外で実習を行うにも、言語が障壁となり IB 教育を体感できるかは疑問だ。

　さらに、IB 教員のコストも導入のハードルになりうる。カリキュラム自体大人数のクラスには向いておらず、生徒・教師数の比率を考えなければならない。前述した教師研修ももちろん、通常の教育に比べかかる費用は多い。現在、IB 導入校ではそのコストを IB の授業料として受益者負担としているため、IB 教育を受けられる生徒はその家庭の経済力次第で限られる。

　IB 教育が注目されつつあること自体は喜ばしいが、IB 教育が一般家庭に届くレベルまで普及するにはもうしばらく時間がかかりそうだ。帰国子女とその家族が、帰国後住む地域や近隣に IB 導入校があるとは限らず、あったとしても必ずしも入学できる、または検討できる状況にいるわけではない。ただ、帰国子女を持つ家庭に、IB 教育の存在を知ってもらえるだけでも大きな進展となる。筆者としては、帰国子女の教育選択肢の一つとして IB 教育がより広まっていくことを願ってやまない。

おわりに

　本章では帰国子女の実態を、帰国子女の実体験とアイデンティティ構成、学校現場と家庭の役割、帰国後の教育選択肢としての IB 教育の普及という観点で考察した。帰国子女のアイデンティティは言語能力や周囲との関係(海外現地の人との交流、帰国後周囲から抱かれるイメージ)に影響されるが、本章で紹介した体験談からわかるように一人ひとり異なる背景や想いを抱えている

ため、単純に一括りにはできない。自身のアイデンティティについて考える
きっかけが多い帰国子女にとって、その裏にある複雑な心理を「帰国子女」
といった一つの言葉にまとめるには抵抗があると言ってもいいだろう。

　本章ではなるべく多くの帰国子女の声を届けようと配慮したが、まだ言及
できていない事柄も多い。例えば「ダブル・リミテッド」の苦労は、バイリ
ンガル教育が熱を帯びる今、より多くの人に知ってもらいたい事実である。
特に二つ以上の言語を維持しようとする帰国子女、または海外で母国語を十
分に発達できる機会に恵まれなかった帰国子女にとって、未熟な言語能力は
本人の認知発達に大きく影響する。さらに、適応障害など帰国後の心理的ス
トレスで傷ついた帰国子女の中には、その後遺症が何年も続く場合もある。
多くの子供は3年ほどで日本に再適応できるものの[15]、筆者のアンケートで
は帰国後10年以上経っても逆カルチャーショックによる精神疾患に苦しん
でいる人もいた。帰国子女と聞いて一面的なイメージを世間から抱かれてい
ることについて、違和感を覚える帰国子女は多い。3つのコメントを記そう。

　　「帰国子女は英語が話せる、お金持ちだ、というわけではない。帰国子
　　女であることに対し『いいなぁ』とよく言われるが、これに違和感を感
　　じる。大変な思いもたくさんしているのに。」

　　「帰国子女は住んでいた国、住んでいた年齢、周りの友人など環境は様々
　　で、『日本人』という括りくらい、あるいはそれ以上に広いものだと思う。」

　　「今必要とされているのは、『純ジャパ』や『帰国子女』を切り出して一般
　　化して二元論で語るのではなく、多種多様な経験や人生観の存在を発信
　　することによってむしろ『帰国子女』や『純ジャパ』の概念を脱構築する
　　ことだと考える。」

　帰国子女は、ありのままの自分を周囲に受け入れられたいという一心であ
る。この先、さらに帰国子女が生き生きと過ごせるよう、彼らへの理解が日

本社会で広まることを心から願っている。

注

1　海外・帰国子女は、親の赴任等で海外生活を余儀なくされ、その結果日本政府が提供する適切な教育の機会が奪われることから、特別支援が必要である。鹿野緑 (2012)「海外・帰国子女研究の文献分析：研究方法論の志向を探って」

2　佐藤郡衛、中村雅治、植野美穂、見世千賀子、近田由紀子、岡村郁子、渋谷真樹、佐々信行 (2020)『海外で学ぶ子どもの教育－日本人学校、補習授業校の新たな挑戦』明石書店 p23

3　逆カルチャーショックとは、母国に帰国後、母国の文化や環境に違和感や心理的衝撃を受けることである。通常異国に渡る時に感じる「カルチャーショック」を、母国に対して感じること。

4　筆者はテキサス州にて 2 年半、オレゴン州にて 4 年間、幼少時期を過ごした。

5　「純粋なジャパニーズ」の略。日本で生まれ育ち、海外経験が少ない日本人のこと。帰国子女との対比に使われることが多い。

6　世界のさまざまな暮らし・生き方・考え方をメディアプラットフォームとして届ける「VO1SS」の記事より抜粋。

7　F さんは、早い段階に担任の教師から注意を受けたことに関し、当時の自分を「ラッキー」だと言う。

8　文部科学省 (2020)『英語教育実施状況調査』によると、CEFR B2 (英検準一級) 以上を持つ英語教師の割合は、高校で 72%、中学で 38.1%。この割合は年々増加しているとは言え、中学ではまだ十分とは言えない数値である。

9　佐藤郡衛、中村雅治、植野美穂、見世千賀子、近田由紀子、岡村郁子、渋谷真樹、佐々信行 (2020)『海外で学ぶ子どもの教育－日本人学校、補習授業校の新たな挑戦』明石書店 p15

10　文部科学省 (2019)『学校基本調査』

11　バイリンガル教育が注目される中、意外と言語の習熟度によるバイリンガルの種類や弊害に気づいていない人は多い。カナダの研究者カミンズは、2 言語を習得しているバイリンガルの中に、両方同じ高レベルで操れる「バランス・バイリンガル」、どちらか 1 言語の方が強い「ドミナント・バイリンガル」、そしていずれも不十分な「ダブル・リミテッド・バイリンガル」があると言う。

12　池上桃子 (2019)『「空気を読まない」わけじゃない　イメージとは真逆の帰国子女の現実』

13　文部科学省 (2018 年 6 月 15 日)『第 3 期教育振興基本計画』

14　他にも北米に多い AP（Advanced Placement）、英国に多い GCSE（General Certif-
　　icate of Secondary Education）などあるが、IBDP は唯一国を超えて共通の教育プ
　　ログラムそして大学入学資格として世界中に導入されている。筆者も MYP と
　　IBDP を履修したが、確かに多くの課題をこなし、試験、論文、発表、創作など
　　多方面に活動をしなければならず、忙しく大変だった。のちに AP や GCSE を取
　　得した海外の学生と話すときでさえ、彼らもよく「IB は大変と聞いている」と口
　　を揃えて言っていた。

15　池袋心療内科メディカルオーククリニックの小川原純子院長による。

参考文献

池上桃子（2019 年 12 月 26 日）『「空気を読まない」わけじゃない　イメージとは真逆
　　の帰国子女の現実』withnews（朝日新聞社運営）

VO1SS（2019 年 11 月 27 日）『【"帰国子女" の声】「ハズレ帰国子女」海外を経験
　　して、日本に帰国しただけでは「帰国子女」ではない。』（http://jp.vo1ss.
　　com/2019/11/27/takasu/）2021/01/16 閲覧

大沢周子（1986）『たったひとつの青い空―海外帰国子女は現代の棄て児か―』文藝
　　春秋

外務省領事局政策課（2018）『海外在留邦人数調査統計』

鹿野緑（2012）「海外・帰国子女研究の文献分析：研究方法論の志向を探って」『南山
　　大学国際教育センター紀要』13

齋藤沙夜花（2015）「帰国子女の学校適応支援の現状と課題―帰国子女と教師の調査
　　を通して―」『秋田大学教育文化学部教育実践研究紀要』37

佐藤郡衛（2019）『多文化社会に生きる子どもの教育』明石書店

佐藤郡衛、中村雅治、植野美穂、見世千賀子、近田由紀子、岡村郁子、渋谷真樹、佐々
　　信行（2020）『海外で学ぶ子どもの教育―日本人学校、補習授業校の新たな挑
　　戦』、明石書店

首相官邸（2013）『日本再興戦略』

総務省（2015 年 8 月）『グローバル人材育成に資する海外子女・帰国子女等教育に関
　　する実態調査結果に基づく勧告』

総務省（2017 年 8 月 31 日）『グローバル人材育成に資する海外子女・帰国子女等教
　　育に関する実態調査 の結果に基づく勧告に対する改善措置状況（2 回目の
　　フォローアップ）の概要』

NHK（2019 年 9 月 26 日）『帰国子女の孤独　大好きな日本にキコクしたのに』

文部科学省（2018 年 6 月 15 日）『第 3 期教育振興基本計画』

文部科学省（2019）『学校基本調査』

文部科学省（2020）『英語教育実施状況調査』

文部科学省 IB 教育推進コンソーシアム（ https://ibconsortium.mext.go.jp/about-ib/

dp/）2021/01/09 閲覧

吉田研作（2003）「帰国子女のアイデンティティ形成にみられる要因」『コミュニケー
　　ション障害学』20（1）

BBC（2016 年 11 月 19 日）"Third Culture Kids: Citizens of everywhere and nowhere"

International Baccalaureate Organization（https://www.ibo.org/）　2020/12/26 閲覧

The New York Times（2020 年 9 月 11 日 ）"Finding a Place for Third-Culture Kids in the
　　Culture"

第9章

進化を続ける
シリコンバレー短期研修
明日の世界を担う人材の輩出

石田一統

VIA 社会イノベーションプログラムに参加するアジアからの学生
（VIA 提供）

はじめに

　近年、様々な類の海外研修を目にするようになったが、わざわざ国外に足を運んで研修に参加することのメリットは何なのだろうか？本章では、カリフォルニア州北部に位置するシリコンバレーで実施されている日本人向け短期研修の動向とその効果について見ていく。シリコンバレーは、Google、Facebook、Apple などが本社を構える IT のメッカとしてよく知られていて、この地域で生まれるイノベーションや起業精神に魅了される人は多い。また、様々な背景の人が集まるこの地域を訪れれば、多様な価値観や考え方に触れることができるので、グローバルな視点を養うには格好の場所だ。

　こうしたシリコンバレーの特徴を生かした研修は、様々な可能性を秘めている。例えば、多角的な視点から社会課題に向き合ったり、創造的な解決策を生み出す人材を育成することが可能で、ここではそういう目的を持った研修も紹介する。また、2020 年 1 月から世界的に拡大しているコロナウイルスはシリコンバレーでの研修にも大きな影響をもたらしたが、コロナ禍の中で海外研修を継続する可能性について、またシリコンバレー短期研修の今後の展望についても考察する。

1.　低迷する日本からのアメリカ留学

　アメリカへの留学先として、カリフォルニア州は日本人に人気がある。米国国土安全保障省 (U.S. Department of Homeland Security) の 2018 年 8 月の SEVIS by the Numbers のデータによると、日本からアメリカへの留学生の約 3 割がカリフォルニア州を留学先に選んでいる。州南部には日本でも知名度の高いカリフォルニア大学ロサンゼルス校 (UCLA) やカリフォルニア大学サンディエゴ校 (UCSD)、南カリフォルニア大学 (USC) などがあり、州北部のサンフ

ランシスコを含めたベイエリアには、スタンフォード大学、カリフォルニア大学バークレー校(UCB)、サンノゼ州立大学などが存在する。英語力の向上を目的としてアメリカ留学する人が多いのは事実だが、アメリカの大学に留学する大きな魅力の一つとして、アメリカの高等教育機関が提供する柔軟性や創造性に溢れた環境に身を置き、大学の講義や寮生活などを通じて多様な人と意見交換ができる点があげられる。

　しかし、日本からアメリカの大学への留学生の数は近年減少傾向にある。Institute of International Education の Open Doors のデータによると学生ビザを取得した日本からアメリカの大学への留学生の数は、1950 年代の 1,500 〜 2,000 人規模から 1985 年までの 13,000 人規模へと緩やかに増加していった。その数は日本のバブル景気に合わせ 1986 年頃から急増し、5 年間でおよそ 3 倍になり、4 万人の大台を超える時期が 1990 年代前半から 2000 年代前半までの 10 年ほど続いた。しかし 2003 年から減少傾向となり、2011 年以降は常に 2 万人を切っている。一方、中国、インドからのアメリカへの留学生は年間 10 万人規模に増え、近年の日本の留学生の数は、人口がさほど多くない

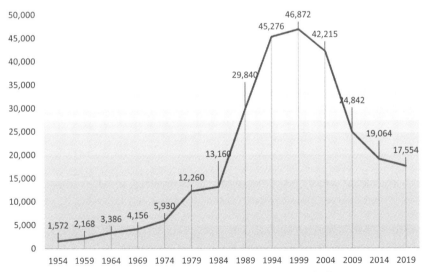

図 9-1　日本人のアメリカの大学への留学の推移

(Institute of International Education 、Open Doors データより)

韓国や台湾からの留学生よりも少ない状況だ。ホーン川嶋瑤子氏 (2012:173) が指摘するように、このような傾向は日本の国際舞台における政治的・経済的・文化的位置に長期的インパクトを持つ深刻な問題となっている。

では、なぜ日本からアメリカへの留学生が減少しているのか？そこには様々な要因があると推測されるが、経済がある程度発展し、便利で暮らしやすい日本に自発的に閉じこもる人が増えている点があげられる。すなわち、海部美知氏 (2008) が言う「パラダイス鎖国」化である。20 年近く国際教育に携わっている筆者が日本各地の大学を訪問する際や学生との対話の中でも、若者が内向きになっている傾向を強く感じる。また日本が安全で住み心地がよくなり、昔ほど外国に憧れを持たなくなったことも留学減少に寄与していると考えられる。特にアメリカに限って言えば、近年よくニュースで流れる銃乱射事件や政治情勢を考えると、渡米を考える人が少なくなったのも理解できる。

日本国外へ行く学生が減少する一方、グローバル化が進む社会における英語の重要性を理解して、日本国内で英語の学習に取り組んでいる若者も多くいる。今の時代、留学以外の形で英語を学ぶ方法はいくつもある。英会話スクールはどの町でも見かけられるほど日本全国に浸透し、最近ではオンラインで外国にいる先生とつながってレッスンを受けるサービスも増えている。また上記の図のデータは、学生ビザを取得して大学もしくは大学院に留学した人の統計に基づくものであるが、ビザを必要としない短期研修で渡米している学生も少なくない。

2. シリコンバレーにおける短期研修プログラム

英語の学習は海外に行かなくても可能な時代となったが、実際に国外に足を運んで参加する研修では、語学以外のスキルを習得したり、多様な価値観や考え方に直に触れて、今後のキャリアや社会との関わりをグローバルな視点で見直すことができる。上記で紹介したようにビザを取得してアメリカ留

学をする日本人は減少傾向にあるが、短期研修に参加するために日本からシリコンバレーを訪れる人は近年明らかに増えている。その内容は、文化交流をはじめ、最近ではリーダーシップなどのスキルの習得、そして起業やイノベーションについて知見を深めるものなど多様化している。また、参加対象者も大学生に加え、中高生などの若い世代、また社会人も含めた幅広い層のための研修が存在する。ここでは、その一部を紹介していく。

（1）大学生向けシリコンバレー研修

①VIA 英語・アメリカ文化研修プログラム

シリコンバレーでの短期研修の先駆的存在として、Volunteers in Asia（通称 VIA）という NPO 法人がある。VIA の活動は、スタンフォード大学で一年生男子学生の生活面での指導者であった当時 Dean of Freshmen Men のドワイト・クラーク氏が 1963 年にアメリカ人の学生をアジアにボランティアとして派遣することに始まった[1]。アジアの学生のためのシリコンバレーでの最初の短期研修は、1977 年から開始した American Language & Culture（ALC）という夏季プログラムであった。これは、当時慶應義塾大学と早稲田大学から語学習得およびアメリカ文化の理解を深めるためのプログラムを提供してほしいと依頼を受け、スタンフォード大学の English for Foreign Students（EFS）Program と連携して立ち上げたものである。当時、アメリカへの留学の機会が少なかった日本人学生にとっては非常に貴重な機会となった。プログラム期間中の 4 週間は大学の寮に滞在し、プログラムのサポートスタッフとして参加したスタンフォード大学の学生と共に生活をして、英語学習のサポートを受けたり、意見交換などを通じて共に異文化理解を深めたりする、当時としては画期的な内容だった。また、アメリカ文化理解のため、黒人コミュティーにある教会訪問や LGBTQ の人との交流、また近年ではシリコンバレーの企業訪問などをプログラムに盛り込み、学生に直接アメリカ文化を体感する機会を与えてきた。90 年以降は台湾、韓国、マカオ、中国本土からの参加者も加わり、2019 年までの 42 年の間に延べ 4,400 人ほどの学生が ALC プログラムに参加した。

②VIA 社会イノベーション研修プログラム

　VIA は、語学習得と文化について学ぶ研修に加え、教育や貧困などの社会課題を扱ったプログラムを 2005 年から提供している。2010 年には、イノベーションという観点から、これまでなかった視点でいかに社会問題に取り組み、解決策を考えるかをテーマにした Exploring Social Innovation（ESI）プログラムを立ち上げた。当時慶應義塾大学大学院政策・メディア研究科の特任助教であった伊藤健氏がアドバイザーとしてプログラムのデザインに寄与し、2020年までに日本をはじめ香港、中国本土、インドネシア、ミャンマー、フィリピン、タイなどから延べ 400 名ほどの大学生と社会人が参加している。

　ESI プログラムは、参加者が社会イノベーターとしての一歩を踏み出せるようになるため、下記の点を習得することが目標として掲げられている。

　①これまでの慣例や枠組みに捉われず、イノベーターのように考える思考　態度
　②失敗を恐れず、リスクを負うことを避けない姿勢
　③社会問題についての理解を深め、解決策を創造的に生み出す手法

　上記の点を達成するため、社会起業家との交流や様々なワークショップがカリキュラムに組み込まれている。例えば、参加者がリスクを負う体験をするために、スタンフォード大学のキャンパスやサンフランシスコ市内を小グループで回り、見知らぬ人に声をかけて、自転車を貸してもらったり、物々交換をお願いする活動がある。また、社会問題の解決法を創造的に見出していく手法である「デザイン思考」[2]に関するワークショップもプログラムに盛り込まれている。プログラム中は、様々なセッションの学びを最大化するために、振り返りの時間も随所に設けてある。振り返りを通してプログラム終了後に自分の身の回りの社会問題といかに向き合い、行動を起こしていくかについても考える機会が与えられているのだ。

③九州大学ロバート・ファン・アントレプレナーシップ・プログラム

　日本の大学が主体となってシリコンバレー研修を実施しているところは近年多くあるが、その中で最も早期に始まったモデル的な存在として九州大学

の研修がある。当時九州大学の教授であった谷川徹氏が、ご自身が経験された シリコンバレーの文化風土や価値観を若い世代にも体感してほしい、また学生に人生の選択肢がたくさんあることに気付いてほしいという思いから、2006 年に Kyushu University Robert T. Huang Entrepreneurship Program（略称 QREP）を立ち上げた。QREP は毎年春に 1 週間実施され、早稲田大学生を数名加えた九州大学全学の学部生や大学院生が毎年 25 名ほど参加した。QREP は 2015 年まで 10 年間実施され、延べ約 260 名が履修した。

　QREP は「社会で競争力のあるタフな人材養成」を目指し、学生のモチベーション向上や意識改革を主眼として、下記の点がプログラムの目標とされている。

　①アントレプレナーシップ（チャレンジ精神等）の醸成
　②グローバル意識の向上
　③多様な価値観に触れる機会の提供
　④個人としての自覚向上
　⑤大学で学ぶ意義の理解と学習意欲の向上
　⑥世界トップレベルの研究やビジネス水準を体感

　シリコンバレーでアントレナーシップ醸成や学生のグローバル意識を高めることを目指したプログラムは近年増えてきているが、QREP の特徴の一つとして、単位が認定される大学の正規授業であることがあげられる。また現地企業訪問の他、スタンフォード大学のクラスへの参加など大学間連携の活動が充実していた。さらには、現地の有名 IT 企業やベンチャー企業、NPO 法人および大学など、様々な分野でチャレンジする多数の人をゲストとして招き、個人的な経験談などを直接聞いて意見交換する場を数多く提供し、学生自らのキャリア形成のあり方を考え直す機会にしたことも QREP の特徴と言える。

④九州大学英語＋起業家精神研修プログラム

　九州大学は、QREP に加えて 2007 年からはカリフォルニアオフィスを拠点に独自の英語学習と起業家精神を身につけるプログラムを企画・運営して

いる。QE+EP（<u>K</u>yushu University <u>E</u>nglish and <u>E</u>ntrepreneurship <u>P</u>rogram）の枠組みの下、主に下記の 4 種類のプログラムがある。

- 全学部学生対象の Silicon Valley English Program（SVEP）
- 農学系学生対象の Agri-Bio Leaders English Program（ALEP）
- 工学系学生対象の Engineering Leaders English Program（ELEP）
- 博士課程対象の Leading Young Researchers English Program（L-YREP）

これらのプログラムは、2004 年から 2020 年まで九州大学カリフォルニアオフィスの代表を務めた松尾正人氏が立ち上げた。学生にしっかりコミュニケーションが取れる英語力を身につけてもらい、様々な人との出会いを通してグローバル社会での生き方を学んで、将来世界に出てイノベーションを起こすことのできる若者を育てたいという松尾氏の思いが込められてカリキュラムが組まれている。

　QE+EP プログラムは、九州大学の提携校であるサンノゼ州立大学で行われ、インタラクティブな英語研修に加え、現地家庭でのホームステイ、そしてサンノゼ州立大学の学生と交流する場などが盛り込まれている。また、前述の QREP 同様シリコンバレーの第一線で活躍する起業家やベンチャーキャピタリストによる特別講義、そしてイノベーションを事業化している企業や世界トップクラスの大学の訪問も多く組み込まれている。QE+EP は、15 年間に渡って延べ 1,100 名ほどの九州大学の学生にシリコンバレーで学ぶ機会を提供してきた。

⑤ US-Japan Forum 研修プログラム

　2014 年から日本全国の 20 ほどの大学から学生をシリコンバレーに招いて毎年研修を行っている US-Japan Forum という団体がある。2004 年に開設した鹿児島大学シリコンバレーオフィスのオフィス長および 2008 年に開設した鹿児島大学北米教育センターのセンター長を 2014 年まで務めた井手祐二氏が立ち上げた団体だ。研修を通して様々な背景の人を引き合わせ、文化や宗教の壁を越えて互いに理解し、協力するための知識と行動力と思いやりの精神をもつ人材育成を目指している。2020 年までの間に延べ 600 名ほどの大

学生が US-Japan Forum のシリコンバレー研修に参加している。

　研修において参加者はまず現地の歴史や文化的背景をまず学び、その上でシリコンバレーにある大学や企業を訪問し、イノベーションをテーマに異なる文化や価値観を学ぶ内容となっている。また、参加者に面会の予約の取り方を指導し、自力で大学や企業などの訪問先を特定するというのは他の研修では見られない特徴である。研修の種類によっては、現地の企業や教育機関で 2 週間の夏季実習を体験するオプションがあるのも学生には魅力だ。井手氏の広いネットワークを生かし、Vivaldi Technologies、スタンフォード大学医学部、Lynbrook 高校、サンノゼ日本人町商工会など 20 ほどの実習受け入れ機関がある。また自ら考えて行動したり、ビジネスを興すことのできる人材を育成するために、大学生と若手社会人を対象としたアントレプレナー研修も実施している。

⑥ VIA 医学部生向け研修プログラム

　これまで紹介してきたように、シリコンバレーでの研修の多くがグローバル人材育成やイノベーション・起業をテーマとしているが、医療制度に焦点を当てた研修も存在する。VIA 主催の Exploring Health Care（EHC）プログラムは、1990 年代に当時東京女子医科大学で医学英語を担当していたマクワガ葉子先生と東京医科大学のパトリック・バロン先生から医学部生向けの研修の提供の依頼を VIA が受け、1996 年以降毎年提供している。2012 年からは台湾や中国本土からの医学生も加わり、25 年間で延べ約 1,100 人の医学生が VIA の医療研修に参加している。

　EHC プログラムは、アメリカとアジアの医療や医学教育の比較を通して、将来どのように医療制度を改善できるか、また将来どのような医師になりたいかを振り返る機会を学生に与え、多文化的な視野を持って医療に携われる人材の育成を目指している。プログラム中は、アメリカの医学生と医療倫理について意見交換をしたり、ホームレスの人のための医療ケアについて議論するセッションが盛り込まれている。また様々な患者と共感できるように、アジアの医学教育ではあまり触れることのない患者層との交流の場を設けて

EHC プログラム参加の医学生と医師

（VIA 提供）

いるのも EHC プログラムの特徴の一つである。具体的には、臓器移植経験者・ドナー家族の方々の体験談を直接聞くパネルディスカッションやサンフランシスコにあるゲイの人のためのクリニックの訪問を通して、マイノリティのためのケアについて考える機会も提供している。

　このように複数国の医学生が集まって多文化の視点から医療について考察し、様々な背景を持つ患者のためのケアについて理解を深める研修は、EHCプログラム開始から 25 年経った今も他に例を見ることがない。

⑦プログラムの参加者への影響

　これまで紹介してきた研修は、様々な形で日本の大学生に刺激を与えてきた。英語でのコミュニケーションの重要さに気づき、帰国後に英語を真剣に勉強し始めたり、海外留学を目指すようになったという声は数多くの参加者から聞く。九州大学の QE+EP プログラムの参加者の多くは、研修後英語を

話すことへの抵抗がなくなり、外国に出ることも平気になったと松尾氏は言う。アジアの複数の国から参加者を招いている点が VIA のプログラムの特徴であると言えるが、他のアジアの学生と触れ合ったことで、アジアに興味を持ち、帰国後アジアに実際足を運んだり、アジアと関わる活動に携わったという日本人参加者も多い。アジアの歴史的背景や現在の政治的状況を考えると、このような形でアジアの若者の交流を促進していることも意義深い。

　また、シリコンバレー研修は学生に自分の将来のキャリアを見つめ直すきっかけも大いに与えている。谷川氏によると、QREP の参加学生は研修を通じて、世界観が広がり、自己研鑽の必要性を認識したと同時に、自分の今後の可能性を切り開くモチベーションが劇的に向上したと言う。参加者の中には、帰国後本当にやりたかった分野の研究室に所属を変更した学生や、友人とベンチャービジネスに挑戦した学生、また環境コンサルタントを目指して海外ボランティアの活動を開始した学生もいると言う。US-Japan Forum の研修参加者の中には、医師になった後ビジネスを始めたり、研修を通して宇宙に興味を持ち、博士課程に進んだ後に宇宙ステーション関連の仕事に携わっている人もいると井手氏は話す。VIA の ALC と ESI プログラムに参加した人の中には、シリコンバレーの起業風土に刺激を受けて、実際に日本で起業をしたり、社会的企業やスタートアップ企業に就職を決めた人も少なくない。また、医療研修の修了生の中には、プログラムに参加したことがきっかけで将来海外で医療に携わりたいと考えるようになり、アメリカ医師国家試験を受けたと数人がこれまでに報告している。

（2）中学・高校生向けシリコンバレー研修

　これまで大学生向けの研修を見てきたが、中高生を対象としたシリコンバレー研修も多く存在する。ここでは、姉妹都市交流プログラムおよび中学、高校が主催するプログラムを紹介する。

①姉妹都市交流プログラム

　中高生の交流が姉妹提携を結んでいる市の間で行われていることは意義深

い。日本とアメリカの間での姉妹都市の締結は、市民交流、文化交流促進
の目的で 1950 年代後半から進められている。California-Japan Sister Cities Net-
work によると 2020 年の時点でカリフォルニアと日本の間には 108 もの姉妹
都市提携がある。そのうち 15 ほどがシリコンバレー地域にあり、交流も活
発に行われている。例えば、Palo Alto と茨城県土浦市、Menlo Park と岡山県
備前市、Oakland と福岡県福岡市、San Jose と岡山県岡山市、Sunnyvale と福
岡県飯塚市などは毎年 7 〜 10 日間ほどの中高生を対象にした交換プログラ
ムを実施している。

　Sunnyvale と飯塚市の交流プログラムを例にとると、選抜されたアメリカ
の中高生 8 〜 20 名が、東京を訪問した後に飯塚市を訪れ、ホームステイや
現地の中学校・高校を訪問して日本の文化に触れ、理解を深める。翌年に
は、20 名ほどの中高生が飯塚市からカリフォルニアを訪れ、同様にホーム
ステイや現地の高校訪問をする。滞在中はシリコンバレーの空気にも触れら
れるよう Google や Tech Museum of Innovation の訪問なども盛り込まれている。
シリコンバレー研修を担当している Sunnyvale Sister City Association を設立し
たマーク・加藤氏によると、生徒たちは特に学校訪問やホームステイを通し
た文化交流を楽しみ、帰国後も交流を続けていると言う。

②中学・高校主催研修プログラム

　近年、自己発見やグローバルリーダー養成を目的としてシリコンバレー研
修を主催している中学、高校が多く存在する。東京都立富士高校附属中学校
や聖光学院中学校などがその例である。また文部科学省にスーパーサイエン
スハイスクール (略称 SSH) とスーパーグローバルハイスクール (略称 SGH) に
指定されている学校で、シリコンバレー研修を行なっているところも少なく
ない。新潟県立新潟南高校、東京都立戸山高校、徳島県立徳島城南高校、福
岡雙葉高校などがその例で、1 週間程度の期間でシリコンバレー研修を実施
している。

　こうした研修の現地スケジュールは、シリコンバレーにつながりを持つ
TAKTOPIA、Good Try JAPAN、VIA といった教育系団体や旅行代理店がサポー

トしていることが多い。様々なシリコンバレー体験を 2008 年頃から提供している AZusa という会社もその一つである。中高生向けシリコンバレー短期研修に加え、他ではあまり見ない科学・技術・工学・数学分野について学ぶいわゆる STEM 教育が受けられる短期研修や、サッカーや野球を行うスポーツ留学なども提供している[3]。多くのシリコンバレー研修には、観光の他にスタンフォード大学やカリフォルニア大学バークレー校などのキャンパス訪問、Google、Apple、Salesforce などの企業訪問、そして現地で活躍する日本人起業家との交流などが盛り込まれている。また SSH の研修には、現地在住のエンジニアや科学技術研究者との交流、そして研究室の訪問なども取り入れられていることが多い。

　シリコンバレー訪問の前と後にも学習の機会を設け、研修のインパクトを高めているのもこうした学校主催の研修の特徴だ。例えば、福岡雙葉高校は「デザイン思考」に関する授業を行い、シリコンバレー訪問時には、スタンフォード大学のデザインスクール（通称 d.school）を訪問したり、デザイン思考に関するワークショップを取り入れたりしている。また都立戸山高校の生徒は、事前に自分の研究課題を英語で発表できるように準備をし、シリコンバレー滞在中に現地にいる生徒や社会人に対して自分の研究について発表し、フィードバックをもらっている。

　1 週間という短期間であってもこうした研修の意味は大きい。福岡雙葉高校の SGH 推進委員長の吉岡由美子先生によると、シリコンバレー研修の意義は、様々な活動や出会いを通して生徒たちが新しい価値観を身につけ、自らの今後の人生をデザインできるようになることである。実際、世界的視野を持つ医師を志し、その道に進んだり、海外の大学に進学するなどグローバルに活躍するための一歩を踏み出している生徒が多く出てきていると言う。

（3）中高大生混合の研修プログラム

　ここでは、中学生から大学生まで学年を超えて幅広い年齢層の参加者を募っている研修プログラムを紹介する。Ryukyufrogs という団体は、沖縄に住む中学生から大学生を対象に 10 日間のシリコンバレー研修を 2008 年から

実施しており、これまで 90 名ほどが参加している。沖縄の将来を担うリーダーの育成、そして様々な社会課題に対してイノベーションを起こすことのできる人材の育成を目指している。シリコンバレーでの研修の学びを最大化するために、渡米前後にも学習の機会を設けている。具体的には、シリコンバレー研修の前に 1 ヶ月ほどかけてビジネスアイデア、英会話、プレゼンテーションなどの事前研修を行っている。また研修後 2 ヶ月ほどかけてメンターの指導のもとビジネスサービスの開発を行い、最後に活動内容を発表する内容となっている。

　また南カリフォルニア佐賀県人会は、佐賀にある高校または大学に所属する学生と、佐賀にゆかりがあって県外の大学に通っている学生を対象に、2 週間の佐賀県海外使節団カリフォルニア研修を 2011 年から実施している。将来の佐賀、そして日本を担えるグローバルな人材育成を目的としている。9 名前後の学生が毎年参加し、研修はロサンゼルスとシリコンバレーで行われる。研修中は、主催側が準備した企業や NPO 団体などの訪問に加え、前述の US-Japan Forum の研修でもあったように参加者自身が他の訪問先を特定する。具体的には、研修主催の小川将明氏によると、参加者が LinkedIn というビジネス特化型の SNS を用いて訪問したい人を探し、メールの書き方の指導を受けて訪問の予約を取る。予約を取った後は、訪問先に関する学習資料を作成し、他の参加メンバーと共有して訪問に備える。例えば耳が不自由な人の学校の訪問をアレンジした参加者は、事前に日米の手話の違いについて学んだことを他の参加メンバーに教えた。研修後は、日本国外での活動を意識する参加者が増え、半数ほどが再び短期で海外に出たと小川氏は言う。中には、海外で働く日本人をサポートする仕事を目指したり、実際国外で日本語教師になった人もいるそうだ。

　神戸市は、日本全国から募った中学、高校、大学生を対象に若年層向け起業家育成事業としてシリコンバレー研修を 2015 年より毎春実施しており、毎回 20 名ほどが参加している。神戸市の研修の特徴として、市の幅広いネットワークを生かして、渡米前に日本人起業家を招いての交流会を設けたり、研修中はシリコンバレー在住で神戸市とつながりがある人を集めてのパ

ネルディスカッションを開催していることなどがあげられる。参加者の中には、研修を通しての出会いや新しい発想に影響を受け、帰国後環境保全の観点から古着を持ち寄って交換する催しを開催する学生団体を立ち上げた人もいると言う。また、世代や育った環境が異なる人といっしょに参加したことで、様々な価値観や考えを知ることができ、刺激になったと言っている参加者も少なくないそうだ。

　他に、シリコンバレーに事務局を構える Silicon Valley Japan College は、グローバル人材育成を目的として高校生以上を対象に 1 週間の短期研修を 2015 年から実施している。文化の違う相手を敬い、理解してコミュニケーションできる能力を身につけることに重点を置いて研修内容を組んでいる。具体的には、個人個人に適したプレゼンテーションのスタイルを習得するワークショップや、シリコンバレーで活躍する人とのネットワークの構築を支援するセッションなどを盛り込んでいる。また短期研修の実施に加え、シリコンバレーにある Menlo College と提携し、日本の人材と知財を活性化させる活動を予定しており、今後の展開が注目される。

（4）社会人向けシリコンバレー研修

　シリコンバレーでの研修は、これからの生き方やキャリアを考える学生向けのものに加え、社会人向けのものも多く存在する。1991 年のバブル崩壊後の経済の低迷を脱却するため、グローバルな視点を持ち、イノベーションを起こせる人材の育成が急務だと、日本企業向けシリコンバレー研修のサポートをしている Brilliant Hope 代表の髙橋明希氏は言う。近年では、中小企業の若手社員や管理職向けのシリコンバレー研修を日経 BP 社や日創研が主催している。また、富士通は 2008 年より若手社員を対象に、富士通のグローバルビジネスに貢献する人材の育成を目的に、毎年 Global Competency Development Program（GCDP）を実施している。国内研修で学んだ内容を実践するために海外研修も取り入れており、シリコンバレーを始め、インド、フィリピン、ハワイなどにも毎年総勢 300 人以上の社員を派遣している。特にシリコンバレー研修では、スタートアップ企業や学術的有識者などとの交流を通じ

て、ベンチャーの気風を肌身で感じながら、自分自身がグローバルな環境で活躍するためのマインドや行動力を実践的に鍛えることを狙いとしている。

また、「始動 Next Innovator」というグローバル起業家等育成プログラムがあるが、これは 2015 年に当時の安倍首相がシリコンバレーで発表した「シリコンバレーと日本の架け橋プロジェクト」の一環として経済産業省が実施しているものだ。激変する世界の様々な課題解決のため、自ら挑戦、行動をし続けるイノベーター育成を目指している。プログラムは、イノベーターに必要な要素を体感、体得できる講義や起業家などから個人メンタリングが受けられる「国内プログラム」と事業ピッチなどができる約 10 日間の「シリコンバレープログラム」で構成される。起業を目指す人や大企業で新規事業を起案したい人が対象で、プログラム開始からの 5 年間に約 600 名が参加者している。

他にブランドものなどの中古品買取ビジネスを営むエコリングという会社は、新規事業の開発を促進する目的で自社社員をシリコンバレーの研修に派遣している。研修中は、多くの起業家も用いている前述の「デザイン思考」に関するワークショップに参加し、その手法を自社ビジネスの展開に積極的に取り入れている。エコリングのデザイン思考の具体的なビジネスへの応用例は、『日経トップリーダー』2019 年 9 月号に紹介されている。

3. シリコンバレー研修の今後の展望

これまで紹介してきたように、シリコンバレーでの研修は、英語力の向上を目指すものの他に、グローバルリーダー養成や起業家育成などを目的としたものが近年増加を見せている。また参加者の対象の幅が広がり、主催者も多岐にわたり、海外での研修に興味がある人にとっては多様な選択肢が出てきているが、シリコンバレー研修は、今後もこのような発展を続けていくのであろうか？以下、コロナ禍や昨今の社会情勢が今後のシリコンバレー研修にどのような影響を与えるかを考察する。

（1）コロナ禍の海外研修への影響

　コロナウイルス感染拡大の影響で、2020年の春以降アメリカで行う研修は全て中止となっている[4]。こうした状況の中、オンラインで異文化交流やグローバル人材育成の研修を提供している団体も一部存在する。例えば、VIAは、前述の医学生を対象にしたEHCプログラムと社会イノベーションがテーマのESIプログラムを2021年の春にバーチャルで開催した。ただ、バーチャルで研修を提供する場合、これまでシリコンバレーで行なっていたプログラムのカリキュラムを単にそのままオンラインに移行すればよいという訳ではなく、様々な点に配慮する必要がある。以下にVIAがどのようにオンラインでの研修をデザインしているかを紹介する。

　第一に、提携校や過去の参加者への聞き取り調査を行い、コロナ禍で学生がどのような機会を求めているのかを理解した上で、そのニーズに合うプログラム内容にしている。第二に、他に考慮しなくてはならない点として、時差への対応があげられる。シリコンバレーで一堂に会す通常のプログラムと違い、バーチャル版では学生はアジアから参加するので、アメリカにいる人と同時に行えるセッションの時間が限られてくる。そのため、全員を同時にオンラインでつなぐセッションとそうでないセッションをうまく組み合わせることを心掛けている。

　第三に、オンラインでは自然に起こりにくい参加者同士の交流を意図的に促すような工夫をしている。通常のプログラムでは、移動のバスの中や食事の時間にも色々な意見交換を行い、また時には冗談を言いながら友情も深めていくことができる。しかしバーチャルで研修を行う場合は、参加者同士が直接交流できる時間が限られるため、オンラインで書き込みや協働作業ができるプラットフォーム（例：Crew、Lino、Miro、MURAL、Padlet、Whiteboard. fi、Wonder等）を生かして、意見交換を促す場面を設けるカリキュラムデザインとしている。また、お互いを知るための時間を毎日入れることで、参加者同士の親睦を深める時間も取る内容としている。

　バーチャル版の研修では、実際にアメリカで行う通常のプログラムのよう

にシリコンバレーのイノベーションの空気を参加者に直に肌で感じてもらうことは困難である。ただ、コロナ禍で渡米が難しい間は、上述のような工夫を取り入れたオンライン研修を通して、参加者に多様な価値観に触れて新しいものの見方やマインドセットを体得してもらい、自身の将来やグローバル社会との関わり方を考える機会となればと思う。また、バーチャル研修の利点の一つとして、渡航費やアメリカでの滞在費がかからない分、参加費用が通常のプログラムより安く済む点があげられる。そのため通常の研修への参加が経済的に困難であった人にも、自宅にいながら海外研修に参加する機会が生まれるのではないかと思う。

（2）ポストコロナの海外研修

　コロナウイルスの感染が収まって海外研修が再開するのを多くの人が強く望んでいることであろう。コロナが終息すれば、また自由に移動ができるようになり、以前のようなカリキュラムでの研修提供が可能となる。しかし、コロナ禍での対応策をうまく取り入れていけば、研修をより充実した内容にできるのではないかと考える。例えば、コロナ禍のためオンラインでコミュニケーションができる環境が整い、今では子供から大人まで多数の人が離れたところにいる人とオンラインでやり取りすることに慣れてきている。この点を生かして、研修の渡航前と後にもオンラインでのセッションを取り入れることで、研修による学びを最大限に生かすことができる。具体的には、渡航前に事前準備のオリエンテーションや研修内容の紹介、参加者同士の交流をオンラインで行うことにより、研修中のより多くの時間を現地の人との意見交換や研修のテーマのディスカッションなどに充てることができる。また、研修後にオンラインで参加者を繋ぐことで、研修から得た新しい知識やスキルを帰国後どのように自身の生活に取り入れているかを皆で共有し、お互いを継続的に刺激し合い、自らのモチベーションを高める機会ともなる。

　アメリカ研修のテーマに関しては、今後ももちろん英語学習やグローバルリーダーシップ、起業などを扱ったものは継続していくものと思われる。ただ、海外研修の大きな意義が、新しい地を訪問し、そこでの社会現象や社会

課題への取り組みについて学び、視野を広げることにあるとすれば、今回の
コロナ禍で明るみに出た社会課題をテーマに扱い、学びの機会とすることも
大いに考えられる。例えば、既にVIAでは、コロナウイルスによるアメリ
カの医療現場・医療従事者への影響、またコロナ禍から見えるアメリカの医
療システムの問題や悪化する医療格差を医療プログラムのカリキュラムに取
り入れている。

　また、アメリカでは社会に根強く存在する人種差別問題や社会的不公平が
コロナ禍でより一層浮き彫りとなり、警察の暴行に憤った市民による全米各
地での大規模な抗議デモの発展につながったことはまだ記憶に新しい。こう
した動きに伴い、アメリカ各地で「正義、公平、多様性、包含」(Justice, Equity,
Diversity, and Inclusion（略称JEDI)) に関する議論がこれまで以上に進んでいる。
多様性を重んじて様々な背景の人を受け入れることの重要性を訴え、公平な
社会および社会正義を実現させるために大勢の人が努力をしている。このよ
うな社会問題はアメリカに限ったものではなく、文化や価値観を異にする人
が行き交う現在のグローバル社会においては誰しもが考え、社会正義とは何
かを熟慮した上で行動を起こす必要があると考える。よって、アメリカ研修
で人種差別や社会的不公平といったテーマなどを扱い、その解決策の事例を
紹介したりすることによって、多様な人が共存できる社会を目指す人材の育
成ができれば意義深いのではないだろうか。

おわりに

　本章では、シリコンバレーにおける短期研修の変遷を紹介した上で、ポス
トコロナの研修の展望について述べた。自国を離れて海外の研修に参加する
意義は、行き先がアメリカに限らず、多様な人々や価値観との出会いを通じ
て様々な気づきを得、それによって世界観が変わり、人生の選択肢が広がる
ことにある。

　研修提供側としては、研修の効果を最大化できるプログラムのデザインに

努めるべきであるが、そのためには研修の効果を的確に測ることが求められる。研修終了直後に研修の内容を5段階評価のアンケートで調査している例はよく見受けられる。こうした量的データは、参加者全体の研修の満足度合いなどの傾向を見るのに有効だが、参加者のものの考え方や態度の変化など数値だけでは測れない側面も捉えられるような測定方法の工夫が必要である。例えば、研修の前と後に研修のテーマに関する点（例えばリーダーシップや人種問題）についての理解度を測る質問をして、その答えの変化を分析する方法がある。また、VIAの研修評価アンケートからの項目を一つ紹介すると"I used to think _____, but now I think _____ because _____"という文の穴埋めをしてもらうものがある。これは、参加者が研修中に学んだことを振り返った後、考え方が変わった点とその理由を記入してもらうものだが、その回答の分析を通して研修の効果を確認している。

　もう一点研修の効果について考えた時、人によっては研修が終了してから数ヶ月後、場合によっては数年後に効果が出てくることも全く珍しくない。その点を考慮すると、例えば研修の半年後や1～2年後にアンケートやインタビューを通して追加調査を行うことで研修の中長期的効果を測ることができる。

　最後に、本章の冒頭でも述べたように、日本からアメリカへの留学は減少傾向にある。そうした中、従来の留学の形に捉われない多様な短期研修の機会を通じて、より多くの若者が自国を出てグローバルな視点で様々な社会課題に向き合い、創造的な解決に向けて取り組んでくれることを強く望む。

注

1　大学の寮でクラーク氏が学生たちと将来のアメリカにとってのアジアの重要性について語り合う中で、香港にいる中国難民を支援するボランティア活動に参加する機会が訪れ、1963年夏に香港に20名ほどのアメリカ人学生を送ることから活動を開始した。当時VIAに参加した人は「将来自分はどのような人になりたいか？どのように社会と関わりたいか？」と自問してボランティア活動に臨んだが、現在もVIAはプログラム参加者に同じ問いかけをするよう促している。

2　アイリーニ・マネジメント・スクール代表の柏野尊徳氏によると、デザイン

思考とは「社会を良くするアイデア」をゼロから生み出すために有効なイノベーションを起こすためのアプローチ法である。顧客やユーザーの視点に重きを置き、具体的には 1) 問題を発見し、2) 顧客・ユーザーの課題を詳細に描き、3) 解決策を探求して、4) 解決策を試してみる流れを繰り返すことによって、社会を良くする製品や制度を生み出す。

3　AZusa は、中高生向け研修の他、大学生を対象にした研修やシリコンバレーの企業などでのインターンシッププログラムも提供している。また、インターンシップをする際に必要なビザの申請手続きのサポートも行っている。

4　執筆中の 2021 年初頭現在での状況である。

参考文献

海部美知 (2008)『パラダイス鎖国　忘れられた大国・日本』アスキー出版

ホーン川嶋瑤子 (2012)『スタンフォード　21 世紀を創る大学』東信堂

参考ウェブサイト

California-Japan Sister Cities Network https://www.caljapansistercities.org

Institute of International Education, Open Doors https://opendoorsdata.org

第 10 章

グローバル化は
教育と社会を変える力となる

ホーン川嶋瑤子

シリコンバレーの公立高校のプロム、3&4 年生が正装で参加する学校公認の
ダンスパーティ。ソーシャルスキルを磨く機会とされている。2021 年 6 月。

写真提供：K. Ramirez

はじめに

　学校は、知の学習だけでなく、人格形成の場であり、社会の構成員育成の場である。校長・教師・職員・児童生徒たちがどのような学校という場に集まり、どのような学校文化の中で、どのような教育が実践されているかは大切だ。学校は社会に組み込まれた制度であるから、当然社会における文化や価値規範が反映される。社会と学校には対応性がある。社会が学校を作り、学校が社会を作る。社会が変わっていくには、学校も変わっていく必要がある。学校の変革は社会変革になる。デジタルトランスフォーメーション（DX）の進展がどのように社会・経済構造のみならず文化や人々の意識、考え方を変化させつつあるのか、これまでの章が論じている。

　本章では、グローバル化と教育をテーマにして論じたい。グローバル化は人、経済活動、資本だけでなく、文化の国境を越えた移動、交流である。コロナ禍の世界的拡散のために、直接的移動と交流の自由は制限されてしまったが、デジタルテクノロジーが制約を乗り越えて交流する空間を拡大し、グローバル化をある面では促進した。

　以下でまず、日米の教育を経験した高校生たちが語る日米教育の比較から始める。次に、同質社会の排除性、タテ社会のネガティブ、多様性の価値づけを取り上げて、教育の変革を考える参考としたい。

1.　高校生たちが語る日米の教育の違いと問題提起

　日米の学校を経験した高校生たちが、教育の違いについてどのように感じ考えているのか、生の声を聞きたいと思って、6人にインタビューまたはアンケート回答をお願いした。高校生を対象にした理由は、高校生になると状況の観察力、分析力、表現力がより深いと考えたからである。第三者による

教室観察と異なり、高校生たちの体験の語りである。日本でもアメリカでも
めぐまれた教育環境で色々な経験をしてきた高校生たちであり、決して貧困
な生活・教育環境で学んだわけではない。しかしながら、日本からアメリカ
の異文化、異言語の学校に入り、苦労しながら、自分で考え行動し、友達を
作り、学び、自分の立ち位置を見つけていったプロセスには感動的なストー
リーがある。

　この 6 人はお互いに知り合いではない。日本の地域、学校も異なり、アメ
リカでも異なる学校を経験した。5 人がシリコンバレーという技術革新、文
化的先進地域の学校で学び、1 人は中西部の学校で学んだ。広大で多様な国
アメリカを代表する学校というわけではない。渡米の理由、在学の時期と期
間も異なる。親の転勤で中学と高校に在学中の人、親の研究滞在で高校を 1
年間経験した人、自分の努力で 1 年間の高校留学を実現させた人、3 年間の
アメリカの高校を修了して 20 年秋にアメリカの大学に進学した人、21 年秋
の入学のための合格通知を待っている人と様々である。しかし、その軌跡の
違いにもかかわらず、彼らの日米の教育を経験して感じることには、驚くほ
ど多くの共通性がある。

　以下は、高校生たち自らの経験についての観察であり、分析であり、意味
づけである。彼らの語りから見えてくる日米の教育の差、日本の教育の特徴
や問題点を抽出していきたい。

インタビュー・アンケートへの協力者 (abc 順)

原田乃衣　Mountain View High School
岩政美里　Los Altos High School
口石祐大　アーカンソー州都リトルロック市近郊の Jacksonville High School
森平蕉伍　Gunn High School、現在カリフォルニア大学サンタバーバラ校在学
西川明良　Monta Vista High School
シルバーマン スカイラー　Woodside Priory School

　ハイテク産業の集積地シリコンバレーにある 5 校の人種構成は、アップル
本社近隣の学校はアジア系が 80％、白人 13％と圧倒的にアジア系 (ほとんど
が中国・インド系) だが、白人 6 割、ヒスパニック 2 割、アジア系 2 割の学校

もある。一方、アーカンソー州都リトルロック市近郊の公立校では、白人とブラックが半々、アジア系はほとんどいないというように、異なる人種ミックスである。(＊シリコンバレー、全米、カリフォルニア州の人種構成については、注1参照)[1]

(1) アメリカの高校のカリキュラムと授業

①科目選択肢の圧倒的多さ、レベル別からの選択、「クラス」意識なし

「必修科目として、サイエンス(物理、化学)、数学、英語、英文学、歴史、選択科目として、外国語、音楽、美術、体育等があった。14ジャンルから選ぶというように科目の選択肢が多く、かつ、基本的にどのジャンルにもレベル別がある。」

「ほとんどの科目にはレベル分けがあり、自分に合ったレベルを選べる。例えば、数学やサイエンスには3レベルあり、テストおよびカウンセラーと相談してレベルが決まるが、易しすぎるとか難しすぎる場合は、レベルを変更できる。テストも再度のチャンスをくれる。」

「どのクラスにも Honor/Advanced Placement(大学レベルの内容) と Regular の2カテゴリーがあり、レベルに差がある。特に数学とサイエンスは、学年によるクラスではなく、能力主義的。」

(シリコンバレー内でも学校差は大きいので一般化はできないが、科目の選択肢の多さの参考として、スタンフォード大学近隣にある全米トップクラスの公立ガン高校のカリキュラムを注2に掲載)[2]

②授業は、講義だけでなく、質問や発言、ディスカッション、発表が多い

「講義もあるが、ディスカッション、質問、課題考察が多い。グループやチームで10-30分の課題学習やプレゼン、ディスカッション、実際に体験して学ぶ形式も多い。小さな課題を5-10分で解くこともある。」

「数学は初見の内容は先生がまず説明。質問や生徒同士の教え合いも活発。世界文学はディスカッション、資料の読解、そして各単元の終わりにエッセー/発表。歴史は先生の説明、資料の考察。日本の学校の学ぶ方法よりも格段

に覚え、理解できた。今までと違う視点でものを見ることができた。」

「英語は本のストーリーをまとめ、パワーポイントで発表、ディスカッションした。」

「グループ学習は多い。様々な意見や答えを出すことで、新たな観点、自分の間違えなどが見つかりやすく、単独学習よりも効率的に学習し課題を終えることができる。PBLはそれほど多くないが、より多くの手間、労力が必要になるので、勉強としてはより多くの知識や経験を得やすいと思う。」

「歴史のPBLはグループ学習が多く、知識習得のために調べる、考える、ディスカッション、プレゼンした。1ヵ月のサマースクールでプレゼンのクラスをとり、パワーポイントの使い方を学び、日本についてのプレゼンをした。」

「毎日2～3時間のホームワーク。個人での宿題もあるが、グループワークの時はランチの時に集まりディスカッションし、発表者を決めた。」

「ほとんどの教科は1回1時間以内の宿題だが、難しいレベルの授業ではより多く時間がかかる。」

「ディスカッション、グループ学習が多いが、話す機会となるし、友達も作れる。アメリカの教育は色々な人との出会いがある点が良い。日本は日本人だけ。人種の違いは色々で面白い、色々な考えがある、新しい発見がある。」

（2）日米の学校の比較

①授業形態、学習方法が違う

日本：講義中心、ノート取り、質問少ない

「日本では、先生の説明と板書のノートを取り、覚え、先生が質問したときだけ挙手して答える。アメリカでは、生徒がどんどん自分から質問、先生もそれに答え、それを授業内容に組み込むこともある。」

「アメリカでは、質問は自由で、主体性をポジティブに評価する。」

「日本は先生の講義／座学が中心、ディスカッション少ない。講義中心だと教科書を読むだけになる。」

理解の手段の差：講義 vs. 資料分析

「日本の歴史の授業は先生の講義だが、アメリカでは、暗記より理解を重

視し、資料の分析が多い。」

均一化 vs. 多様性・違い・個別を重視

「アメリカの学校は、個別重視、開放的。違う年齢、違う授業、様々な学力や才能の人がいる。生徒は多様な家庭環境、人種、宗教、思想を持ち、隠さずに認め合える土台がある。違うことが当たり前。日本は均一重視、同年齢で、同程度の学力のクラスで、同じ授業を受ける。似たような人種、宗教、思想（隠すことが多い）の集まりで、内向き。"みんな違ってみんな良い"がわかったつもりでも、"みんな違う"の振れ幅が小さくなりがちで、多様性を感じにくい、認めにくい、差別もないように思ってしまいがち。」

自分の意見を表明する vs. 無関心（を装う）

「アメリカの友人の多くは、SNS でも、例えば BLM（Black Lives Matter）についての意思表示を続けているのに対し、日本の友人の多くは社会問題に無関心か、無関心を装う人が多いように感じる。」

エッセー / レポートの書き方を学ぶ

「アメリカでは、レポートは MLA(Modern Language Association) のガイドラインに沿って書く。また、先生がテンプレートを作ってくれたりするので、正しい構造でレポートを書けるようになる。日本では、レポートを書くことあっても、書き方を教えてくれないことが多い。きちんと論文形式の指導をしてほしい。」

アメリカの学校のテクノロジー化　（＊第 6 章で詳述）

「学年の初めに Chromebook が貸し出され、ほとんど毎日授業で使用。Google Classroom で宿題提出とかやりとり。教科書はデジタル、動画もよく使われていた。Google docs, Google slides を使い、家に帰った後も友達とドキュメントを共有しグループワークをした。20 年 3 月にオンラインになると Zoom でライブ授業、グループ別ディスカッションをした。テクノロジーの使い方をいろいろ覚えた。」

「コンピュータサイエンスのクラスを取り、基礎から、Python プログラミング、パソコンやロボットの組立て、さらに学校が空軍基地に近いことから Cyberspace Operations Officer を招いて Cybersecurity の実技的なことも学んだ。

日本の情報の授業は内容も頻度も不十分で、デジタル化に関しては機器もカリキュラムも大きな差を感じた。」

②教室を動く（アメリカ） vs. いつも同じ教室（日本）、どちらが良いか？

　＊アメリカは小学校では、日本と同じく、ホームルーム HR があって1年間同じ教室に先生と生徒がいるが、中学、高校では、先生が自分の教室を持ち、生徒が科目によって移動する。

「生徒が教室を移動すると荷物の置き忘れもあるが、教科の授業に必要な資料・機材器具がより揃っているし、より多くの生徒と触れ合える。日本では同じ教室にいるので忘れ物は少なく、その環境とクラスメイトに馴染みやすく、団結力が生まれ、常に同じ雰囲気のまま多くの授業を受けられる。したがって甲乙つけがたいが、自分はアメリカの移動教室の方が良いと思う。」

「生徒移動の方が自由度が高くて良い。教師が同じ部屋にいて電子黒板や器具が充実している。」

「アメリカでは HR、クラスがない。教室移動することで集団意識は弱まるが、その分開放的、移動的となり、色々な人との交流、人間関係が生まれる。個人レベルで5人とか10人とかの友達集団が作られる。一方、HR は日本の学校の内向性の原因の一つで、固まる、異者排除、外の人を攻撃、集団いじめといった傾向にも関係があるのではないだろうか。」

「教室を動くタイプが良い。日本のように HR が固定されてしまうと、クラスに馴染めない生徒は1年間ずっと馴染めない状態が続く。」

③アメリカの学校の特に良いと思う点は？

「高校生でも履修を自分で計画できること、人前で発表することに慣れること、たくさんの人種や文化に触れることで視野が広がること。」

「教室ではみんな明るく、日本のような緊張感も少ないため、質問もしやすい雰囲気がある。グループワークなどで他の生徒と話し合って協力できることが良い。」

「自分であるいはグループで考える時間を持つことができる点が良い。」

「選択肢が多いのが好きだ。一人ひとりカスタマイズされる。交流、多様性は多い方が良い。色々なアイディアに触れる、友人も多くなる、イノベーションを生み出す、違いに寛容になる、いじめも少ない。」

④日本の学校の特に良いと思う点は？

「先生が内容をきっちり黒板に書くため、授業の内容、単元が明確。」
「HRがあり1年間同じクラスメイトなので友達が作りやすい面もある。」

⑤クラブ活動

「友人を作るのによい。自分は水泳部に入り友人ができた。大学受験にも有利になる。」「違う学年の人とも交流できるので良い。」

「運動系、文系、理系、人種／性別、趣味、美術など非常に多数のクラブがある。」「日本と違って文化系／体育会系ときっちりとしたラインがないと思う。」

「クラブ活動としてKey Clubに入った。30～40人参加のボランティアのクラブで、服のリサイクルでの募金活動を1ヵ月かけて企画し、屋台をたて、売り上げ収入を寄付する。ハロウィーン・イベントでは、公園で子供を楽しませる活動をした。」

⑥ボランティア活動

「ボランティア活動は、大学入試に有利になる。受験で大学に目をつけてもらえる理由にもなるので、活動がお互いにとってより有意義なものとなる。病院でのボランティア等がある。」

「留学生には10時間の義務があり、Community Serviceをした（フードバンクでのサツマイモ袋詰め、小学校での清掃、クリントン・ミュージアムでの仕事など）。日本の学校でもボランティアの奨励はしているが、アメリカほど浸透しておらず、やる場が少ない。また受験で忙しい。」

⑦リーダーシップ育成

「日本では、リーダーになること、目立ちたがること、出しゃばりはダメ、ネガティブ。学級委員になりたい子がいない。ある生徒が誰もやりたい人いないのなら、まあやってもよいと言って、結局、同じ人が 3 年やった。アメリカでは、リーダーになりたい子はむしろ尊敬される。リーダーは周りの言うことを聞き、自分の言いたいことを言うことが大切。日本では批判されることを恐れる。アメリカでは、あまり違うと批判も出うるが、批判を受けても、自分のやりたいことを貫く方が大切なこともある。」

「生徒会活動や、クラブ活動のキャプテンは、リーダーシップ育成の機会になる。僕は JROTC を取った (Junior Reserve Officers' Training Corps：軍基地の近隣の学校にあるプログラムで、高校生のリーダーシップ経験と良い市民育成を目的)。行進、ライフルの扱い方、指揮官になって号令する経験等をしたが、リーダーシップ養成のプログラムとなっていた。」

(3) 日本の学校の特に変えた方が良いと思う点

①勉強の目的

「勉強が大学受験目的になっている。思考力もパターン化している。効率良いとは思わない。一人ひとりの人格を育てる方がよい。」

「勉強が、中間試験、期末試験のためのものになっている。試験 90％、宿題 10％の評価。あとは受験のための塾通い。」

②講義中心で思考力が伸びない

「先生は講義中にはあまり質問を求めないため間違った情報が伝わったりする。課題なども主に先生の教えた情報をそのまま答えたり、参考にして解くだけなので、生徒自身の調べる能力、思考力を伸ばすような教育ではない。」

「暗記すればテストで点数が取れる。」

「先生の講義に加え、生徒が考えることで理解する時間を増やしてほしい。日本の学校でも、コミュニケーション、ディスカッションを増やそうとしているが、暗黙の理解があるのでそれほど話さなくてもすむ。アメリカは共通

274

の理解のために必要。」

③科目選択の多さ、柔軟性

「必修科目は別としても、自分で履修プランを立てられるように変えて欲しい。」「科目選択肢を広げるべき。アメリカの学校のように、教育が生徒一人ひとりの特性に合うようにカスタマイズされるべき。大学もアメリカのように選択肢が多い方がよい。」

④成績のつけ方

「アメリカでは宿題／課題が多く、テスト50％、宿題50％で評価。」「テストが何割、授業の態度／課題の達成率が何割と、より生徒自身の評価をしている。」「日本のテストの結果のみで評価する方法を変えて欲しい。アメリカのように、テストだけでなく、プレゼンやグループワーク、提出物、宿題などで総合評価されるべき。」

「日本では、テストの成績が90％、授業中の課題などの"平常点"がほんの数％。テストでほとんど決まり、課題や授業態度はあまり成績に反映しない事が多く、生徒自身の成長に良くない。」

「日本の評価は判断基準が不明瞭だったりする。アメリカでは、課題の提出やスコア等すべて％にして表にし、いつでも見られるようになっているので、基本的にわかりやすく、不正も少なくなりそう（Aeriesというウェブサイトが利用されている）。アメリカ式の方が良い。」

「アメリカは学校のサイトから常に自分の成績が確認でき、提出忘れがないか等が確認できる。成績が毎日確認できるのは勉強のモチベーションにもなるため、ぜひ日本でも取り入れて欲しい。」

「日々の提出物とテストで評価。学校から貸与されるChromebookで成績は進捗が見れるので、改善できるところを知ることができて良い。」。

⑤学校のルール

「アメリカの学校は日本と比べ自由だった。人の迷惑にならなければ基本

注意されなかった (フード、イヤホンは取れと言われた)。日本では、先生によっ
ては水飲むのも禁止。」

　「自分が行った日本の学校は共学で、制服は小学校無し、中学ではあったが、
着なくても注意されない。女子は制服のスカートを短くして着ても注意され
ない。緩やかな規律だった。」

（4）学校における人間関係

　　＊学校で教師と生徒、生徒同士の関係がどのように築かれているかは、
　　　学校の文化の重要な要素であり、人格形成の重要な時期に吸収する価
　　　値規範の一部でもあるので、尋ねてみた。

①先生と生徒の関係

　「アメリカの先生は、生徒に対し知識の多い先輩みたいな立ち位置から知
識を教え、疑問を解決する。先生は生徒より知識のある賢い人というような
認識だと思う。日本では、先生と生徒の立ち位置はほぼ絶対で、先生が生徒
に一方的に知識を授けるような上下関係のはっきりしている関係性だと思う。
先生はいつも上であり、模範であるという印象。」

　「アメリカの学校では、先生と生徒の距離が近い。先生にインタネットで
メール出せる、授業の開始前に先生との会話がある。例えば、授業の冒頭で
クイズ出し、できたらキャンディーを配る等、親しみやすい存在だ。人間関
係が作られやすい。」

　「アメリカの先生は、日本より距離が近いように感じる。フランクに話せる。
先生の時間があいている時とか朝、ランチの時に話せる、Email できる、会
話できる。チュートリアルが週 1 回あった。日本では、礼儀正しくないと怒
る先生もいる。」「日本では、先生が教室に来たら、起立して礼。」「起立では
なく、座ってお辞儀をしていた。壁がある。」

　「アメリカでは、先生と生徒の関係というより、自分の両親や友達に近い
存在で、わからないことがあったら何でも質問していたし、クラスの相談だ
けでなく友人関係のことも相談していた。授業中に "Any question?" と聞かれ

ることが多く、気軽に質問できた。日本では、先生に対しての態度や言葉遣いなどを厳しく注意されるため、とても遠い存在に感じた。授業中シーンと静まりかえっていて、とても質問ができる雰囲気ではなかった。」

「アメリカでは、先生に Mr.、Mrs.、Miss をつけて呼ぶけど（ファーストネームではなく）、少数の例外はあるが、あまり権威的な先生はいない。日本ほど堅苦しくない関係。」

②生徒同士の関係：対等 vs. 上下

「アメリカでは、生徒間に日本ほど厳しい上下関係はない。同じクラスに複数学年いたりするので、年齢による上下関係は少ない。年齢は明らかに日本ほど気にされていないと感じた。」

「日本ではずっと同じクラスなので、友達ができる、小さいグループの中で仲良くなる。しかし、固まりやすい。アメリカではクラスの外に出て、仲良くなるネットワークを作り、複数のグループに属する。排他的ではない。しかし、生徒同士かなり競争的な面もある。スポーツは、友人を作りやすい。運動部でも上下関係はあまりない、能力がある人は年齢に関係なく尊敬される。」

「日本では HR が決まっており、先輩や後輩との関わりは部活動のみ。アメリカでは授業によっては色々な学年の生徒が交わっている。」

「自分がいた公立中学は、それほど厳しくはなかったが、敬語とか態度で学年による上下関係があった。バスケ部にいた。」

「日本の学校では、年齢／学年による上下関係強い。中学の部活でも、先輩には敬語使う。男子よりも女子の方がすごい。90 度のお辞儀。」

「女子校でも、年の差によって先輩後輩関係ができる。先輩には 90 度 3 秒のお辞儀。しかも、OBOG は卒業後もずっと続く。先輩は「○○先輩」と呼ぶ。「○○さん」と名前で呼ぶのはダメ。」

「先輩後輩関係あり、上は下を呼び捨て、下は上に対し敬語使う。上が「ため口でよい」と言ったら、下はため口で話せる。」

「同学年での生徒間の関係は日米で同じだが、学年が違うと、日本では先

輩後輩は敬語、ため口。学年で上履きの色が違うのでわかる。部活、特に体育系が上下関係強い。社交関係が狭められるから良くない。」

（5）日米の同年齢の生徒達を比較し、どう違うと感じるか？

　＊特に、行動、態度、自己意識、自信、自尊心（Self-esteem）等の面で、どう違っているのだろうか？

①自分の個性をアピールするか、没個性・同質化か

「日本では、今頃の年齢からクラスや団体のときでは“空気”を強調する、周りを大事にすることが多くなる。アメリカでは、“個人”を強調、アピールすることが多くなる。自分を社会に見せつけ、自分は役に立つ、または自分は面白い人間だということを強調する。」

「日本では没個性。自分の長所、短所は何かと聞かれたら、得意な科目とか部活に言及する。アメリカでは自分を高めるようなことを言う。得意なスポーツとか、話し上手だとか、フレンドリーだとか、自分が他人と違うことを押し出そうとする。僕は自分を出すことがポジティブである環境が好きだ。」

「アメリカ人は自分を表現する（服装等も含めて）。日本人は他人の目を気にして、個性の強さを主張するよりも、同質化してしまう。自分の意見があるけど言わない。反論される恐怖心が強い。」

「女子は露出の多い服や濃いメイクなど、自分を美しく強く見せようとしている人が多かった。自信が高い、または自信を高く持とうとしているように見えた。」

「大人っぽかった印象がある。高校生にもなるとメイクをし髪を染め、16才から免許が取れるのでどこかにドライブに行ったりしていた。大人としての扱いを受けるため自立心があったように感じる。日本ではメイクや髪染め禁止、制服のスカート上げ禁止などの禁止事項が多く、帰国して日本の高校生を見た時は子供っぽい印象をうけた。自立心はまだそんなに芽生えていない感じがした。」

「日本人は劣等感が強い、自信が弱い、人からどう見られるか気にする。アメリカの学校には色々な人がいる、違いの幅が大きい、働いている人もいる、入れ墨もいる（ファッションと見る）。Self-esteem、自信が高い。」

「日本人は自分を売ることをしない。自分を売り出すものが少ないから、日本から米大学への受験は不利になる。だから、アメリカの大学受験のための塾があって、どうやったら受かるか教えている。」

「日本では個性の違いの認め方が少ない。アメリカでは自分の意見を持つことを恐れない、無知はよくない。」

②人種による違いをどう感じたか？

「日本では英語教育（というよりも全体の教育）があまりいい方ではないと思うので、日本人学生は他の国の学生よりも英語に難儀する人が多いと思う。」

「アジア系が一番なじみやすかったし、話しかけてくれた。」

「同じ人種で固まる傾向はあったと思う（ヒスパニック、白人同士等）」「中国人留学生は固まっていた。中国系アメリカ人とは混じっていなかった。」

「アジア系は、自らの考えでというより、親が勉強させる。子供ができないと怒る。子供を自分のように育てる。アジア系はテストのスコアが高いので優秀に見えるが、白人はアタマの柔軟性があり、発明が多いのも白人だ。自分は親に押されてではなく、自分で勉強して成功したという自負がある」。

（*SAT のスコアはアジア系が圧倒的に強く、数学ではアジア系 637、白人 553、ヒスパニック 483、ブラック 457. 英語ではそれぞれ、586, 562, 495, 476: Fair Test, College Board, 2019 資料）

（6）アメリカの学校で特に良かった点、日本人が伸ばすべき資質は？

「アメリカの高校で 3 年間勉強したのはよかった。アメリカの大学受験まで準備期間が 2 年半しかなかったので大変だったが、自分で何とかしてきたことで自信ができた。視野の広がり、頭、思考の柔軟性を身につけた。しかし、今でも話すことは下手だと感じる。整理して話す力、フォーマルに書く力がまだ不足している。リーダーシップ、コミュニケーション・スキル、ソー

シャルスキル、人を引き付ける力は大切だから、日本の学校で積極的に育成すべきだと思う。アメリカの学校では、コミュニケーション、ソーシャルスキルを強制的にやらされるから身につく。中学からやっていて伸ばしている。生徒会長していた子は人を集める力があった。

　保健体育の授業で Living Skill 学習があり、自分の Management がうまい、On-off の切り替えが上手だ。何でも問題があったら、カウンセラーに相談できるシステムはよかった。」

　「のびのびとした学校生活を過ごせるのは良い。日本よりも早く自分の取りたい科目を取る選択肢が刺激になって、自分にはとても良かった。」

　「日本人学生は、ソーシャルスキルが足りない。積極性が不足。日本は減点法なので、皆の前で発言しない。暗黙知があるので発言しない。幼稚園から表現力を鍛える必要がある。」

　「まず第 1 に、英語力の向上（会話、アカデミックな英語、論文用英語に触れた）。第 2 に、視野の広がり。多数の人種、LGBTQ 等様々な性、文化に触れて視野が広がり、偏見が少なくなった。人種、思想、性格、行動、文化の多面的な見方ができるようになり始めた。常識や暗黙の了解に頼れない状況下に置かれることにより、自分の頭の中がアプデートされていく。第 3 に、新しい環境で色々な人に会い、相手の優れているところを見、自分に足りないものや課題点を見つけることができた。また、声を上げる勇気を得た。日本ではあまり自分の考え、思想を声に出すことはしないが、アメリカでは多くの人ができていた。第 4 に、マイノリティという経験ができた。日本では没個性だったが、アメリカでは"クラスでの 1 人の日本人"になった。第 5 に、性的マイノリティ、LGBTQ+ との出会いが大きな経験。親友 3 人のうち 2 人はバイセクシュアルで、他の友人も合わせて 5 人は LGBTQ+ だった。日本ではまだ LGBTQ+ 差別 (無意識が多い) が根強く、身近にカミングアウトしている人がいなかったが、アメリカで実はたくさんいる、彼らは自分たちと何ら変わらないことを身をもって知ることができた。学校には gender and sexuality club もあった。日本で身近に誰もカミングアウトしている人がいないのはいかに不自然なのかわかった。」

「私の通っていた日本の高校は古典的な学校だったため、特に同質性が高かったように感じる。同質性が一概に悪いとは言えないが、多様性も知ることが大切だと思う。アメリカという多様性社会に出てみて、視野が広がり人生がとても豊かになった。しかし、多様性も多様性で一概に素晴らしいものとは言えない。例えば、多様に生きることにより自分のもともと持っていた文化が分からなくなってしまうケースなどが考えられる。よって、個人的に私はアメリカの多様性社会の方が合っているが、多様性と同質性のどちらが良いかというのは人によると考える。」

「自主的に考える力の育成が大切だ。日本の学校では、自分がすることを自分で考えてするという機会がない。夏休みに一つだけ自由研究があったのみ。アメリカでは、するべきことの指示が出されても、これはどうかというように自分の考えを言いやすい。与えられたトピック・課題に沿っていれば、指示された以上のことをすればプラス、Creative と評価される。今のアメリカの学校が力を入れていることが「4C1R」で、学校のあちこちの壁に貼ってある。Collaboration, Creativity, Critical thinking, Communication, Resilience（壁にぶつかった時に乗り越える力）だ。」

【まとめ】アメリカでは 1960 年代に教育的・社会的不平等の是正が重要な課題となり、70 年代以降多くの教育理論が発展し、現場にも反映されてきた。教育が社会的不平等の維持、再生産をしていないか、教育を通して社会的平等を前進できるか、個人レベルでは教育がいかに生徒をエンパワーし、知の創造者となり、能動的に社会にかかわる主体（エイジェンシー）を育成できるか等をテーマに、カリキュラム（教育内容）、ペダゴジー（教育方法）、学校の組織や文化（人間関係、権威の構造、規律、価値規範等）について議論され、改革されてきた。

科目やレベルの選択肢の多さ、自由度の高さは、生徒の自主性、判断力、自己管理能力、独立心を培う。先生＝主体・権威・教える、生徒＝客体・教えてもらうという上下関係から、より平等的関係へと変わってきた。講義中心の受動的学習ではなく、生徒が主体となるインタラクティブな参加型授業

が価値づけられ、質問や発言、ディスカッション、プレゼンテーション、課題の調査、資料の読解・分析、考察、グループ協働学習、多様な視点の理解、クリティカル思考、そして生徒が知の創造者となることが重視される。インタラクションの多さで、発話力、自己表現力、リーダーシップ、コミュニケーション・スキル、ソーシャルスキルを身につける。これらの資質は、加速的社会変化とグローバル化の進行のなかで必須の能力であろう。

2.　グローバル化が進む中で教育をどう変革するか

（1）「学校文化」の変革を

　教育は学校におけるカリキュラムだけでなく、ティーチング・ラーニングがどのように展開されているか、どのような人間関係が作られインタラクションがあるか、教室さらにキャンパス全体の文化、どんな価値規範が直接的、間接的に伝えられているかも大切だ。このことは、すべての段階の教育において言えるが、特に人格形成、思考や判断力が伸長する時期においては一層重要である。

　筆者はかつてスタンフォード大学の「成功の文化」について書いた。「キャンパスを包む文化は、人的リソース、財源や物的インフラと同様に、教育に重要な文化資本であり、そこにいる人々の思考や価値観の形成に作用する。チャレンジ、クリエイト、イノベート、チェンジ・ザ・ワールドといった言葉にあらゆる機会、場で触れる。活気に満ちたキャンパスや教室、成功や達成を奨励する文化、チャレンジや創造を価値づける文化は、学生のモチベーションを高揚し成長させる。「成功の文化」は成功の土壌である。」（筆者著『スタンフォード』pp.15, 316）[3]

　スタンフォードの教育学の教授がある時、「指導学生の 1 人のアジア人留学生は、研究プランについて話すため時々会いに来るが、自分からこういうテーマでこういう方法で研究したいと言わず、アドバイザーの指示に従って研究するものだと思って黙って指示を待っている」と言った。私は「その留

学生の国は、文化として個人の自発性や自主性を価値づける社会ではないのだろう。日本にも"指示待ち族"という表現がある。上下関係が強い社会では、下は自発的積極的に発言や行動しにくい。その学生もきっと強い上下秩序の中で指導教授の指示に従って研究するという姿勢が強いのだろう」と答えた。

「4C1R」を重要な教育的価値として校舎のあちこちに貼っている学校で、生徒は日々の生活の中でそれを学習していく（上述）。「生徒の自発性、積極性、リーダーシップ、創造力、クリティカル思考、コミュニケーション・スキル、ソーシャルスキル、自己表現力等の育成の重要性」は、アメリカの高校経験者たちが共通に指摘している。日本の教育においても強調されてきたことは言うまでもないが、学校の文化・価値として、意識的積極的に実践されてきたとは言い難いのではないか。日本の学校の日々の諸活動すべてにおいて浸透させていくべき教育的価値であろう。

（2）学校と社会にある上下関係の相互補強性を破るために

人は言葉を学び、言葉を使って思考し行動するが、言葉にはさまざまな意味が含まれており、人の思考や行動を無意識的に枠はめし、現実を作る。それ故にアメリカのさまざまな差別撤廃運動は、言語の中にある性・人種等にかかる差別的表現を廃止し変更していった（例：チェアマン→チェアパーソン）。英語の you は誰に対しても使用できるが、日本では「あなた」はダメである。英語は言葉による上下関係が緩いのに対し、日本語には性や年齢による上下関係を含蓄する表現が多くあり、あまりにも当然化していて意識されることもなく使われている（例：主人、家内）。

年齢は日本のタテ社会の上下の主軸を構成している。本来平等であるべき中学ですでにその学習が始まっている。職場はもとより、社会的交流の場においても年齢による秩序編成が行われ、あらゆる状況での年齢へのこだわりの強さの源流になっている。在学中、卒業後の OBOG、入社・入省年と続き、年功制度は能力よりも年齢、勤務年数を基礎にし、応募資格には 35 歳の壁というように、年齢は至る所で使われてきた。社会的影響力の大きい大手メディアも、年齢に対するこだわりは著しく強い。日本に行く外国人はひんぱ

んに年齢を聞かれる。はじめまして、どこから来たのですか、何をしている
のですか、その次にくるのが、How old are you? のようだ。

　アメリカでは学校でも職場でも社交でも年齢をあまり気にしない。1964
年公民権法は包括的差別禁止法だが、年齢差別禁止については 67 年に続き
いくつかの法が制定された。求人・採用等に当たっての性別・年齢・既婚等
の情報要求も、それが職務執行に直接関係しない場合は差別になりうる。定
年退職制も廃止された。

久保山皓平さん

　東大工学部で数理工学を専攻して 15 年財務省入省、UCLA（カリフォルニア
大学ロサンジェルス校）で MBA 修得、SpesDen の設立 CEO。

　12 歳で私立名門中学校に入学、高校卒業まで在学した。中学では寮生活を
した。中 1 〜 3 年の 8 人が同じ部屋で生活し、プライバシーなし。上下関係
は非常に厳しく、中 3 は絶対君主的な存在であり、敬語で話す。学校と寮だ
けの生活で自由空間がなく、逃げ場がないので慣れる他なかった。スマホも
禁止されていた。高校では 14 人で下宿、1 人 1 部屋あった。当時の授業は講
義中心でディスカッションや生徒からの質問はほとんどなく、先生が当てる
ことはあった。プロジェクトはなかったので、授業で生徒同士が話すことは
ほとんどなかった。ディスカッションの場はもっぱら寮・下宿で、多様な友
達と語り合った。リーダーシップの経験としては、学校行事の体育祭の応援
団長をした。

　日本人は自分の人生に対する Ownership 感が少ない。同質圧力が強いので、
他の人と違うことをすることは恥ずかしいと感じ、また違うことをすると先
生から怒られる。小学校で、和太鼓を自分は正しいリズムで打っていたのに、
他の生徒と違っていたため、和を乱すなと先生に怒られたことがあって、言
葉にできない悔しさと違和感を感じた。社会に出る前に、学校ではもっと色々
試し失敗も許されるべき。言われたことを受動的に行う学校のシステムが、
Ownership 感の欠如の一因を担っている。

　上下関係は文化として根付いている。上下は能力ではなく、年齢によるこ
とも多い。高校卒業後も上下関係はあるが、大学で多少年齢が混ざる。そし

て就職で入社、入省何年組という上下関係ができる。

　UCLA でアメリカの教育や文化に触れ、起業して教育を変革しようと考えるようになり、財務省を退職し、SpesDen を起業した。日本の学校では自分で考えて行動する機会が少ない。集団での一方通行授業では知識の学びにも無駄が多いが、テクノロジーによる個別最適化で先生や生徒の時間を効率化し、生徒のソフトスキルを育む授業や、生徒が自分の好きなことや目標を見つけ能動的に取り組む時間や環境を創り出すことをめざしている。検索アプリ「okke（オッケ！）」は、良質な授業動画を単元・レベル別などで効率よく検索でき、高校生の自習を助ける。」(2021.2.20 インタビュー)

　シリコンバレーのイノベーションの推進力は若手だ。若手の創造力を活かせない社会はリソースの無駄になる。グローバル化、DX が急速に進行する今、若手の柔軟な思考こそ活かしていく必要がある。上下関係の秩序に置かれて意識的、無意識的にそれを受け入れ、秩序の構成員となり維持者となるのではなく、自らクリティカルに思考し判断し行動する主体（エイジェンシー）を育てる教育こそが、グローバル化にふさわしい社会へと変革していくには必要となる。

（3）異種排除的同質化からインクルーシブな社会へ

　日本は同質的社会と言われてきた。では、「周囲と異なる人たち」「自分のなかに多様性もっている人たち」は、日本でどのような経験をするのだろうか？社会自体が多様であるなら、それほど他との違いや自己の多様性に葛藤を経験しないかもしれないが、同質化社会にあって自分を見つめ自分のアイデンティティについて深く考えながら成長してきた人々の声を聞いてみよう。

シルバーマン スカイラーさん（高校生インタビュー参加者の 1 人）
　日本では、違いはネガティブになる、出る杭は打たれる。自分は、顔よりも、名前で他の子と違っていて、ハーフだと言われたこと、違う扱いをされた経験はある。違うのは悪いかなと感じたことはある。日本は差異によって仲間外れにすることの問題意識がない。違いについて学ぶ機会がない。見た目が

違うのは悪いことではないことを学ぶ機会がない。

　自分の属するところが明確にはない。東京とも言えない、日本人 100％とは違う、アメリカ人というわけでもない。しかし、自分にとってそれはプラスになると考えている。ハーフで困っている人もいるけど、自分にはプラス。家と外で違いがある生活で育ってきたことで、得していることが多い。父はサラトガ生まれで日本に 30 年近く住み、母は日本人、家庭では全部英語で話し、学校はずっと日本の学校に行った。父に英語の書き方教わった。小さい時から　父のアメリカ人の友人家族との交わりがあった。

　アメリカの高校はカトリック系だけどあまり宗教的なことはない。通学生に加え、寮生は 50 人、男女各 25 人だが、非常に国際的で 13 ヵ国からの生徒がミックス、2 人部屋で 1 年目はルームメートを割り振られたけど、2 年目からは選べる。寮生活は楽しい、友達を作れる。自分を自由に出すことがポジティブな社会アメリカが好きだ。

並里あけみさん

　ペルー生まれ、2005 年 4 歳の時に父母が日本に移住、ずっと日本で育った。父はペルー人、母は沖縄出身の日系ペルー移民 2 世、日本語は話せない。日本語の話せない外国人の仕事は工場労働しかない。移民の多い群馬県に住み小学校に通学、4 年生ころからいじめ、差別的発言を経験、「外国にルーツがあることにコンプレックス」を抱いた。友人はいなかった。愛知県西尾市に引っ越し、中学校では「外国ルーツは恥ずかしい、日本人になりたい」と考えていた。クラスで後ろの席の外国人の子が机を離されるというようないじめを受けていた。はっきりとではなく、それとなくする見えないいじめは、先生に言いにくい。学校では友達もできず、全然話さず、移動教室や給食時間、ペア活動ではいつも 1 人ボッチ、勉強とテニスだけが逃げ場だった。テニス大会を見に来た両親を恥ずかしくて避けたら、父が激怒して言った。「日本人ぶっても無駄だ、一生日本人として見られることはない、鏡を見ろ、日本人から見たら、お前は外国人、外部の人間だ。」自分は外国人として生きる他ないのかと考えた。学校に相談しても、見えないいじめだから、何も起きない。親とは価値観が違いすぎ理解してもらえない。父母の教育は　「人生は苦しいこと多い。我慢して現実を受け入れろ、頑張って困難を乗り越え強い人間になれ、

成長するチャンスがある。」

　高校では、男子が陰で目立つ女子の悪口を言っていたので怖くてひたすら目立たない様にした。「普通」をめざした。しかし「普通」って何？「普通」ができなくて自分を責めた。失恋後、自己肯定感の低さに気づき、自分に向き合い、自分を肯定しようとした。海外の価値観、音楽、ロールモデルに触れ、「外国人として生きよう、ラティーナとして生きよう、それが本当の自分だ」と思うようになった。18年4月群馬県立女子大学国際コミュニケーション学部入学。自己肯定感を高めること、人と多くかかわることに努め、最高の仲間と出会い刺激を受けた。2年の時カナダ留学。周りの目を気にせず、自分らしくできた。14年ぶりにペルー訪問、マチュピチュ行き列車が故障で停車した時飲み物とお菓子が配られたが、沢山取る人達に、まだ全員に回っていないと言ったら、「日本人的だな、ラティノはまず自分第一だよ」と言われ、日本人としてのプライドを発見した。日本では外国人として見られるから、外国に行った方がよいと思っていたが、自分は日本にいるべき人間だと感じた。自分の中にある「多様性」を受け入れ、自分は自由だと感じ、楽になった。個人のもつ多様性を押し殺している外国人や日本人のためになることが、自分の使命だと感じた。コロナ禍でカナダから帰国し、日本語がわからない外国人に日本語を1対1で教えるオンライン塾を立ち上げた。いずれは教育者になりたい。今は自信を持ち、自分はまだ伸びしろがあると思い、多様性のある自分の性格を出すように意識して行動している。周りの人にプラスのインパクトを与えていると感じるようになった。（2021.2.21 インタビュー）

鶴田晴美 / 金春燕さん

　中国生まれ、11歳の時に来日。祖母は日本生まれの日本人だったが残留邦人となり、中国人と結婚し母が生まれたが、反日感情や文化大革命もあり、日本語は一切教えなかった。母は中国人と結婚し、私と妹が生まれ、中国東北部の小学校に4年まで通った。93年に家族で帰国し山梨県に住んだ。私は11歳で日本では小6だったが、日本語が話せなかったので、小4に編入。中国名だといじめられるかもしれないということで、日本名（通称）で登録。同じ学年の子より2歳上で体も大きく、年齢でいつも嫌な思いをした。小4〜6では直接のいじめはなかったが、グループで何かをする時に仲間に入れたく

ないという姿勢をとられた事はあった。昼休み時間はいつも小1の妹のクラスに行って小さい子達と遊んでいた。「普通」になりたい、親と一緒にいるのを見られるのは恥ずかしい、自分は外国人ではない、日本人だと思いたかった。中学では、「普通」に見てもらえるように、自分の過去を知られないように気を付けた。家族を嫌に思った。隠そうとすればするほど、それを嫌に感じた。しかし良い先生に恵まれ支えられ、友達もできた。日中学校交流ツアーに参加し通訳をした時、自分の中に日中の血が流れていることに誇りを感じた。高校で名前を本名（中国名）に替えた。名前だけで差別されることもあったが、色々な先生に支えられた。

　大学は年齢の違う人が色々いて年齢コンプレックスが解けた。留学したが父の病気で帰国。父の死後、日本語の不自由な母は中国に帰った。仕事を探した時、名前が中国名だったため、外国人は雇わないと言われた。そこで名前を日本名に戻した。今のパスポートは日本名。名前をコロコロ変えたのは、アイデンティティが一定していなかった表れだった。自分の中には中国的部分と日本的部分の両方がある。

　小4まで通学した中国の学校は1クラス70人。学級委員から係担当、班長まで成績順に割り当てられ、保護者会では成績順に全員の名前が貼り出された。だから親は子供にいつも勉強しろとプレッシャーをかけた。日本の学校では、学級委員になりたい人があまりおらず、私は中国の学校での経験があったので、日本語がわからなくても、自ら手を挙げて学級委員になろうとした。日本に来て日中両方を見れるようになった。中国はまだ多様性が少ない。外に出ないと違う世界を知らず自分たちのすることが当たり前だと思いがち。近年中国経済は著しく成長し先進国並みの生活レベルに達したが、他者への配慮が少なく、人々のモラルは追いつかずまだ低い。ゆがんだ競争社会によって今の中国社会が作られていると感じる。逆に日本は和の教育を大切にし過ぎて、個々の意見や個性を出しにくい状況にあり、もっと個々人の考えを尊重する社会になっても良いのではないかと思う。今はアメリカ人と結婚しシリコンバレーに住んでいる。（2021.3.5 インタビュー）

　黒人と日本人のハーフにインタビューする機会は残念ながらなかった。「半分黒人と半分日本人のドキュメンタリー（2020）」（YouTube）が参考になる。
　アメリカが多様性の国であるなら、対照的に日本は伝統的に同質化が強く、

「異種なるもの」への寛容度の低い社会であった。わずかな「違い」が排除の理由となった。しかし、排除は対象者を個人レベルで傷つけるだけでなく、社会にとっていかに大きな人的リソースの無駄であるか理解できよう。家庭で、学校で、地域社会で一人ひとりの多様な存在の理解と価値づけが必要である。グローバル化とは多様性の共存と価値化であり、両者は表裏一体である。グローバル化は必然的に多様化を進め、多様化がグローバル化をさらに進展させる。

（4）多様性を価値づける社会に変革するために

　グローバル化で経済活動のみならず、人、情報、文化も国境を越えて行来する。だからグローバル化は、均質的社会に多様性を持ち込み、その共存、さらには豊かな文化的ミックスへの移行となりうる。

　日本の人口減少、労働力減少が続く中で、「女性」「65歳以上人口」の活用および「外国人労働者」の増加が必要となっている。日本人人口は2009年をピークに減少し続け、19年は過去最大の50万人減で、1億2427万人となった。一方、外国人人口は20万人増加して総数287万人となり、日本の総人口1億2714万人の2.3％を占めるようになった。そしてその半数は20〜39歳層の若い人口である（総務省人口動態調査）。

　女性の社会進出については、その遅れが外国から指摘されてきた。「世界経済フォーラム」は2006年から男女格差を指数化して分析しているが、「ジェンダーギャップ・レポート2021」で、日本は156ヵ国中120位、特に女性の管理職、技術職、政治家でのギャップは大きい。アメリカ女性達の各分野での活躍に比べると、日本は著しく遅れていると言わざるをえない。最近は日本の大企業の管理職、取締役会への女性の増加の努力がされているが、外圧を受けての企業イメージ改善姿勢ではなく、組織に多様性を持ち込むことは本質的に価値あるものとする考え方が根付く必要がある。

　多様性の価値化は、社会的平等への配慮であると同時に、多様性が強さをもたらすものとして価値づけることである。硬直的なタテ秩序に風穴をあけ、より流動的なヨコ的関係へと移行する力になるのではないだろうか。

①多様性の価値化とは？

　移民の国アメリカでも決して最初から多様性を尊重してきたわけではない。ヨーロッパ移民中心だったときは、新移民は先着移民が作った主流文化（言語、社会規範等）を学習し、「アメリカ人」になる努力をした。子供の世代になるとアメリカ文化に同化し、「均質的アメリカ社会」の一員となった。「人種のるつぼ論」は、多様な人種・民族の移民が持ち込む多様な文化が高炉の中で熔かされ、「単一の均質的文化」を構成するという考え方だった。1960年代の公民権運動と「64年公民権法」に続く「65年移民法」が、移民政策における人種差別を廃止し、特にヒスパニックとアジア系の移民増となったが、母国の言語、文化を維持する傾向が強くなった。そして「単一の均質的文化は主流のアングロサクソン文化であり、その文化への同化を強制し、移民が持ち込む多様な文化を否定する」と批判し始めた。多様な文化の共存の議論として、サラダボウル論、多文化主義等が論じられたが、近年は、「多様性の価値化」が広く使われるようになった。人種、ジェンダー、性的指向その他による違いについて、単なる寛容ではなく、積極的に理解し、同質性よりも多様性の方がより価値あるものを生み出すとポジティブに考える。

　「多様性」の価値化はまず教育において、「学生の多様性の教育的ベネフィット」として論じられた。その後、職場の労働者構成、マネッジメント、リーダーシップ、色々な組織や活動で強調されるようになった。同質集団内での心地よさに比べ、異質集団との交わりには困難やストレスはあるものの、情報の豊富さ、異なる視点が知的刺激となり、より深い議論になる。意見対立の解決のための努力と柔軟さ、よりよい決定、創造力、革新力を生み出す。「同質性」が安定をもたらすのに対し、「多様性の価値化」はダイナミズムを生み出す（筆者著『アメリカの社会変革』pp.58-63, 107-13.）[4]　近年非白人勢力の拡大に抵抗する白人至上主義が再び台頭しており、人種をめぐる衝突は続いているが、バイデン政権は多様性の重要性を強調している。

②グローバル化で活躍する人財育成

グローバル化社会においては世界の多様な文化、思考の理解が要求される。国際化は多様化につながり、多様性は変化の原動力となり得る。海外を経験した帰国子女の増加（第8章参照）、日本に留学や仕事で生活する外国人の増加、ハーフの増加等、日本の国内にあっても多様性は増えている。これらの多様性を有する人々を同質化からはみ出た存在として排除するのではなく、学校でも職場でも地域コミュニティでも貴重な教育的・人的リソースとして価値づけることが大切であろう。

日本の外国人留学生は31万人、その94％がアジアからの留学生で（中国、ベトナム、ネパール、韓国、台湾等トップ12か国がアジア）、20年間に5倍増している（日本学生支援機構 JASSO、「高等教育機関と日本語教育機関在学」2019.5.1）。

一方、日本人の海外留学生数 (2018) は11.5万人、行く先の多い順にアメリカ2万人、オーストラリア1万人、カナダ1万人、韓国、中国、イギリス、台湾、タイ、フィリピンと続く。アメリカをトップとする英語国への留学の多さは変わらないが、留学先の多様化とアジア人気の上昇がある。滞在期間を見ると66％が1ヵ月未満、76％が3ヵ月未満、1年未満が98％というように、短期留学が圧倒的に多い。長期動向を見ても、2010年以降の大きな留学生数増加は主として1ヵ月未満留学の3倍増によっている。1年以上の長期留学はむしろ平坦か減少気味だ。

アメリカの大学への日本人留学については、IIE (Institute of International Education) Open Doors によると、70年代から増え始め、85年以降急増した。しかし、97/8年の4.7万人をピークに減少を続け、19年には17,600人、ピーク時の4割に減り、アメリカの大学の全留学生に占める割合は1.6％となった（最大の留学生グループは中国の37万人、35％のシェア、2位インドは19万人で18％のシェア、3位は韓国5万人で5％）。一方、アメリカ人学生の日本留学はこの間漸増し8,900人になっている。（**図10-1** 参照）

シリコンバレーでの短期研修については第9章が取り上げているが、統計に出てこない大学生、高校生対象の春夏冬の休みを利用した短期の語学その

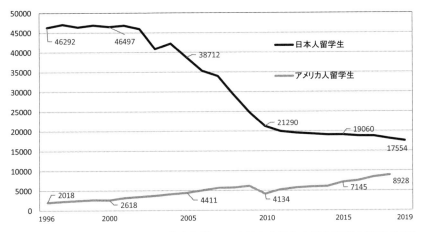

図 10-1　アメリカの大学への日本人留学、アメリカ人学生の日本留学の推移（IIE）

他の研修は非常に多いと思われる。この 1 年間はコロナ禍で、留学生も日本からのオンライン授業参加が多かった。短期研修もオンライン化した。オンライン語学学習も普及している。日本の大学の国際ランキングの低さの一因となっているのが国際性の低さ（ファカルティ、学生）だが、日本への外国人留学生も増えている。若い世代が交流を通して、言語とともに、その基底にある異なる文化や考え方や価値観にも触れ、多様性の学習の機会とすればより有意義であろう。

　留学ではないが、JET(Japan Exchange &Teaching) プログラムは、日本の学校で外国語指導助手、一部は地方自治体の国際交流業務等に携わり、19 年には 57 ヵ国から 5,800 人が参加。1987 年の開始以来、75 ヵ国から 7 万人以上が参加、うちアメリカ人 3.4 万人が参加している。地域レベルでの草の根の国際交流を推進する。1955 年に始まった日米の姉妹都市協定は 80 年代後半に急増し、今日全米で 450、カリフォルニアで 100 を超え、中高生の相互訪問交流、市民交流、経済交流等の草の根レベルの交流の機会となっている。

　グローバル化の進展によって、日本国内においても多様な人々、文化、言語にふれあう機会は増えている。海外留学や研究滞在、各種研修、あるいは旅行の機会も著しく増えている。これらのさまざまな機会を有効に効果的に

活用し、グローバル社会で活躍できる若い人財を育てていくことが必要である。それは日本社会の多様化を進める力ともなり、グローバル化を押す力ともなる。

おわりに

　教育が社会を作り、社会が教育を作っている。相互依存、相互補強の関係にあるが、どこかに変化が生じれば、相互に変化を生み出す力となりうる。学校は単なる知の伝達の場ではなく、文化や価値規範を学習し、主体性や人間性の形成にかかわる。グローバル化が一層進展する社会にあって、若い世代がどのような学校教育を通って育っていくか再考察することが必要であろう。日本の国内にあっても国外に行っても、多様な文化との交流の機会は著しく増えている。単なる語学学習を超え、異なる言語、文化、生き方、考え方に触れ理解し合うことはますます重要になっている。多様な文化や考え方に触れてこそ、自分の国、地域さらに自分自身が取り込んできた文化や思考をクリティカルに再点検し相対化できる。違いを受容しより豊かな思考に至ることができる。同調圧力の強い文化は創造力を生み出すのではなく、むしろ潰す。異なる考え方、視点に触れ、チャレンジされることから創造力、イノベーションが生まれる。

　人の直接的交流はコロナ禍で制限されたが、デジタルテクノロジーが地理的制約を超えての交流を可能にし、新たな地平を開いてきた。デジタル化とグローバル化は共に教育と社会を変革する大きな力をもっている。

注

1　シリコンバレーへのアジア系流入は著しく、過去10年間で白人割合39→33％に減少、逆にアジア系は29→35％と最大グループとなった。ヒスパニックは25％。また海外生まれが同地域人口の39％、雇用労働者の48％、テク系労働者の64％を占める（Silicon Valley Index 2021）。アジア系は優秀な学校に集中する傾向が強い。ちなみに、全米では、アジア系6％、白人76％（非ヒスパニック白

人 60％）、ヒスパニック 19％、ブラック 13％、原住民等 1.5％だが、カリフォルニア州では、アジア系 16％、ヒスパニック 39％と高く、白人 72％（非ヒスパニック白人 37％）、ブラック 7％、原住民等 2％。全米のアジア系人口の内訳は 2019 年で、中国系 500 万、インド系 430 万、フィリピノ系、ベトナム系、韓国系と続き、日系は 150 万で 6 位。

2　Gunn High School, Palo Alto のカリキュラム（スクールサイトより）

社会科学（世界史、US 政府、現代史、US 史、経済学、心理学、US 外交政策等の選択科目）、英語（西洋文学、西洋文明、古典、分析的作文、文学を通した哲学、コミュニケーション、シェークスピア、神話、フィルム等の選択科目）、数学（代数、幾何）、サイエンス（物理、バイオ、化学）、外国語（スペイン語、仏、独、日、中から選択）、Visual/Performing Arts（アート、楽器演奏、コーラス、シアター）、選択科目として、体育、キャリア・テクニカル教育、Living Skills がある。

キャリア・テクニカル教育は、21 世紀の職場とグローバル経済に必要なコミュニケーション、クリティカル思考、問題解決、テクニカルスキルを学ぶようデザインされているが、実に沢山ある：ビデオ制作、メディアアーツ・ジャーナリズム、グラフィックデザイン、ビジネス＆ファイナンス、アントレプレナーシップ、家族消費者科学（料理、スポーツ栄養、繊維＆ファッションデザイン、インテリアデザイン）；教育・子供の発育・家族サービス、保健・医学テクノロジー、刑事法・法制度；エンジニアリング・自動車テクノロジー（ロボティックス、デジタルエレクトロニックス、コンピュータサイエンス、プログラミング）等。Living Skills は、個人の健康と well-being のスキルと知識の学習で、アイデンティティ、影響力、個人性、コミュニケーション、健康、ドラッグ、性教育、15 時間のコミュニティー・サービス。特別支援プログラム、仕事＆学習プログラム、Blended Program（対面式とオンラインの組み合わせ科目）も提供。

3　ホーン川嶋瑤子（2012）『スタンフォード　21 世紀を創る大学』東信堂

4　ホーン川嶋瑤子（2018）『アメリカの社会変革 人種・移民・ジェンダー・LGBT』ちくま新書

おわりに

　テクノロジー革新の加速とグローバル化の進行の中で、「知 /Knowledge」は、新しく次々に創出されていくという動的な概念としてとらえる必要がある。知識は短期間で古くなるので、これまで蓄積されてきた知識の暗記的学習を中心とする教育は不適切になる。知の革新のスピードに対応し、さらに知の創出に積極的に参加する人財を育てるためには、どのような教育が必要だろうか？本書は、主体的能動的学習力、好奇心、クリティカル思考力、課題の発見力の育成、ディスカッション、コラボレーション、インタラクションの有用性、発話力、自己表現力、コミュニケーション・スキル、ソーシャルスキル、リーダーシップ、チャレンジ精神等の人格特性やスキルの重要性について論じてきた。

　「クリティカル思考」とは、知識をそのまま鵜呑みにするのではなく、自分自身で分析し再考察するプロセスである。日本の文化における「批判的」は、しばしば対象に対する否定的な見方を意味するため、批判を避け批判されることを恐れる。しかし「クリティカル」はネガティブではなく、建設的なプロセスである。「チャレンジ」は、シリコンバレーの技術革新を推し進める力である。チャレンジには、失敗を成功の源泉としてポジティブに評価しそこから学ぶ姿勢を価値化するという「失敗を受け入れる文化」が必要である。

　人格形成や知とスキルの習得は、生徒が自己をどう認識し、周囲や社会をどう見てどうかかわろうとするかの姿勢に深く関連する。青少年意識に関するいくつかの国際比較調査を見てみよう（「子ども・若者白書」内閣府 2019 年版、「高校生の留学に関する意識調査報告書」国立青少年教育振興機構 (2019.6)、「18歳意識調査第 20 回：社会や国に対する意識調査」（日本財団　2019.11.30）。どの調査も共通して、他国と比べて、日本人若者は際立って「自己肯定感が低い」ことを示している。「自分自身に満足」「自分には長所がある」「今の自分

が好きだ」「自分は他の人々に劣らず価値ある人間だ」と考える日本人の若者は、他国の若者よりはるかに少ない。逆に「自分はダメな人間だと思うことがある」「自分は役に立たないと強く感じる」が他国より多い。

　自己についての色々な英語表現に対応する日本語には、自己肯定感、自己評価、自尊心、自信、自己有用性、自己価値、自己満足感等がある。しかし、例えば、自尊心や自我意識の強さは、日本文化の中では常にプラスに評価されるわけではない。学校ではいじめの対象になりかねないので、目立たない、自己を小さく見せる、謙遜するという姿勢になりがちであり、それが自己評価を低下させているかもしれない。日米の教育における文化的差異もある。アメリカでは親も教師も子供の作業を「素晴らしい」「才能あるね」と褒め、子供の自己肯定感、自己評価、自信を高める。一方日本では、不完全な部分を指摘することによって一層の改善を促す傾向が強いが、これは必ずしも自信、自己評価を高める効果があるとは言えない。子供が自分を肯定し自分は価値があると考えて自信を持つ方が成長のエネルギーとなるだろう。

　「自分の考えをはっきり伝えられる」「うまくいくかわからないことにも意欲的に取り組む」「自分から進んで物事を考え、社会のリーダーになるような生き方をしたい」「自分は責任ある社会の一員だと思う」「自分で国や社会を変えられると思う」「自分の国に解決したい社会課題がある」と考える日本人若者の割合は調査対象国の中で一番低い。「将来への希望を持っている」「自分の国の将来は良くなる」と考える若者は少なく、逆に「自分の将来に不安を感じている」「自分の国の将来は悪くなる」が多い。国が急速な発展を続けている中国の若者は、これらの項目すべてに非常にポジティブな回答をしている。教師に転職して教育現場に飛び込んだ方にインタビューさせて頂いた時の語りを改めて思い出す――「この学校は優秀校なのでトップの生徒たちはほっておいてもどんどん伸びていくが、その下の層は、長い経済停滞のなかで企業戦士として長時間働く親の姿に自分の将来を投影し大きな夢もなく冷めた目で将来を見ている。自分はこんな生徒たちを後押しして伸ばしてあげたいと思っている。」――リーダーシップやチャレンジは、同質化圧力の強い文化では潰されやすいし、現状維持傾向の強い社会からは育ちにくい。

　グローバル化とはいえ、日本人若者の「留学への関心」は調査対象国の中で一番低く、「語学の習得」を目的とする半年から１年未満の短期留学希望に集中している。海外の多様な文化や若者との交流は、多くの刺激を受け新たなエネルギーを得る機会になるのではないだろうか。

　アスリートという言葉の使用が増えているが、選手とどう違うのか？「アスリート」は自分で考え、発言する自律的個人のイメージがあるのに対し、「選手」は上下的な組織の中に置かれ、権威ある人に(監督やコーチ)から言われたことを一生懸命実践する人というイメージがあるという説明があった(スタンフォード大学 APARC 主催 Japan Program ウェビナー 2021.5.6 でのパネリスト有森裕子さん、為末大さんの発言：youtube.com/watch?v=48dOenomElw)。上下関係は、学校を含めて社会の至る所に当たり前の規範として浸透しているが、個人の主体性、創造力やリーダーシップ、自由なチャレンジを阻害する(第 10 章)。

　新しい社会価値、文化規範が必要であり、それに対応する教育が必要である。そこから出ていく人財が新しい社会を支え、新しい社会を作っていく力となる。教育の抜本的改革は容易ではないが、これまでの教育の延長では対応できない時代になっている。問題点の認識、危機感の高まった今こそ、改革について論じ、実践を推進する好機ではないだろうか？

　コロナ禍によって１年半近い社会経済、教育の未曽有の混乱となったが、その経験をもとに教育が大きく変わろうとしているこの時期に、学際的かつ日米比較を含むエッセー集を上梓できました。本書がこれからの教育のあり方の考察と実践に有益な示唆を提供をすることができれば幸いに思います。

　末尾ながら、多数参加のエッセー集のとりまとめに丁寧に対応して下さった東信堂の下田勝司社長と編集担当の下田奈々枝さんに、紙面にて一同お礼申し上げます。

2021 年 6 月　シリコンバレーにて

ホーン川嶋瑤子

事項索引

300

人名索引

執筆者紹介 <small>(執筆順)</small>

ホーン川嶋瑤子（Horne かわしま　ようこ）（編著者、第6章、第10章）
　著述業。研究分野は教育と労働、アメリカの社会分析、ジェンダー等。東京大学法学部卒、パリ大学教育学修士、UNESCO 勤務。その後、スタンフォード大学で教育学博士＆経済学修士修了。US-Japan Women's Journal: A Journal for the International Exchange of Gender Studies 創刊編集長、お茶の水女子大学ジェンダー研究センター教授、東京大学大学院教育学研究科非常勤講師等歴任。
　主な著書『アメリカの社会変革：人種、移民、ジェンダー、LGBT』（ちくま新書2018）、『スタンフォード　21世紀を創る大学』（東信堂　2012）、『大学教育とジェンダー：ジェンダーはアメリカの大学をどう変革したか』（東信堂　2004）

石井英真（いしい　てるまさ）（巻頭対談）
　京都大学大学院教育学研究科准教授、博士（教育学）。専攻は教育方法学（学力論）。日本学術振興会特別研究員（PD）、京都大学大学院教育学研究科助教、神戸松蔭女子学院大学人間科学部専任講師を経て現職。中央教育審議会初等中等教育分科会教育課程部会臨時委員。初等・中等教育段階の先生方と協働で、現場での授業改善を軸にした学校改革にも取り組んでいる。
　主な著書に、『再増補版・現代アメリカにおける学力形成論の展開―スタンダードに基づくカリキュラムの設計』（東信堂 2020）、『授業づくりの深め方』（ミネルヴァ書房 2020）、『未来の学校―ポスト・コロナの公教育のリデザイン』（日本標準 2020）など。

堀田龍也（ほりた　たつや）（巻頭対談）
　東北大学大学院情報科学研究科教授、東京学芸大学大学院教育学研究科教授（クロスアポイントメント）。博士（工学）。東京都公立小学校教諭、富山大学教育学部助教授、静岡大学情報学部助教授、独立行政法人メディア教育開発センター准教授、玉川大学教職大学院教授、文部科学省参与等を経て現職。国立教育政策研究所フェロー、静岡大学客員教授、信州大学客員教授も併任。
　中央教育審議会委員、文部科学省「情報活用能力調査に関する協力者会議」主査、「デジタル教科書の今後の在り方等に関する検討会議」座長、「教育データの利活用に関する有識者会議」座長等を歴任。2021年より一般社団法人日本教育工学会会長。

久富　望（くとみ　のぞむ）（第 1 章）

京都大学大学院教育学研究科助教（情報担当）。京都大学理学研究科数学・数理解析専攻修了後、中学・高校や学習塾の非常勤講師教材作成・開発など、教育関係の仕事に 20 年近く従事する。京都大学情報学研究科システム科学専攻（博士後期課程）在学中、京都大学デザイン学大学院連携プログラムに在籍し、単位取得退学して現職。日本デジタル教科書学会設立時の発起人・理事であり、現在、理事・事務局長を務める。

遠山紗矢香（とおやま　さやか）（第 2 章）

静岡大学情報学部講師。博士（認知科学）。静岡大学情報学部技術職員、同教育学部特任助教、同情報学部学術研究員を経て 2018 年 3 月より助教、2021 年 4 月より現職。認知科学の観点から、ICT を活用した協働学習の実践研究を行っている。また、静岡県教育委員会 ICT 教育戦略室アドバイザー、浜松 IT キッズプロジェクト推進委員・監事などを通じて、学校内外の ICT 活用教育の推進に関わっている。

原田眞理（はらだ　まり）（第 3 章）

玉川大学教育学部教授。博士（保健学）・臨床心理士・公認心理師・日本精神分析学会認定心理療法士。主な研究分野は臨床心理学、精神分析、教育相談、自然災害の心理支援。東京大学大学院医学系研究科にて博士を取得、東大心療内科、虎の門病院心理療法室、九段坂病院心療内科、聖心女子大学学生相談室主任カウンセラーなどを経て現職。2017 年スタンフォード大学医学部客員教授。日本心身医学会代議員、原子力安全研究協会評議員。

主な著書『子どものこころ、大人のこころ　先生や保護者が判断を誤らないための手引書』『子どものこころ　教室や子育てに役立つカウンセリングの考え方』（ナカニシヤ出版 2018, 2011）、『改訂第 2 版教育相談の理論と方法』（玉川大学出版部 2020）ほか多数。

佐々木威憲（ささき　たけのり）（第 4 章）

教科書出版社「日本文教出版（株）」取締役。京都大学経済学部卒、早稲田大学ビジネススクールに在学中。大学卒業後 11 年間、（株）TBS テレビに勤務、主にスポーツ部門を中心にディレクター業に従事、2021 年 4 月より現職。在学中のビジネススクールでは有志のメンバーと教育プロジェクト「Edu for Life」を立ち上げ、高校生へのキャリア教育や教育界と産業界の交流セッション等を実施している。

松田悠介（まつだ　ゆうすけ）（第5章）
海外大学の進学支援を行う Crimson Education Japan 代表取締役。ハーバード教育大学院、スタンフォード経営大学院修士課程を修了。これまで Learning for All や認定 NPO 法人 Teach For Japan 等複数の非営利組織を立ち上げる。スタンフォード大学客員研究員を経て現職。他に、京都大学特任准教授 (-2017)、一般財団法人あしなが育英会の他、8法人の非営利組織の理事を務める。日経ビジネス「今年の主役100人」(2014) に選出。2019年より文部科学省中央教育審議会委員。2024年開校に向けて、岩手県に全寮制のインターナショナルスクールを開校準備中。
著書に『グーグル、ディズニーよりも働きたい「教室」』（ダイヤモンド社 2013）。

牧　兼充（まき　かねたか）（第7章）
早稲田大学ビジネススクール准教授。主な兼職として、カリフォルニア大学サンディエゴ校ビジネススクール客員准教授。研究分野は、テクノロジー・マネジメント、イノベーション、アントレプレナーシップ、科学技術政策、大学の技術移転、大学発ベンチャー等。政策研究大学院大学助教授、スタンフォード大学リサーチ・アソシエイト、カリフォルニア大学サンディエゴ校講師、慶應義塾大学助教・助手等を経て現職。カリフォルニア大学サンディエゴ校において博士 (経営学) を取得。慶應義塾大学において、修士 (政策・メディア) 及び学士 (環境情報) を取得。

飯田麻衣（いいだ　まい）（第8章）
ベンチャーキャピタリストとしてスタートアップへの投資業務に従事する傍ら、自身の実体験より「帰国子女」という存在への社会的理解を深めるべく、帰国子女に関する情報発信や啓蒙活動を続けている。英語塾を運営する EdTech ベンチャー企業にて新規事業・カリキュラム開発と人材育成を担当し、現職。東京大学公共政策大学院公共政策学修士課程修了。国際基督教大学教養学部卒業。

石田一統（いしだ　かずとう）（第9章）
米国 NPO 法人 VIA（Volunteers in Asia）エグゼクティブ・ディレクター。ハワイ大学マノア校において博士および修士 (東アジア言語文学研究科日本語学) を取得。慶應義塾大学において学士 (総合政策) を取得。ハワイ大学にて日本語教授法の研究に携わった後、2005年より VIA でアメリカとアジアの学生および社会人のための体験型学習プログラムのデザインと運営に従事。これまで4,000人以上の人に研修プログラムの機会を提供。

編著者　ホーン川嶋瑤子

グローバル化、デジタル化で教育、社会は変わる

2021年8月15日　　初　版第1刷発行

〔検印省略〕
定価はカバーに表示してあります。

編著者Ⓒホーン川嶋瑤子／発行者 下田勝司

印刷・製本／中央精版印刷

東京都文京区向丘1-20-6　　郵便振替 00110-6-37828
〒 113-0023　TEL (03) 3818-5521　FAX (03) 3818-5514
Published by TOSHINDO PUBLISHING CO., LTD.
1-20-6, Mukougaoka, Bunkyo-ku, Tokyo, 113-0023, Japan
E-mail : tk203444@fsinet.or.jp　http://www.toshindo-pub.com

発 行 所
株式
会社 東信堂

ISBN978-4-7989-1710-8 C3037　Ⓒ Horne Kawashima Yoko

東信堂

〒113-0023　東京都文京区向丘1-20-6　TEL 03-3818-5521　FAX03-3818-5514　振替 00110-6-37828
Email tk203444@fsinet.or.jp　URL:http://www.toshindo-pub.com/

※定価：表示価格（本体）＋税